Manfred Görtemaker

Thomas Mann und die Politik

S. Fischer

Satz: Fotosatz Otto Gutfreund GmbH, Darmstadt
Druck und Bindung: GGP Media GmbH, Pößneck
Printed in Germany
ISBN 3-10-028710-X

Inhalt

Einleitung

War Thomas Mann ein politischer Schriftsteller? Schon die Frage klingt ketzerisch. Der Verfasser der *Buddenbrooks* und des *Zauberberg*, der *Joseph*-Romane und des *Doktor Faustus* war immer und in erster Linie ein Dichter der egozentrischen Subjektivität und des Zeitlos-Überindividuellen. Das im engeren Sinne Politische, die Tagesaktualität interessierten ihn nur am Rande; er fühlte sich dadurch, wie es bei einem Mann des Schreibtisches nicht ungewöhnlich ist, belästigt und gestört und in seiner literarischen Produktivität beeinträchtigt. Das Feinnervige, Empfindliche seiner Persönlichkeit war für eine politische Rolle gänzlich ungeeignet; wer, wie er, schon den leisesten Anflug von Kritik als Angriff auf seine Person empfindet und darunter körperlich leidet, hat in der Politik keine Aussicht auf ein langes Leben und folglich darin nichts zu suchen.

Andererseits: Thomas Mann konnte sich der Welt, die ihn umgab, auch nie ganz entziehen – so gerne er es vermutlich getan hätte. Allenfalls zeitweilig, vor allem vor dem Ersten Weltkrieg, finden sich Phasen fast völliger politischer Abstinenz. Ganz überwiegend aber wurde er durch die politischen Ereignisse bedrängt, weil die Zeit, in der er lebte, ganz einfach politisch war. Die Frage, ob man ihn als einen politischen Schriftsteller betrachten sollte, ist deshalb auf den zweiten Blick alles andere als abwegig. Es dürfte, nimmt man die Tagebücher und Briefe hinzu, kaum einen zweiten deutschen Autor geben, der sich öfter und engagierter politisch zu Wort gemeldet hat, als Thomas Mann.

Zwar nannte er sich selbst gern einen »Unpolitischen«.[1] Doch die damit verbundene Absicht, das Künstlertum in den Mittelpunkt seiner Existenz zu rücken und den Einfluss der Politik auf sein Werk und seine Persönlichkeit zu verneinen, war schon zum Zeitpunkt des Erscheinens der *Betrachtungen eines Unpolitischen* 1918 erkennbar misslungen. Thomas Mann hatte dem Buch während des Ersten Weltkrieges einen so großen Teil seiner Schaffenskraft gewidmet, dass es unmöglich war, darin nicht ein erstes grundlegendes politisches Bekenntnis zu sehen, dem viele weitere folgen sollten. Außerdem, es wurde bereits gesagt: Die Zeit, in die Thomas Mann hineingeboren war, erlaubte es einem Schriftsteller seines Ranges nicht, Politik zu ignorieren und die Beschäftigung mit ihr zu verweigern.

Die Politik ist aus dem Leben von Thomas Mann also nicht wegzudenken. Politische Ereignisse haben nicht nur immer wieder sein persönliches Schicksal bestimmt, sondern auf vielfältige Weise auch sein Werk beeinflusst. Politisches Engagement und literarisches Schaffen lassen sich nur schwer trennen. Der Erste Weltkrieg, die Zeit als »Vernunftrepublikaner« in der Weimarer Republik, die frühe Gegnerschaft zum Nationalsozialismus, die Emigration in die Schweiz und dann nach Amerika, seit Oktober 1940 die Rundfunkbotschaften über den deutschen Sender der BBC nach Deutschland, schließlich die Auseinandersetzung mit dem Antikommunismus des Westens im beginnenden Kalten Krieg und die Skepsis gegenüber der »fragilen Republik« Adenauers, mit der er sich bis zu seinem Tode 1955 nicht anzufreunden vermochte – dies alles zeigt einen Thomas Mann, der immer wieder zwischen der Neigung zum Rückzug in die Sphäre des »reinen Künstlers« und der Verpflichtung zur politischen Stellungnahme schwankte.

Dabei war Thomas Mann alles andere als ein *homo politicus.* Sein Sohn Golo hat ihn in einem Beitrag für die *Frankfurter Allgemeine Zeitung* gemeinsam mit Heinrich unter die »unwissenden Magier« gerechnet: »Wenn ich Heinrich Mann und Thomas Mann zusammen politisieren hörte, hatte ich manchmal das gleiche Gefühl: Was reden doch die zwei unwissenden Magier da? Unwissend, weil schlecht informiert, weil wirklichkeitsfern. Magier, weil sich andere Wirklichkeiten erträumend, noch mehr, weil mit stark intuitivem Blick begabt.«[2] In gleichem Sinne behauptet Marcel Reich-Ranicki, die politischen Schriften Heinrichs zeugten »von gänzlichem, gelegentlich rührendem Dilettantismus und missionarischem Eifer«, diejenigen von Thomas seien »bis zum Ende seines Lebens Betrachtungen eines Unpolitischen geblieben«.[3] Und Joachim Fest weist mit Recht darauf hin, dass Thomas Mann selbst von seinen politischen Arbeiten als von einem »Gewissensdienst« gesprochen habe und dass die turbulenten politischen Ereignisse, die seinen Lebensweg begleiteten, ihn zwar erschüttert und umgeformt, jedoch »weder die tieferen Schichten seines Wesens noch sein Werk je erreicht, sondern nur seine Bereitschaft geweckt« hätten, »in ›verantwortungsvoller Ungebundenheit‹ zu tun, was er als pädagogische Pflicht erkannte«.[4]

Immerhin, Thomas Mann schwieg nicht, als um ihn herum Orientierungslosigkeit herrschte und das Böse triumphierte. In zahllosen Artikeln und Essays, aber auch in seinen literarischen Werken bezog er Position – oft eindeutiger und entschiedener, als es seinen Freunden und Verehrern lieb war, und nicht selten unter großen persönlichen Opfern. Dazu zählt schon sein Eintreten für die Weimarer Republik, erst recht aber seine Haltung gegenüber dem Nationalsozialismus vor und nach 1933. Als andere, zumal aus dem bürgerlichen Lager, am Sinn der Demokratie zweifelten und nach neuen, vermeintlich »besseren« Staatsformen Ausschau hielten, bekannte sich Thomas Mann umso klarer zur Republik. Er hielt sie zwar ebenfalls nicht für ideal, glaubte aber, dass sie unter den gegebenen Umständen die einzig vernünftige Art des Regierens darstelle. Der heraufziehende Nationalsozialismus machte aus dem Bekenntnis schließlich eine Existenzfrage.

Dabei war es für Thomas Mann keineswegs zwingend, sich politisch zu äußern. Leicht hätte er sich auf sein Dasein als Schriftsteller beschränken können, wie er es in seinen *Betrachtungen* selbst gefordert und angekündigt hatte. Ein unangefochtenes Werk, der Nobelpreis, eine breite, verlässliche Leserschaft und materielle Unabhängigkeit boten ihm jede Möglichkeit, sich von aktuellen Zumutungen frei zu halten und auch nach 1933 mit entsprechender Wahl der Sujets ganz für die schriftstellerische Arbeit zu leben. Doch er stellte sich der politischen Verantwortung, die sich aus seinem literarischen Ruhm und damit aus seiner öffentlichen Rolle ergab.

Das folgende Buch ist ausschließlich dem politischen Wirken Thomas Manns gewidmet. Dies ist weder eine Missachtung seines schriftstellerischen Werks, noch ist damit die Behauptung verbunden, Thomas Mann sei »ein zutiefst politisch denkender Mensch« gewesen, wie der amerikanische Schriftsteller Gore Vidal irrtümlich meint.[5] Vielmehr steht dahinter die Überzeugung, dass seine politischen Leistungen gegenüber den literarischen Zeugnissen allzu oft, und nicht immer zu Recht, vernachlässigt werden. Sie sind zwar in der Vergangenheit schon häufiger Gegenstand eigenständiger Untersuchungen gewesen.[6] Mit Ausnahme der juristisch inspirierten Abhandlung Frank Fechners und des Bandes von Berndt Herrmann, der mit einem – nach eigenem Bekunden – etwas »eigenwilligen« interdisziplinären Ansatz die »ironische Politik« Thomas Manns mit Konzepten der Moderne und Postmoderne zu konfrontieren und zu »reformulieren« sucht, sind jedoch alle Arbeiten älteren Datums; einige erschienen Mitte der achtziger Jahre, die meisten bereits um 1960. Dies gilt auch für Kurt Sontheimers Band *Thomas Mann und die Deutschen*, der 1960/61 entstand und 2002 ohne nennenswerte Änderungen, nur mit einem aktuellen Vorwort versehen, neu aufgelegt wurde. Inzwischen sind indessen so viele Quellen zum Werk von Thomas Mann hinzugekommen, dass es angemessen erscheint, auf ihrer Grundlage eine Neubewertung vorzunehmen. Insbesondere die Briefe und die Tagebücher von 1933 bis 1955 sowie die frühen Aufzeichnungen von 1919 bis 1921, insgesamt weit über fünftausend Seiten, müssen dabei herangezogen werden. Sie verändern zwar, wie Joachim Fest festgestellt hat, »das Bild des Dichters und seines Werkes nicht wesentlich, fügen ihm aber doch eine Fülle von Einzelheiten und Widersprüchen hinzu«.[7] Eben darauf jedoch kommt es an.

Das patrizische Erbe

Wer behauptet, der junge Thomas Mann habe mit Politik nichts im Sinn gehabt, trägt Eulen nach Athen. Im Gegensatz zu seinem Bruder Heinrich, der sich entschieden zur Demokratie und zu den Werten der Französischen Revolution von 1789 bekannte, fühlte sich Thomas Mann, wie ein großer Teil der Intellektuellen im ausgehenden 19. Jahrhundert, in seiner ersten Lebenshälfte zu einem reinen Künstlertum berufen, das eine nähere Beschäftigung mit der Politik praktisch ausschloss. Er pflegte einen Ästhetizismus, der – worauf zuletzt Hans Wysling und Yvonne Schmidlin hingewiesen haben – nicht nur seinem Hochmut, sondern wohl auch seiner Lebensängstlichkeit entsprang.[1]

Im »wirklichkeitsfernen« Traum der Kunst erschien die Politik banal und zudringlich. Da das Künstlertum sich gegen die Zumutungen der durch Industrie und Wirtschaftsdenken bestimmten Massengesellschaft zur Wehr setzen musste, bemühte sich Thomas Mann um Distanz zu allem, was seiner Sphäre des Geistes zu nahe kommen konnte, und suchte sich davor zu schützen: dem Lebensalltag, der Natur – und nicht zuletzt der Politik. Noch als beinahe Dreißigjähriger schrieb er an Heinrich: »Fürs Erste verstehe ich wenig von ›Freiheit‹. Sie ist für mich ein rein moralisch-geistiger Begriff, gleichbedeutend mit ›Ehrlichkeit‹. (Einige Kritiker nennen es bei mir ›Herzenskälte‹.) Aber für politische Freiheit habe ich gar kein Interesse.«[2]

Dabei hätte man vermuten können, dass eine Verbindung zwischen der Kunst und ihrem gesellschaftlichen Umfeld in der Zeit, in der Thomas Mann heranwuchs, ohne weiteres möglich gewesen wäre. Die *Belle Époque* war eine Periode des Friedens, materiellen Aufschwungs und einer bemerkenswerten kulturellen Blüte. Stefan Zweig sprach sogar von einem »goldenen Zeitalter der Sicherheit«, das sich »auf dem graden und unfehlbaren Weg zur ›besten aller Welten‹« gewähnt habe. Voller Verachtung, so Zweig, habe man damals auf die früheren Epochen mit Kriegen, Hungersnöten und Revolten herabgeblickt – auf eine Zeit, da die Menschheit eben noch unmündig und nicht genug aufgeklärt gewesen sei. Jetzt aber, so habe man gemeint, sei es doch nur eine Angelegenheit von Jahrzehnten, bis das letzte Böse und Gewalttätige endgültig überwunden sein würde. Ja, dieser Glaube an den ununterbrochenen, unaufhaltsamen »Fortschritt« habe für jenes Zeitalter »wahrhaftig die Kraft einer Religion« besessen.[3] Das war nicht übertrieben. Das europäische Bürgertum war derart von der eigenen Zivilisiertheit und deren Endgültigkeit und Allgemeinverbindlichkeit überzeugt, dass sich damit zugleich ein hohes Maß an Abschätzigkeit und Arroganz gegenüber anderen, vermeintlich »niedrigeren« Kulturen verband. Selbst Amerika wurde in diesem Zusammenhang oft nur mit Herablassung betrachtet.

Zur selben Zeit war diese Epoche allerdings auch der Beginn einer grundlegenden Krise, in der das alte Europa zerbrach und der Glaube an Vernunft und wissenschaftlich-technischen Fortschritt, der seit der Aufklärung das Denken bestimmt hatte, schwand. Besonders unter Künstlern und Intellektuellen griff ein kultureller Pessimismus um sich: ein Aufstand gegen die Idee der Moderne, in dem bereits der zur Weltausstellung in Paris 1889 errichtete stählerne Eiffelturm, 300 Meter hoch, weithin sichtbar vom industriellen Fortschritt kündend, nicht länger als technische Meisterleistung bestaunt, sondern als anmaßender neuzeitlicher Turmbau von Babel verurteilt wurde. 1904 notierte deshalb der deutsche Soziologe Max Weber, bisher »unkritisch akzeptierte Ansichten« würden »in Zweifel gezogen«, der Weg sei »verloren im Zwielicht«.[4] Der große Krieg, der 1914 begann, warf seine Schatten voraus.

In seinem von 1911 bis 1914 verfassten kulturphilosophischen Werk *Der Untergang des Abendlandes* nahm Oswald Spengler sich grundsätzlich des Themas an. In dem – von ihm selbst »gewagt« genannten – Versuch, »Geschichte vorauszubestimmen«, bemühte er sich, »das Schicksal einer Kultur, und zwar der einzigen, die heute auf diesem Planeten in Vollendung begriffen ist, der westeuropäisch-amerikanischen, in den noch nicht abgelaufenen Stadien zu verfolgen«.[5] Die erst in den Jahren 1918 bis 1922 in mehreren Fragmenten publizierte Studie, deren Titel schon 1912, also vor dem Ersten Weltkrieg, feststand und mit dem erklärenden Zusatz »Morphologie der Weltgeschichte« versehen war, begriff die Gegenwart Europas als »Endzustand«. Europas Untergang – auch wenn er sich erst in der Zukunft, vielleicht im »Umfang mehrerer Jahrhunderte«, vollziehen mochte – wurde als unabwendbare geschichtliche Tatsache prophezeit. Spengler verlieh damit der allgemeinen Krise des abendländischen Bewusstseins um die Jahrhundertwende Ausdruck. Wörtlich bemerkte er: »Der Untergang des Abendlandes, zunächst ein örtlich und zeitlich beschränktes Phänomen wie das ihm entsprechende des Untergangs der Antike, ist [...] ein philosophisches Thema, das in seiner ganzen Schwere begriffen alle großen Fragen des Seins in sich schließt.«[6]

Dieser Pessimismus, der in einem bemerkenswerten Kontrast zur langen Friedensperiode im überwiegenden Teil des europäischen Kontinents seit 1871 stand und auch dem wachsenden technischen Fortschritt sowie der damit einhergehenden Verbesserung der materiellen Lebenssituation der meisten Menschen in Europa kaum entsprach, ist nur zu erklären, wenn man ihn zu den weit reichenden Folgen des gesellschaftlichen Umbruchs in Beziehung setzt, der sich mit der rasch fortschreitenden Industrialisierung vollzog: Massenproduktion ging mit Massenkultur einher und wurde deshalb als Kulturverfall begriffen. Der irische Erzähler und Dramatiker Oscar Wilde sprach von den »profanen Massen«, der englische Kunsthandwerker und Designer William Morris vom »Verlust der ästhetischen Kontrolle« des Handwerks in der Welt der Maschinen und der Massenherstellung. Sogar in den Naturwissenschaften wurde das Selbstverständnis immer größeren Wissens und immer besserer Erkenntnis der Zusammenhänge der Welt erschüttert. Die Forscher begannen zu begreifen, dass viele Entdeckungen mehr Fragen aufwarfen, als sie beantworteten. Wer versuchte, den religiösen Glauben durch rationales Wissen zu ersetzen, schuf oft nur ein schwer erträgliches Vakuum des Nicht-Verstehens, das in seinen psychologischen Auswirkungen ebenso große Probleme bereitete wie die wachsende Undurchschaubarkeit der alltäglichen Lebenswelt, mit der die Menschen in der modernen Industriegesellschaft konfrontiert waren. In politischer Hinsicht untergruben die »Demokratisierung« und »Vermassung« der Gesellschaft nicht nur die Stellung des Adels und – im Zuge der allgemeinen Säkularisierung – des Klerus, sondern behinderten auch die Konsolidierung des Bildungs- und Industriebürgertums. Stattdessen gewann ein neues Massenpublikum an Bedeutung. Die Entwicklung des Massenkonsums begann, und die Kultur des »alten Europa« wich einer »Zivilisation der Moderne«, die sich anschickte, das 20. Jahrhundert zu bestimmen.[7]

Die daraus entstandene politisch-geistige Verwirrung veranlasste bereits um die Jahrhundertwende viele Angehörige der traditionellen Eliten, von einem Verfall des Normen- und Wertesystems oder sogar vom Untergang der bisherigen Gesellschaft zu sprechen. Die neuen Trends bedeuteten fundamentale Brüche mit der Tradition, die über die üblichen intellektuellen Moden weit hinausgingen. Das »Ziel von fünf Jahrhunderten europäischer Anstrengungen« werde damit »offen preisgegeben«, meinte ein Kritiker. Praktisch alle Künste waren betroffen, ebenso wichtige Bereiche der Wissenschaft, wie die Psychologie und Anthropologie. Der Philosoph Friedrich Nietzsche beschrieb die damit verbundene Erfahrung des Nihilismus, den Verlust des Glaubens und der Moral in der Zeit der Gründerjahre, und plädierte von einem »amoralischen Standpunkt« aus für eine »Umwertung aller Werte«. Für Gottfried Benn bedeutete Nietzsche damit »das Erdbeben einer Epoche« – eine Figur, die den Prozess der Auflösung herkömmlicher Wertvorstellungen beobachte, ihn durch seine Aussagen aber auch fördere. Nietzsche selbst war sich dieser Problematik durchaus bewusst. In seinen nachgelassenen Fragmenten findet sich dazu die Bemerkung, das Eis, das uns trage, sei »dünn geworden: Wir fühlen Alle den warmen unheimlichen Athem des Thauwindes – wo wir noch gehen, da wird bald Niemand mehr gehen können.«[8]

Tatsächlich erklärt sich die große Popularität, die Nietzsche unter den Intellektuellen des frühen 20. Jahrhunderts genoss, nicht zuletzt aus der »Panik, welche die Bedrohung durch die Massen hervorrief«, wie John Carey in seinem Buch *Hass auf die Massen* bemerkt. Letztlich bedeuteten Nietzsches Ansichten eine intellektuelle Kampfansage an den Anstieg des Massenalphabetismus sowie der Massenkultur insgesamt und wurden, weit über den deutschsprachigen Raum hinaus, von vielen Künstlern und Schriftstellern gestützt, die sich bemühten, die Barrieren zwischen »Hochkultur« und »Niedrigkultur« aufrechtzuerhalten und auf diese Weise die eigene Rolle als »Aristokraten der Ideen« zu bewahren.[9]

Zu ihnen zählte auch Thomas Mann. Seit den Befreiungskriegen des frühen 19. Jahrhunderts hatte die deutsche Gesellschaft, ungeachtet der obrigkeitsstaatlichen Entwicklung der Politik nach 1871, zunehmend demokratische Züge gewonnen und sich immer mehr von jenen aristokratisch-patrizischen Lebensformen entfernt, in denen Thomas Mann die Voraussetzung jeder wahren Ästhetik sah. Er suchte sich deshalb, wie viele andere Schriftsteller und Künstler, gegenüber der neuen, profanen Welt abzugrenzen, um seiner Existenz – dem Leben überhaupt – einen tieferen Sinn zu geben. Als Vertreter einer »Spätzeit« bürgerlicher Kultur war er bestrebt, die Bindung an die Bürgerwelt und deren Ideale der Humanität zu bewahren, die er in seinem Geburtsort Lübeck noch kennen gelernt hatte.

In diesem »wunderlichen und unheimlichen Gemeinwesen dort oben an der Trave«, wie er 1906 in einem Brief an die Schriftstellerin und Journalistin Ida Boy-Ed schrieb[10], waren ältere, vorbürgerliche Lebensformen im späten 19. Jahrhundert zumindest äußerlich weiterhin lebendig. Hier atmeten noch die Traditionen der Hanse. Der Handel mit Skandinavien, Russland und England hatte die Stadt, besonders in vorpreußischer und vornapoleonischer Zeit, reich gemacht und ihrer Architektur etwas Patrizisches verliehen, das auch das Selbstverständnis der Oberschicht prägte. Selbst der Wilhelminismus nach 1888 und in der Zeit bis zum Ersten Weltkrieg konnte dieser Tradition nichts anhaben. Zwar blieb der nationale Rausch der Reichseinigung auch dem eher rückwärts blickenden Lübeck nicht erspart. Doch die Stadt bewahrte sich das, was Klaus Harpprecht eine »lästig-liebenswürdige Normalität« genannt hat.[11]

In dieser Welt der Backsteinmauern, der »gotischen Winkel« und »Giebelgassen«, die für Thomas Mann »etwas Spukhaftes, allzu Altes, Erblasthaftes« hatten und »hysterisches Mittelalter, verjährte Nervenexzentrizität, etwas wie religiöse Seelenkrankheit« repräsentierten[12], ließ sich der Traum einer von den Zudringlichkeiten des Alltags unbehinderten Kunst noch eine Weile weiter träumen. Thomas Manns Streben nach einem genialen »Existenz-Entwurf«, einer Verbindung von Geist und Genie, um die sich nicht zuletzt auch Goethe bemüht hatte, ist vor diesem Hintergrund zu sehen. Der »Dichterfürst« blieb sein großes Vorbild. Als dessen »Reinkarnation« verstand und stilisierte er sich bis in die späten Jahre hinein.

Ein unpolitischer Ästhet also – ohne jeden Bezug zur realen Welt, die ihn umgab? Unbestritten bleibt, dass Thomas Mann sich in seinen jüngeren Jahren für politisch gänzlich unbegabt hielt: Er habe sich überzeugt, schrieb er im Mai 1914 an seinen Freund Kurt Martens, dass er sogar »für literarisches Vereinswesen absolut nicht tauge«, selbst dafür sei er »ein zu unpolitischer Mensch«. Er bringe das Interesse nicht auf, das nötig sei, um nützen zu können. Auch seien Sitzungen, Versammlungen, Konferenzen ihm schrecklich, sie schadeten ihm physisch, kosteten ihn »unverhältnismäßig viel«.[13] Er könne »überhaupt nirgends Partei nehmen«, fügte er später im selben Jahr noch hinzu, »– ich würde es als einen Raub an meiner Freiheit empfinden«.[14] Dennoch kam er durch die Literatur schon früh mit politischem Denken in Verbindung. Heinrich Heine und Friedrich Schiller, vor allem aber Nietzsche übten auf Thomas Mann einen ebenso großen Einfluss aus wie auf viele andere Angehörige seiner Generation. Berndt Herrmann hat dem jungen Thomas Mann in diesem Zusammenhang allerdings »ein mehr intuitives als bewusst-reflektiertes politisches Wissen, eine rudimentäre politische Wahrnehmungsstruktur« unterstellt[15] – ganz in dem Sinne, in dem dieser 1910 den alten Theodor Fontane beschrieb (und damit in gewisser Weise sich selbst): »Aber ebenso gewiß ist, daß er der Mann war, in dem beide Anschauungen, die konservative und die revolutionäre, nebeneinander bestehen konnten; denn seine politische Psyche war künstlerisch kompliziert, war in einem sublimen Sinn unzuverlässig…«[16]

Nietzsche wurde von Thomas Mann offenbar bereits 1895 in seinem letzten Schuljahr in Lübeck entdeckt, als er – wohl auf Empfehlung Heinrichs – Nietzsches Essay *Der Fall Wagner* las, der 1888 erschienen war. Nietzsche sei damit, bekannte er später im *Lebensabriss*, »in hohem Grade bestimmend« für seine »sich bildende Geistesform« geworden. Das »Nietzsche-Erlebnis« sei der Beginn »einer Periode konservativen Denkens« gewesen, es habe ihn aber auch, erklärte er, »widerstandsfähig gemacht gegen alle übel-romantischen Reize, die von einer *inhumanen* Wertung des Verhältnisses von Leben und Geist ausgehen können und heute so vielfach ausgehen«.[17] An anderer Stelle bemerkte er später, der Philosoph Nietzsche, »eine hoch-hybride Mischung des Künstlers und des Erkennenden, selbst eine Art von ›Romancier‹«, habe »Kunst und Wissenschaft näher zusammengebracht« und sie »mehr ineinander [...] übergehen lassen als irgendein Geist vor ihm«.[18] Zudem bewog Nietzsches Wagner-Kritik Thomas Mann, den Komponisten nicht mehr nur als Musiker oder Dramatiker zu sehen, sondern als den »modernen Künstler par excellence«.[19] Immer wieder beschäftigte er sich danach mit der Persönlichkeit und der Kunst Wagners; immer wieder maß er sich an ihm, bildete an ihm sein Selbstverständnis aus.

Vier Jahre später, 1899, kam nach Nietzsche und Wagner eine dritte Figur ins Spiel: Arthur Schopenhauer. Dessen Buch *Die Welt als Wille und Vorstellung* bereitete Thomas Mann ein »seelisches Erlebnis ersten Ranges und unvergesslicher Art«. So wie Nietzsche ihn in einem geistig-künstlerischen Sinne beeinflusst hatte, versetzte Schopenhauers »sittlich-geistige Verneinung und Verurteilung der Welt und des Lebens in einem Gedankensystem« ihn in einen »metaphysischen Rausch«.[20] In den *Buddenbrooks* schilderte er in der Figur des Thomas Buddenbrook, wie ihn die Lektüre von *Die Welt als Wille und Vorstellung* ergriffen hatte:

> »Hier aber war es, in diesem Pavillon, in dem kleinen Schaukelstuhl aus gelbem Rohr, wo er eines Tages vier volle Stunden lang mit wachsender Ergriffenheit in einem Buche las, das halb gesucht, halb zufällig in seine Hände geraten war [...] Nach dem zweiten Früh-

stück, die Zigarette im Munde, hatte er es im Rauchzimmer, in einem tiefen Winkel des Bücherschrankes, hinter stattlichen Bänden versteckt, gefunden, und sich erinnert, daß er es einst vor Jahr und Tag beim Buchhändler zu einem Gelegenheitspreis achtlos erstanden hatte: ein ziemlich umfangreiches, auf dünnem und gelblichem Papier schlecht gedrucktes und schlecht geheftetes Werk, der zweite Teil nur eines berühmten metaphysischen Systems [...] Er hatte es mit sich in den Garten genommen und wandte nun, in tiefer Versunkenheit, Blatt um Blatt... «[21]

Thomas Mann war offensichtlich fasziniert. Das Buch, das Schopenhauers Pessimismus ebenso wie den Zeitgeist des abendländischen Untergangs reflektierte und daher im damaligen intellektuellen Europa »große Mode« war, wie Thomas Mann selbst sagte, sprach ihn in einem außergewöhnlichen Maße an. Er erkannte sich, seine eigene Haltung, seine Vorstellung eines wahren Künstlertums, auf beinahe jeder Seite wieder.[22] Und mit Schopenhauer teilte er auch dessen negative Auffassung von Geschichte, der er, in den Worten Spenglers, »missmutig den Rücken« kehrte.[23] Da eine »Despotie der Weisen und Edelen einer echten Aristokratie, eines echten Adels, erzielt auf dem *Wege der Generation*, durch Vermählung der edelmütigsten Männer mit den klügsten und geistreichsten Weibern«[24] – die einzige Staatsform, die für Schopenhauer in Frage kam –, Utopie bleiben musste, blieb nur die Flucht in den Kult der *décadence*: die Abgrenzung gegenüber der Wirklichkeit und die Konstruktion von Gegenwelten, wie sie etwa Stefan George und Hugo von Hofmannsthal, vor allem aber Rainer Maria Rilke, betrieben. Begründen ließ sich eine solche Haltung mit der »Apolitie« des späten Goethe, der sich von der Revolution abgewendet hatte, um sich – etwa in dem Versepos *Hermann und Dorothea* (1797) – allein der Kunst zu widmen. So auch Thomas Mann, der im Bewusstsein der eigenen geistigen Überlegenheit mit Ironie dem Gewöhnlichen der Realität und den Ansprüchen der äußeren Wirklichkeit entgegentrat, um »sein empfindliches Ich gegenüber der Welt des Vielzuvielen, der *stupidité bourgeoise*, zu schützen«.[25]

Thomas Mann begriff diese Flucht in eine, wie er selbst sagte, durch Reichsgründung und Industrialisierung »machtgeschützte Innerlichkeit« und die damit verbundene Abwesenheit einer politisch-gesellschaftlichen Dimension in seinem Werk durchaus als einen Mangel. In einem Brief an Heinrich, kurz vor Ausbruch des Ersten Weltkrieges, bekannte er seine Unfähigkeit, sich »geistig und politisch eigentlich zu orientieren, wie du es gekonnt hast«. Sein »ganzes Interesse« habe »immer dem Verfall« gegolten, »und das ist es wohl eigentlich, was mich hindert, mich für den Fortschritt zu interessieren«.[26] Andererseits tauge der »kontemplativ-künstlerische Mensch« nicht zum »ernsthaften Weltverbesserer«, hatte er bereits 1904 in einem kleinen Aufsatz über Gabriele Reuter geschrieben. Der Künstler sei vielmehr keinem anderen als seinem eigenen Gesetz unterworfen:

> »Wir Poeten und Artisten sind bei Tage besehen eine ziemlich zweifelhafte Sippe. Wir würden uns schon mit fünfzehn Jahren auch auf der reformiertesten Schule schlecht benehmen, wir würden auch in einer bis zum Ideal verbesserten Welt immer voll Opposition, Protest, Ironie stecken, immer fremd, anders, ›besser‹, bürgerlich untauglich sein und uns im Kampf mit dem Segenvoll-Bestehenden befinden.«[27]

Ein derartiges Selbstverständnis des Künstlers schloss zwar nicht aus, dass Thomas Mann sich von Anfang an in einem bürgerlichen Sinne zum politischen Gedanken der Humanität bekannte. Dieser war jedoch nicht an einem modernen Begriff der Demokratie oder gar an einem republikanischen Selbstverständnis orientiert, sondern wurde gespeist aus dem patrizischen Erbe, einem im Grunde vorbürgerlichen, aristokratischen Staats- und Gesellschaftsideal, das sich aus der antiken wie der christlich-abendländischen Geistesgeschichte herleitete und wiederum nicht in erster Linie politisch, sondern künstlerisch bestimmt war: dem Geniegedanken, dem Bewusstsein der Nicht-Gleichheit des Geistes und der Fähigkeit zur Kunst, aber auch dem Anspruch, dem außergewöhnlichen Talent jenseits ökonomischer und alltäglicher Zwänge außerordentliche Voraussetzungen einzuräumen, damit die Begabung sich im weitesten Sinne frei entfalten konnte.

Eine solches Verständnis von Künstlertum war in einer Zivilisation, die sich in der Tradition von 1789 zunehmend »demokratisierte« – was nach Meinung Thomas Manns nichts anderes bedeutete, als zum Schaden der Kultur eine Gleichheit herstellen zu wollen, die in Wirklichkeit nicht bestand –, vermeintlich überholt. Vor dem Hintergrund der deutschen Klassik, der Philosophie des Idealismus und der Ästhetik der Romantik besaß sie im deutschen Kaiserreich, verbunden mit einer elitär-überlegenen Wirklichkeitsverachtung, allerdings immer noch eine starke Anziehungskraft, ehe die Umstände des Ersten Weltkrieges ein Umdenken erzwangen. Thomas Mann ist dafür vielleicht das beste, aber bei weitem nicht das einzige Beispiel.

Gedanken im Kriege

Der Kriegsausbruch im August 1914 kam für Thomas Mann gänzlich überraschend. »Im Ernst, muß man sich nicht schämen, so garnichts geahnt und gemerkt zu haben?«, schrieb er am 11. November 1914 an Professor Philipp Witkop, den Freiburger Germanisten, bei dem er kurz zuvor einen Vortrag gehalten hatte. »Selbst nach dem Fall des Erzherzogs hatte ich noch keinen Schimmer, und als der Kriegszustand verhängt war, schwor ich immer noch, daß es zu nichts Ernsthaftem kommen werde. Es ist doch lächerlich, daß man einfach an den Krieg nicht mehr glaubte – nur weil man 4 Jahre nach dem letzten Friedensschluß geboren war.«[1]

Tatsächlich hatte die Nachricht von der Ermordung des österreichischen Thronfolgers Erzherzog Franz Ferdinand und seiner Gemahlin durch serbische Nationalisten am 28. Juni 1914 in Sarajewo ganz Europa aufgeschreckt. Auf den Tag genau einen Monat später erklärte Österreich-Ungarn Serbien den Krieg, und die Kriegsmaschinerie, angetrieben von einem fatalen Bündnisautomatismus der europäischen Mächte, begann ihr tödliches Werk, in das seit dem 1. August auch Deutschland endgültig einbezogen war. Thomas Mann hatte die Tage vor der deutschen Mobilmachung in seinem Landhaus in Bad Tölz verbracht. Wie es außerhalb der oberbayerischen Idylle inzwischen zuging, erfuhr er zum ersten Mal, als er mit seiner Frau Katia zurück nach München reiste, um seinen jüngeren Bruder Viktor an die Front zu verabschieden. Der »sommerheiße Wirrwarr der verstopften Bahnhöfe, das Gebrodel einer aufgewühlten, in Angst und Begeisterung gerissenen Menschheit« versetzten ihn in Erstaunen.[2] Thomas sei damals, berichtete Viktor später in seinen Erinnerungen, »sehr ernst, aber von der Haltung des Volkes stark beeindruckt gewesen«, während man bei Heinrich in diesem »wirbelnden Sturm an Begeisterung, Zorn, Hingabe und Opfermut [...] nichts als Trauer [...] nur tiefen, ja verzweifelten Kummer« gespürt habe.[3]

»Welche Heimsuchung!«, erklärte jedoch auch Thomas Mann beunruhigt in einem Brief an Heinrich wenige Tage später. »Wie wird Europa aussehen, innerlich und aeußerlich, wenn sie vorüber ist?«[4] Sorgen bereitete ihm allerdings weniger das Schicksal des Kontinents als sein eigenes: er werde, wenn der Krieg lange dauere, »mit ziemlicher Bestimmtheit das sein, was man ›ruiniert‹ nennt«. Doch müsse man nicht zugleich, fragte er, »dankbar sein für das vollkommen Unerwartete, so große Dinge erleben zu dürfen«? Sein Hauptgefühl sei jedenfalls »eine ungeheuere Neugier – und, ich gestehe es, die tiefste Sympathie für dieses verhaßte, schicksals- und rätselvolle Deutschland«.[5]

Doch wie sollte er sich nun verhalten? Konnte, nein: durfte er einfach zur Tagesordnung übergehen und weiter einen »nihilistischen Ästhetizismus« pflegen? Der *Zauberberg* und auch die *Bekenntnisse des Hochstaplers Felix Krull*, an denen er seit 1910 arbeitete, lagen unfertig auf dem Schreibtisch. Gründe, die großen Weltereignisse in den Hintergrund treten zu lassen, gab es daher genug. Andererseits herrschte Euphorie, auch unter den Schriftstellern – vor allem bei den konservativeren unter ihnen, die Thomas Mann nahe standen. Bereits zu Kriegsbeginn stimmten die meisten in den Chor nationaler Begeisterung ein. In der *Neuen Rundschau* veröffentlichten sie ihre Stellungnahmen: Gerhart Hauptmann, Alfred Kerr, Robert Musil, Alfred Döblin, Max Scheler, Moritz Heimann, Franz

Blei und Richard Dehmel, später auch Frank Wedekind, Rainer Maria Rilke, Hugo von Hofmannsthal, Jakob Wassermann und Hermann Hesse – und noch manche andere.

Auch Thomas Mann stand nicht lange abseits. Während Heinrich sich überzeugt zeigte, dass Deutschland besiegt würde, und das Ende der Monarchie und die Errichtung einer Republik vorhersah, begrüßte Thomas den militärischen Kampf mit den europäischen Nachbarn als »Reinigung« und »Befreiung«. Nachdem ein verständnisvoller Stabsarzt ihn ausgemustert hatte (zum »Kriegsmann« tauge er ohnehin nicht, meinte Thomas Mann einsichtsvoll), leistete er zumindest publizistisch seinen Dienst am Vaterland. Er selber sprach später von einem »Gedankendienst mit der Waffe«, zu dem »nicht Staat und Wehrmacht«, sondern »die Zeit selbst« ihn eingezogen habe und von dem er erst bei Kriegsende als »Kriegsbeschädigter« an den »verwaisten Werktisch« zurückgekehrt sei.[6]

Bereits am 22. August 1914 begann er mit der Niederschrift eines Aufsatzes, der im November-Heft der *Neuen Rundschau* unter dem Titel »Gedanken im Kriege« erschien. Thomas Mann stellte darin die Politik der Moral gegenüber. Politik sei eine »Sache der Vernunft, der Demokratie und der Zivilisation; Moral aber eine solche der Kultur und der Seele«.[7] Künstler seien Moralisten, und die Kunst sei »fern davon, an Fortschritt und Aufklärung, an der Behaglichkeit des Gesellschaftsvertrages, kurz, an der Zivilisierung der Menschheit innerlich interessiert zu sein«.[8] Dies gelte, meinte Thomas Mann, in einem weiteren Sinne auch für die Deutschen als Volk. Sie seien »bei weitem nicht so verliebt in das Wort ›Zivilisation‹« wie die westlichen Nachbarnationen; sie pflegten »weder französisch-renommistisch damit herumzufuchteln, noch sich seiner auf englisch-bigotte Art zu bedienen«. Sie hätten »›Kultur‹ als Wert und Begriff immer vorgezogen«, weil »dieses innerlichste Volk, dies Volk der Metaphysik, der Pädagogik und der Musik ein nicht politisch, sondern *moralisch* orientiertes Volk« sei.[9]

Die Tatsache, dass die Deutschen sich »im politischen Fortschritt zur Demokratie, zur parlamentarischen Regierungsform oder gar zum Republikanismus zögernder und uninteressierter gezeigt« hätten als andere, wurde von Thomas Mann gleichfalls verteidigt: »Warum nicht gar! Als ob nicht Luther und Kant die Französische Revolution zum mindesten aufwögen. Als ob nicht die Emanzipation des Individuums vor Gott und die Kritik der reinen Vernunft ein weit radikalerer Umsturz gewesen wäre, als die Proklamierung der ›Menschenrechte‹.« Und überhaupt, sei nicht »die bürgerliche Revolution im Sinne des gallischen Radikalismus eine Sackgasse«, an deren Ende es »nichts als Anarchie und Zersetzung« gebe und die vermieden zu haben ein Volk, das »Wege ins Freie und Licht« suche, sich »glücklich preisen« müsse? Deutschland jedenfalls, behauptete er, sei »mit seiner jungen und starken Organisation, seiner Arbeiterversicherung, der Fortgeschrittenheit aller seiner sozialen Einrichtungen ja in Wahrheit ein viel modernerer Staat [...] als etwa die unsauber plutokratische Bourgeoisie-Republik«, das heißt Frankreich. Deutschlands »soziales Kaisertum« stelle »eine zukünftigere Staatsform« dar als »irgendein Advokaten-Parlamentarismus, der, wenn er in Feierstimmung gerät, noch immer das Stroh von 1789 drischt«.[10]

Doch nun, meinte er, sei durch den Krieg, den die westlichen Feinde zur »Zwangszivilisierung Deutschlands« zu nutzen gedächten, alles bedroht: »Man will uns glücklich machen. Man will uns den Segen der Entmilitarisierung und Demokratisierung bringen, man will uns, da wir widerstreben, gewaltsam zu Menschen machen.« Von britischer Seite sei dies vorwiegend Heuchelei, auf der französischen aber ein »Dünkel, unleidlicher selbst als Albions beschränkter und unbeirrbarer Arbitratorenwahn«. Frankreich sei »so eitel, so heillos vernarrt in sich selbst, daß es trotz Anarchie, Marasmus, Überholtheit noch heute glaubt, Vorkämpfer, Träger, Verbreiter menschheitsbeglückender Ideen zu sein«. Seine »Art von

Vernunft« zwinge es, »zu glauben, ein Volk stehe auf einer höheren, edleren, freieren Stufe, wenn es, statt durch einen Monarchen im Soldatenrock, durch einen ehrgeizigen Rechtsanwalt repräsentiert und parlamentarisch regiert wird«.[11]

Der Versuch, Deutschland »durch eine Niederlage zu revolutionieren, zu demokratisieren«, werde indessen zu nichts führen, prophezeite Thomas Mann. Die Westmächte sähen nicht, dass die politische Ausprägung der bürgerlichen Freiheit sich nur »nach deutschen – nicht nach gallisch-radikalen – Geistesgesetzen vollenden« könne, dass eine deutsche Niederlage Deutschland *und* Europa »in der Gesittung« zurückwerfen würde, und dass danach Europa vor dem deutschen »Militarismus« nicht Ruhe noch Rast haben würde, bis Deutschland »wieder da stände, wo es vor diesem Kriege stand«. Stattdessen sehe man »in deutscher Art ein Barbarentum, dessen Kraft gewaltsam und ohne Ansehen der Mittel gebrochen werden« müsse. Solche Unwissenheit »über das heute wichtigste Volk Europas« sei nicht statthaft, »sie ist strafbar und muß sich rächen«.[12]

Für Thomas Mann war der Krieg damit zugleich ein »Kulturkrieg«, bei dem es um Deutschlands Moral, seine Eigenständigkeit, seine Identität ging – ähnlich wie im Siebenjährigen Krieg des 18. Jahrhunderts, als Friedrich der Große das preußische Interesse gegen die europäischen Mächte behauptet hatte (ein Vergleich, den Thomas Mann in diesem Zusammenhang nicht scheute).[13] Gegenüber Paul Amann, einem 1884 in Prag geborenen Philologen jüdisch-deutscher Herkunft, der als k. u. k. Leutnant und Oberleutnant der Reserve mehrfach verwundet wurde und ihm im Januar 1915 aus einem Wiener Lazarett einige kritische Bemerkungen zu den »Gedanken im Kriege« hatte zukommen lassen, erklärte er dazu, es sei nun »Sinn der Stunde geworden, was längst von mir gefühlt, gedacht und wenigstens mündlich auch ausgesprochen worden war«.[14] Zwar habe er »an den Krieg nicht geglaubt, unsere politische Einsicht hatte nicht ausgereicht, die Notwendigkeit der europäischen Katastrophe zu erkennen. Als sittliche Wesen aber – ja, als solche hatten wir die Heimsuchung kommen sehen, mehr noch: auf irgendeine Weise ersehnt; hatten im tiefsten Herzen gefühlt, daß es so mit der Welt, mit unserer Welt nicht mehr weitergehe. Wir kannten sie ja, diese Welt des Friedens und der cancanierenden Gesittung.«[15] Der Krieg wurde daher von Thomas Mann ausdrücklich begrüßt: »Wie hätte der Künstler, der Soldat im Künstler, nicht Gott loben sollen für den Zusammenbruch einer Friedenswelt, die er so satt, so überaus satt hatte! Krieg! Es war Reinigung, Befreiung, was wir empfanden und eine ungeheure Hoffnung.«[16]

Mit dieser Stilisierung des Krieges zu einer Auseinandersetzung zwischen deutscher Kultur und französischer Zivilisation setzte sich Thomas Mann indessen nicht nur in scharfen Gegensatz zu Heinrich, sondern provozierte auch Widerspruch anderer Kollegen: Richard Dehmel lehnte die Unterscheidung rundweg ab. Wilhelm Herzog erklärte, »der Dichter Thomas Mann« spreche »wie ein Leitartikler, der alles weiß und dem keine noch so allgemeine Behauptung fragwürdig dünkt«. René Schickele verwies in Anspielung auf die Tatsache, dass Thomas Mann vom Wehrdienst freigestellt war, ironisch auf den »Ritter Thomas, im Damensattel reitend zwischen Tod und Teufel«. Und Arthur Schnitzler bemerkte knapp: »Das Kriegsgeschrei müssen wir uns gefallen lassen – das Kriegs*geschwätz* soll der Teufel holen.«[17]

Thomas Mann ließ sich von dieser Kritik jedoch nicht beirren. Vielmehr führte er in einer weiteren Studie den Bezug auf Friedrich II. weiter aus, den er in den »Gedanken im Kriege« bereits kurz angedeutet hatte. Friedrich verkörperte für Thomas Mann, wie Napoleon für die Franzosen, den Traum des »großen Mannes«, der alles in sich vereinigte: den Feldherrn und Philosophen, den Dichter und Musiker. Bereits am 5. Dezember 1905, nachdem er zweimal in Potsdam und Sanssouci gewesen war, hatte er deshalb an Heinrich geschrieben, dass er einen Friedrich-Roman plane.[18] Doch die Absicht hatte sich zerschlagen, der Roman kam nicht zustande. Das gesammelte Material, vor allem Auszüge aus Thomas Carlyles umfangreicher Friedrich-Biographie, sowie die Aufzeichnungen, ein Notizbuch mit 53 beschriebenen Seiten, ließen sich nun jedoch für den Essay *Friedrich und die große Koalition* verwenden, den Thomas Mann jetzt in Angriff nahm. Wie sehr der Text für den Tagesgebrauch bestimmt war, geht schon aus dem Untertitel hervor, den der Verfasser seinem Aufsatz gab: *Ein Abriß für den Tag und die Stunde.*

Das Ergebnis war weder historiographisch noch literarisch bedeutungsvoll, sondern »ein feuilletonistisch aufgeputzes Stück Propaganda«.[19] Zwar wurde Friedrich nicht heroisiert, sondern beschrieben als »etwas wie ein Mönch, ein Mönch im blauen Soldatenrock, die gelbe Weste immer mit Schnupftabak besudelt«, ein »zynischer Junggeselle«, bei dem »ein beträchtlicher Teil seiner Bösartigkeit und Unheimlichkeit [...] sicher mit seinem Verhältnis zu den Frauen zu tun« gehabt habe, »welches eigentlich ein Unverhältnis und selbst dem Sinne einer in diesen Dingen höchst kapriziösen Zeit nicht recht verständlich« gewesen sei.[20] Entscheidend an dem Aufsatz war jedoch nicht Friedrichs schwieriger Umgang mit Frauen – in seiner privaten Umgebung wie an der Spitze gegnerischer Mächte: mit Maria Theresia in Österreich, Zarin Elisabeth in Russland und Madame Pompadour in Frankreich –, sondern die politische Einsamkeit Preußens, die Friedrich zum Angriff geführt habe: Preußen sei »eingekreist« gewesen, die anderen europäischen Mächte hätten sich verschworen, Friedrich habe daher – wie das Deutsche Reich 1914 – angreifen, sich in Notwehr verteidigen müssen.[21]

Als Friedrich 1756 in Sachsen einfiel und damit den Siebenjährigen Krieg auslöste, habe er zwar »dem Buchstaben nach unrecht« getan und eine Neutralität gebrochen, »die auf dem

Papiere stand«, aber letztlich nur »in bitterster Notwehr« gehandelt: »Er mußte Schuld auf sich laden,« so Thomas Mann, »um die Schuld seiner Gegner an den Tag bringen zu können, mußte sich unbedingt des Dresdener Archivs bemächtigen, dieses Teufelsnestes, aus dem er die Umtriebe Sachsens aller Welt würde nachweisen können.«[22] Die Parallelen drängten sich auf: Hatten nicht die Deutschen im August 1914, als sie, entsprechend dem Schlieffen-Plan, in Belgien und Frankreich einmarschiert waren, um in einer großen Umfassungsbewegung den französischen Truppen von Norden her in den Rücken zu fallen und durch einen militärischen Sieg ihrer gerechten Sache zu dienen, ebenso gehandelt? In Notwehr?

Der Aufsatz erschien im Januar/Februar 1915 in der Zeitschrift *Der Neue Merkur* in München[23] und noch im gleichen Jahr in Buchform im S. Fischer Verlag in Berlin, zusammen mit den »Gedanken im Kriege« und der Antwort, die Thomas Mann im April 1915 auf eine Umfrage der Stockholmer Tageszeitung *Svenska Dagbladet* zum Kriegsausbruch und zu den deutschen Siegesaussichten formuliert hatte.[24] Die Resonanz war nicht anders als wenige Monate zuvor nach der ersten Publikation der »Gedanken im Kriege«. Thomas Mann hatte sich politisch zu Wort gemeldet, jedoch auf eine Weise, die erkennen ließ, dass hier jemand sprach, der weder politisch noch historisch dachte und sich auch gar nicht erst um ein ernsthaftes politisch-historisches Verständnis bemühte. Seine Argumentation war assoziativ, sprunghaft und bediente sich der Geschichte nur als Steinbruch, um durch weit hergeholte Vergleiche die eigene Position zu untermauern. Mehr noch, der künstlerisch-philosophische Ansatz war auf eigentümliche Weise »deutsch«, idealistisch, ganz einer eigenen Gedankenwelt verhaftet und in vieler Hinsicht an der Wirklichkeit vorbei, also unpolitisch. Und es war kein Zufall, dass Thomas Mann so dachte. Seine Deutungen hatten auch nur mittelbar mit dem Krieg und dem aktuellen Kampf Deutschlands gegen die

Mächte der Entente zu tun, sondern entsprachen seit langem seinem Wesen – seinem »Deutschtum«. In einem Brief an Paul Amann bemerkte er dazu, das »eigentlich Deutsche, zugleich Protestantisch-Christliche und nach meinem Begriff Bürgerlich-Geistige« sei »die Weigerung, das Überindividuelle ins Soziale zu verlegen, die Scheidung von ›Philosophie‹ und ›Politik‹, d. h. die Scheidung des metaphysischen vom sozialen Leben«. Mit ihr hätten es alle großen Deutschen gehalten, die sein Denken und sein Leben geformt hätten, vor allem Schopenhauer, der die Politik gehasst habe (»Ein politischer Mann ist widerlich« – das Wort stamme von ihm), aber auch Nietzsche, der sich »mit tiefem Recht den ›letzten unpolitischen Deutschen‹ nannte«.[25]

Wie Nietzsche, wollte Thomas Mann ebenfalls nur der künstlerische Individualist sein, den er in dem Philosophen bewunderte. Tradition, Geschichte, Konservativismus, Individualität, ständische Ordnung, Hierarchie waren Begriffe, mit denen er sich zu identifizieren vermochte, weil sie für ihn eine metaphysische Bedeutung besaßen. Dem gegenüber stand die Politik: Demokratie, Nivellierung, Anonymität, Fortschrittsradikalismus, Utilitarismus – kurz: die Ideen der Französischen Revolution.[26] Die Tatsache, dass Heinrich, der nach Frankreich orientierte »Civilisationsliterat«, derartige Ideen verfocht, verstärkte nur Thomas Manns Neigung, die »Politisierung des Geistes« abzulehnen. Der Streit, in dem es um aktuelle Fragen, aber auch um grundsätzliche Sichtweisen ging, wurde zum Bruderzwist.

Als Heinrich Mann im November 1915 in René Schickeles Monatsschrift *Die weißen Blätter* einen Essay über Émile Zola veröffentlichte, erfuhr der Streit eine dramatische Zuspitzung. Der Aufsatz begann mit den Worten: »DER Schriftsteller, dem es bestimmt war, unter allen das größte Maß von Wirklichkeit zu umfassen, hat lange nur geträumt und geschwärmt. Sache derer, die früh vertrocknen sollen, ist es, schon zu Anfang ihrer zwanzig Jahre bewußt und weltgerecht hinzutreten. Ein Schöpfer wird spät Mann.«[27] Es waren Zeilen, die von Zola handelten, aber ganz offenkundig Thomas Mann meinten. Diesen machte die Lektüre »für Wochen krank«. Heinrich habe sich »feindlich und ausdrucksvoll von mir getrennt«, schrieb er später an Ludwig Ewers.[28] Gleich die ersten Sätze waren für ihn »ein kleiner Guß Schwefelsäure, en passent dem Nächsten ins Angesicht«.[29]

Nicht weniger verletzend erschienen ihm Sätze, die weiter hinten im Text folgten: »In seinen Anfängen hat er das politische Handwerk verachtet, wie nur je ein Literat. Jetzt sah er wohl, was die Politik in Wirklichkeit war: ›das leidenschaftlich bewegte Feld, auf dem das Leben der Völker ringt, und wo Geschichte gesät wird für künftige Ernten von Wahrheit und Gerechtigkeit.‹ Literatur und Politik hatten denselben Gegenstand, dasselbe Ziel und mußten einander durchdringen, um nicht beide zu entarten. Geist ist Tat, die für den Menschen geschieht; – und so sei der Politiker Geist und der Geistige handle!«[30]

Thomas Mann widerstrebte es erneut – und er widersprach energisch. In seinem 11. Notizbuch notierte er:

> »Nein, der Geistige handle nicht, das ist ihm verboten. Die Kluft zwischen Gedanke und That, Dichtung u. Wirklichkeit wird immer breit u. offen bleiben. Auch ein politischer Artikel ist ein Gedicht, und ein Gedicht kann Wirkungen im Wirklichen haben; aber das, was es bewirken soll, darf der Schriftsteller nicht handelnd in die Wege leiten wollen, das ist zu viel des Guten und geht schief. Der Geistige hat zu wirken, aber nicht zu handeln. Verkennt er dies, reißt seine Leidenschaft ihn ins Wirkliche, so gerät er (in) ein falsches Element, wo er sich schlecht, dilettantisch u. ungeschickt ausnimmt, menschlich Schaden leidet u. sich in ein falsches u. unnötiges Märtyrertum kleiden muß, um noch eine leidliche Figur zu machen. Wirke, Künstler, handle nicht!«[31]

Im 10. Notizbuch hatte er sich zuvor bereits gegen Heinrichs Vorwurf verwahrt, »gegen die Demokratie« zu reden: »Rede ich gegen die Demokratie? Was mich empört, was mich anwidert, ist die gefestigte Tugend, die doktrinäre, selbstgerechte u. tyrannische Hartstirnigkeit des Civilisationsliteraten, der den Grund gefunden hat, der ewig seinen Anker hält, und verkündigt, daß jedes Talent verdorren müsse, das sich nicht der Demokratie verschwört. Dann will ich lieber in Freiheit u. Melancholie verdorren, als durch politische Borniertheiten blühen u. selig werden.«[32]

Tatsächlich richteten sich diese Passagen nicht nur gegen Heinrich und dessen Glauben an das französisch-westliche Modell im Sinne der Revolution von 1789. Sie entsprachen vielmehr einem grundsätzlichen Bedürfnis Thomas Manns, eine »deutsche Sendung« zu definieren, wie er an Paul Amann schrieb. Dessen zuvor geäußerter Auffassung, dass Deutschland Romantik und Reaktion bedeute und dass dem französischen Revolutionsprinzip die Zukunft gehöre, begegnete er mit der Überzeugung, »daß Frankreich – ins Große, Historische gerechnet – heute ohne jede Sendung, jeden Auftrag ist, zeitblind, verurteilt, desorientiert, hoffnungslos, daß es einen toten, von jedem anderen als dem heroischen Standpunkt überflüssigen Kampf kämpft und daß alles historische Recht, alle wirkliche Modernität, Zukunft, Siegbestimmtheit bei Deutschland ist«.[33] Erschienen die Westmächte heute nicht hauptsächlich als »alt, ja altmodisch«, fragte er. Denn sie wirkten doch, indem sie die weltpolitische zivilisatorische Legitimität verträten, »aristokratisch«. Manche Sympathie, die, angeblich aus demokratischen Motiven, für die Westmächte lebendig sei, sei in Wahrheit »aristokratische Sympathie, Sympathie mit alten, noblen, sinkenden Welten, Romantik, ›Sympathie mit dem Tode‹«. Tatsächlich sei der Westen »alt, naiv und vornehm, er ist achtzehntes Jahrhundert in seiner Humanität, Ideologie und Phraseologie, seine Ideen sind die der bürgerlichen Revolution, des literarischen ›Geistes‹, der Emancipation des Dritten Standes, nichts darüber hinaus«. Man locke »heute keinen Hund mehr damit vom Ofen«. Doch was Deutschland dem Neues entgegenzustellen habe, sei »noch nicht formuliert«. Das Schlagwort, das die Alten aufgegriffen hätten, sei »Organisation« – »nichts Geringeres, als die *soziale Neuorganisation Europa's*, auf die es ankommt, – eine Aufgabe, der der Westen offenbar nicht gewachsen ist und in der ebenso offenbar die deutsche Sendung besteht«.[34]

Vor diesem Hintergrund wird auch verständlich, dass es vermutlich des Zola-Aufsatzes von Heinrich gar nicht bedurft hätte, um Thomas Mann zur Niederschrift der *Betrachtungen eines Unpolitischen* zu stimulieren, von denen es später hieß, sie seien die Antwort auf Heinrichs Essay. Tatsächlich begannen die Vorarbeiten, einschließlich erster Entwürfe, bereits im Herbst 1915, mehrere Monate vor dem Erscheinen des Zola-Textes. Das Werk, ursprünglich nur als kleiner Artikel geplant, wuchs schließlich, bis es 1918 endlich vorlag, zu einem voluminösen Band von 581 Seiten heran. In seiner Vorrede rechtfertigte Thomas Mann die Dauer der Arbeit und die Länge des Buches mit der Feststellung, dass sich für ihn, den »Gewissenhaften«, die »Notwendigkeit politischer Stellungnahme und Willensentschließung« aus inneren wie äußeren Umständen zwingend ergeben habe:

> »Vierzig Jahre sind wohl ein kritisches Alter, man ist nicht mehr jung, man bemerkt, daß die eigene Zukunft nicht mehr die allgemeine ist, sondern nur noch – die eigene. Vierzig ist Lebenswende; und es ist nichts Geringes [...] wenn die Wende des persönlichen Lebens von den Donnern einer Weltwende begleitet und dem Bewußtsein furchtbar gemacht wird.«[35]

Da er in den *Betrachtungen* »alles« sagen und Aktuelles und Zeitkritisches mit einer Revision seiner persönlichen Grundlagen »auf wunderliche und gewagte Weise vereinigen« wollte, vernachlässigte er darüber sogar seine gewohnte schriftstellerische Arbeit. Der *Zauberberg* lag weiter, kaum beachtet, auf dem Schreibtisch; das Manuskript des *Felix Krull*, in dem 1913 die letzten Zeilen geschrieben worden waren, geriet für lange Zeit ganz aus dem Sinn. Der Krieg, vor allem die Auseinandersetzung mit dem brüderlichen Feind, überwog alles. Währenddessen zog Katia über Land, um Eier, Milch oder ein Hühnchen zu »hamstern«. Je länger der Krieg dauerte, desto knapper wurden die Rationen. »Es wäre eine Übertreibung zu behaupten, daß wir wirklich darbten«, erinnerte sich Klaus Mann später, »aber die schlichte Wahrheit ist, daß wir immer hungrig waren. [...] Essen, Kleider, Schuhe, Kohle, Seife, Schreibpapier, alles, was wir berührten, rochen, oder schluckten, war Ersatz, erbärmliches, schundiges Zeug.«[36]

Die finanzielle Katastrophe, die Thomas Mann im August 1914 hatte hereinbrechen sehen, blieb indessen aus. Die Auflagen seiner Bücher wuchsen stetig; die Tantiemen flossen weiter. Dennoch musste gespart werden: das Kinderfräulein und eines der Hausmädchen wurden entlassen, die Zentralheizung stillgelegt. Für die kleinen Metallöfen, die in jedem zweiten Zimmer installiert wurden, schaffte Katia die Kohlen heran, heimlich, denn die Nachbarn durften nichts merken. Wirklich warm, berichtete Klaus, sei es nur im Zimmer des Vaters gewesen; seine Arbeit durfte keine Not leiden. Doch sogar die Kinder erfuhren, dass er nicht »eine seiner schönen Geschichten« schrieb, wenn er am Morgen die schweren Türen zu seinem Zimmer hinter sich schloss, sondern etwas »Abstraktes, Schwieriges, Geheimnisvolles«. Kein Roman – das Buch habe mit dem Krieg zu tun.[37]

Mürrisch sei der Vater in dieser Zeit gewesen, teilte Klaus mit. Paul Amann, mit dem Thomas Mann seit dessen ersten Brief vom Januar 1915 regelmäßig korrespondierte, erfuhr über die »Abhandlung«, die sich in Vorbereitung befand: »Es steht schlimm! Ich habe alles gesagt, an 200 Quartseiten hingesudelt, – und weiß ich nicht, was ich damit anfangen soll, denn oeffentlich ist das alles so nicht möglich… «[38] Doch das war erst der Beginn. Noch fast zwei Jahre mühte sich Thomas Mann ab, an der Widerlegung der offenen und unterschwelligen Vorwürfe Heinrichs zu arbeiten, ohne dessen Namen auch nur einmal zu erwähnen. Das Private blieb ausgeklammert. Die *Betrachtungen* waren Bekenntnisrhetorik, aber davon, meint Hermann Kurzke, solle man sich »nicht irritieren lassen«, es sei »eben nur der rhetorische Gestus«.[39]

Die Last, die Thomas Mann bei der Niederschrift gespürt haben muss, wurde dadurch freilich nicht gemindert. Der »Kriegsvater«, berichtete Klaus in seinem *Wendepunkt*, sei den Kindern »seltsam fremd und entfernt« erschienen, völlig »verschieden von dem Zauberer der Friedensjahre«. Er sei oft müde gewesen, die Lippen »gleichsam versiegelt über einem düsteren Geheimnis«, die Miene »gespannt und streng«; manchmal habe er sich, ganz ungewöhnlich bei seiner sonst so korrekten Erscheinung, in jenen Tagen einen Bart stehen lassen.[40] Golo erinnerte sich »an Szenen bei Tisch, Ausbrüche von Jähzorn und Brutalität, die sich gegen meinen Bruder Klaus richteten, mir selber aber Tränen entlockten«. Allerdings, äußerte Golo verständnisvoll, man könne »an sich nicht immer *sehr* nett zu seiner Umgebung sein, wenn man sich ausschließlich der eigenen schöpferischen Arbeit widmet, um wie viel weniger, wenn man Tag für Tag sitzt an den *Betrachtungen eines Unpolitischen* […] Diese ›Gewissensprüfung‹, eine Kriegspflicht, wie er es verstand, war dem Autor selber zur schweren Last, nicht zur Freude geschrieben.«[41]

In inhaltlicher Hinsicht erhob Thomas Mann den Krieg erneut zu einem weltanschaulichen Konflikt zwischen deutscher »Kultur« und westlicher »Zivilisation«: »Ich bekenne mich tief überzeugt«, schrieb er, »daß das deutsche Volk die politische Demokratie niemals wird lieben können, aus dem einfachen

Grunde, weil es die Politik selbst nicht lieben kann, und daß der vielverschrieene ›Obrigkeitsstaat‹ die dem deutschen Volke angemessene, zukömmliche und von ihm im Grunde gewollte Staatsform ist und bleibt.«[42] Deutschland sei unpolitisch, ja »grund-unpolitisch«, und unterscheide sich deshalb prinzipiell von »politischen Völkern«, wie Frankreich und England. Wiederum berief er sich dabei auf Nietzsche, in dessen Nachlass man »eine unglaublich intuitionsvolle Bestimmung der ›Meistersinger‹« gefunden habe: »Meistersinger – *Gegensatz zur Zivilisation, das Deutsche gegen das Französische.*« Die Aufzeichnung sei »unschätzbar«, so Thomas Mann. »Im blendenden Blitzschein genialischer Kritik« stehe hier »auf eine Sekunde der Gegensatz, um den dieses ganze Buch sich müht, – der aus Feigheit viel verleugnete, bestrittene und dennoch unsterblich wahre Gegensatz von Musik und Politik, von Deutschtum und Zivilisation«.[43]

Dies war tatsächlich das Leitmotiv der Betrachtungen: Deutschlands innere Nähe zum »ungefügen Rußland« und seine tiefe Fremdheit gegenüber dem »Westen«, seiner Vernunft und seiner Zivilisation. Dabei war die Unterscheidung zwischen »Kultur« und »Zivilisation« nichts als »verkrampfter Unsinn«, wie Klaus Harpprecht treffend bemerkt hat, »und ein gefährlicher dazu, der sich in den Traktätchen alldeutscher Sekten und manchen Propagandaschriften des militanten Nationalismus ungut genug angekündigt hatte«.[44] Thomas Mann hatte mit solchen Zirkeln zwar nichts gemein. Seine entlegenen, abstrusen Gedanken entsprachen jedoch einem Bedürfnis nach deutscher Eigenheit, von der er glaubte, dass sie nicht im Politischen, sondern nur im Geistigen zu finden sei. Heinrich, der sich der Aufklärung und den Ideen von 1789 verbunden fühlte, warf er deshalb geistigen Landesverrat vor: Wer »von Instinkt die ›Besonderheit‹ Deutschlands« verabscheue und sich dem »Zivilisationsimperium« verbunden fühle, sei »beinahe schon Franzose, [...] und zwar klassischer Franzose, Revolutionsfranzose«.[45] Der »radikale Literat Deutschlands« – also Heinrich – gehöre »mit Leib und Seele zur Entente, zum Imperium der Zivilisation«. Damit sei er »nicht undeutsch«, sondern »nur ein erstaunliches, sehenswürdiges Beispiel dafür, wie weit der Deutsche es in Selbstekel und Einfremdung, in kosmopolitischer Hingebung und Selbstäußerung heute noch, im nachbismärckischen Deutschland, bringen kann«.[46]

Der Streit mit Heinrich, der in das Buch hineingetragen wurde, es vielfach voranbrachte und beherrschte, war indessen nur ein Aspekt unter vielen, auch wenn er später die Einschätzung und Einordnung des Bandes in das Gesamtwerk Thomas Manns maßgeblich bestimmte. Weite Passagen sind geschwätzige, oftmals verstiegene und absurde Betrachtungen zum Krieg, deren Veröffentlichung besser unterblieben wäre. Beispiele dafür gibt es viele, etwa wenn es heißt, das deutsche Volk, »*als* Volk durchaus heroisch gestimmt, bereit, Schuld auf sich zu nehmen und ungeneigt zu moralischer Duckmäuserei«, habe »nicht geflennt über das, was die ihrerseits radikal erbarmungslosen Feinde seines Lebens ihm antaten«.[47] Oder, wenige Sätze weiter, gebilligt habe es »die Vernichtung jenes frechen Symbols der englischen Seeherrschaft und einer immer noch komfortablen Zivilisation, des Riesenlustschiffes ›Lusitania‹, und dem welterfüllenden Zetermordio humanitärer Hypokrisie die Stirn geboten«.[48] Gänzlich unerträglich wird das Buch allerdings dort, wo Thomas Mann von der »tragischen Würde« Verstümmelter spricht, die er die Straße dahermarschieren sah, wo er von einem Blinden berichtet, der erklärt habe, die »Dunkelheit tue den Nerven wohl [...], es verlange ihn nicht, und er habe geradeheraus *keine Lust, wieder sehend zu werden*«[49], oder wo er schließlich, ins Allgemeine gewendet, erklärt: »Der Tod wird nicht schrecklicher dadurch, daß er sich für unsere Augen verzehntausendfacht. ›Menschlichkeit‹ hindert nicht, daß wir alle zum bitteren Tode verurteilt sind; und es gibt Bett-Tode, so gräßlich wie nur irgendein Feldtod.«[50]

Doch so ästhetisch-entrückt, grausam-wirklichkeitsfremd Thomas Mann hier auch argumentieren mochte, – »unpolitisch« waren seine Betrachtungen deswegen noch lange nicht. Mit seinen irritierenden Formeln, die vielfach die Grenze zur völkischen Ideologie tangierten und gelegentlich auch überschritten, förderte er gedanklich eine Bewegung einfältiger, irrationaler nationalistischer Parolen, von der ihn eigentlich Welten trennten – bis hin zu pauschalen, haltlosen Schuldzuweisungen an das »internationale Illuminatentum, die Freimaurer-Weltloge, unter Ausschluß der ahnungslosen Deutschen natürlich, bei der geistigen Vorbereitung und wirklichen Entfesselung des Weltkrieges«.[51] Unfassliche, unbewiesene und beweisuntaugliche Behauptungen, eines Stammtisches unwürdig.

So muss Thomas Mann es am Ende wohl auch selbst gesehen haben. Denn als er am 10. Dezember 1917 die Arbeit an den *Betrachtungen* abschloss und nur noch die Vorrede zu schreiben war, als sich die Niederlage Deutschlands bereits abzeichnete, nachdem die USA in den Krieg eingetreten waren, und die deutschen Ressourcen, soviel ließ sich voraussehen, nicht ausreichen würden, um auch gegen diesen Gegner noch zu bestehen, zog Thomas Mann in den einleitenden Sätzen, die er dem Buch vorausschickte, im Grunde alles wieder in Zweifel, was er in den Jahren zuvor geschrieben hatte. Halb ironisch, halb prophetisch warf er die Frage auf, ob er nicht »mit einem Teil meines Wesens den Fortschritt Deutschlands zu dem, was in diesen Blättern mit einem recht uneigentlichen Namen ›Demokratie‹ genannt wird [...], zu fördern bestimmt war und bin«. Und, fragte er weiter, ob er nicht allein durch sein Schriftstellertum (denn »Literatur ist demokratisch und zivilisatorisch von Grund aus«) »den ›Fortschritt‹ Deutschlands an meinem Teile – noch fördern ließe, *indem* ich ihn konservativ bekämpfe?«[52]

Solche Überlegungen drängten sich umso mehr auf, je näher das Ende rückte. Machte es unter diesen Umständen überhaupt noch Sinn, das Buch zu veröffentlichen? Würde es seinem Verfasser, der so vehement für den »Kulturkrieg« eingetreten war, im Danach nicht vielleicht sogar schaden? Nur zwei Tage, nachdem die Armeeführung am 29. September 1918 um einen sofortigen Waffenstillstand ersucht hatte, notierte Thomas Mann deshalb: »Die Katastrophe und Weltniederlage [...] ist da. Es ist auch die meine.«[53] In der Nacht zum 6. Oktober überlegte er mit Katia, »das Buch zu unterdrücken u. posthum zu machen«. Man beschloss, »zum Zweck der vorläufigen Inhibierung des Erscheinens« ein Telegramm an Fischer zu schicken. Noch am Morgen wurde der Wortlaut des Kabels aufgesetzt; ein Eilbrief folgte hinterher.[54] Doch schon einen Tag später traf die telegraphische Antwort Fischers ein: Die »Betrachtungen« seien ausgeliefert. »In Gottes Namen!«, fügte Thomas Mann als Kommentar am Rand hinzu.[55] Schon mit Blick auf das Kommende, aber doch weiter verwurzelt im Alten, schrieb er am 10. Oktober 1918 an Ernst Bertram: »Republikaner werden wir auch bald sein, verlassen Sie sich darauf. Solange der Kaiser noch da ist, ist das romantische Deutschland nicht völlig ausgetilgt.«[56] Indes, nur vier Wochen später war die Monarchie beseitigt; ein neues Kapitel deutscher Geschichte hatte begonnen. Thomas Mann hatte es nicht gewollt. Wie würde er sich nun darin zurechtfinden?

Vernunftrepublikaner

Der Zusammenbruch der deutschen Monarchie im Herbst 1918 war nicht das Ergebnis einer Revolution, sondern Resultat der militärischen Niederlage im Ersten Weltkrieg, die Ende September 1918 auch von der 3. Obersten Heeresleitung (OHL) unter Paul von Hindenburg und Erich Ludendorff eingestanden wurde. »Furchtbar und entsetzlich!«, notierte Oberst Albrecht von Thaer, der seit Mai 1918 in der OHL für die Heeresversorgung zuständig war, dazu am 1. Oktober nach einem Gespräch bei Ludendorff in sein Tagebuch. Ludendorff habe – »von tiefstem Kummer erfüllt, bleich, aber mit hocherhobenem Haupt« – erklärt, er habe dem Kaiser berichten müssen, »die OHL und das deutsche Heer seien am Ende«, der Krieg sei »nicht nur nicht mehr zu gewinnen, vielmehr stehe die endgültige Niederlage wohl unmittelbar bevor«.[1] Tatsächlich hatte die 3. OHL am 29. September 1918 einen sofortigen Waffenstillstand verlangt und in der Erwartung, dass der amerikanische Präsident Woodrow Wilson die deutsche Position unterstützen werde, wenn eine parlamentarisch gebildete Regierung um die Aufnahme von Friedensverhandlungen nachsuche, Kaiser Wilhelm II. gedrängt, per Dekret die Einführung der Demokratie in Deutschland und den Übergang zu einem parlamentarischen Regierungssystem anzuordnen.

In dem Erlass des Kaisers vom 30. September 1918 hieß es entsprechend, er »wünsche, daß das deutsche Volk wirksamer als bisher an der Bestimmung der Geschicke des Vaterlandes mitarbeitet«, und dass es daher sein Wille sei, »daß Männer, die vom Vertrauen des Volkes getragen sind, in weitem Umfang teilnehmen an den Rechten und Pflichten der Regierung«. Reichskanzler Georg Freiherr von Hertling trat zurück, Prinz Max von Baden bildete die neue Regierung, in die er auch drei Zentrumspolitiker und zwei Sozialdemokraten aufnahm. Mit Zustimmung der SPD, des Zentrums und der Liberalen sprach er sich unverzüglich für einen Verständigungsfrieden aus, der allerdings vom amerikanischen Präsidenten an die Bedingung der Beseitigung der Monarchie geknüpft wurde. Wilhelm II. verließ daraufhin am 29. Oktober 1918 Berlin, reiste zunächst in das Große Hauptquartier ins belgische Spa, um sich der Diskussion über seine Person zu entziehen, und floh schließlich am 10. November 1918 in die Niederlande ins Exil, nachdem am Tag zuvor auch Prinz Max von Baden zurückgetreten war und der Sozialdemokrat Philipp Scheidemann vor dem Reichstag die »Deutsche Republik« ausgerufen hatte – nur zwei Stunden vor Karl Liebknechts Proklamation der »freien sozialistischen Republik« im Lustgarten am Berliner Schloss.

Inzwischen war bereits das gesamte Reich von Unruhen erfasst. Von Kiel aus, wo es am 3. November zu einer Meuterei der Matrosen gekommen war, breitete sich die Aufstandsbewegung rasch aus. Sie führte an vielen Orten zur Bildung von Arbeiter- und Soldatenräten, die zumeist einen bolschewistischen Staat nach russischem Vorbild anstrebten. Ein Putschversuch gegenrevolutionärer Offiziere am 6. Dezember in Berlin blieb zwar erfolglos, doch rebellierende Teile der Volksmarinedivision lieferten sich am 24./25. Dezember am Berliner Stadtschloss und am Marstall schwere Kämpfe mit Regierungstruppen, bei denen mehr als 60 Menschen ums Leben kamen. »Über Nacht«, notierte danach am 29. Dezember 1918 der evangelische Theologe, Soziologe und Philosoph Ernst Troeltsch, der seit 1914 an der Berliner Universität lehrte, »sind wir zur radikalsten Demokratie Europas geworden und müssen das noch als die relativ gemäßigte Lösung unseres politischen Lebensproblems betrachten.« Der Erste Weltkrieg war zu Ende, das Deutsche Reich hatte um einen sofortigen Waffenstillstand und um Frieden gebeten, die Monarchie war beseitigt, aber von einem geordneten Übergang zur Republik konnte keine Rede sein. Für Troeltsch, den besonnenen Mitbegründer der Deutschen Demokratischen Partei (DDP) und späteren Unterstaatssekretär im preußischen Kultusministerium, bedeutete er vielmehr »das vollkommene Chaos«. Die Bismarcksche Reichsgründung, bemerkte er, sei »bis auf die Fundamente abgetragen«, die ganze politische Ordnung »in der Auflösung oder doch mindestens totalen Umbildung begriffen«.[2]

In München beobachtete Thomas Mann die Entwicklung ebenfalls mit Sorge, jedoch aus großer Distanz. An seinem großbürgerlichen Lebensstil hatte sich nichts geändert. Seine finanzielle Situation war auch nach dem Krieg noch immer glänzend – 1918 lag sein Jahreseinkommen bei etwa 90 000 Mark –, und sein Leben verlief äußerlich in den gewohnten Bahnen.[3] Innerlich allerdings waren die Kriegsniederlage, der Sturz der Monarchie und die offenbar unabwendbare Entwicklung Deutschlands zu einer Demokratie, die er in den *Betrachtungen eines Unpolitischen* soeben noch als »etwas Undeutsches, Widerdeutsches« bezeichnet hatte,[4] ein Schock. Sie lösten bei ihm ein Gefühl der politischen Isolation aus. Es sei ihm bewusst geworden, vertraute er Ende 1918 dem Tagebuch an, dass er »eine einsame, abgesonderte, grüblerische, wunderliche und trübe Existenz führe«, während das Leben sein Bruders »jetzt sehr sonnig« sei.[5]

Tatsächlich befand sich Heinrich in einer geradezu entgegengesetzten Lage. Sein Buch *Der Untertan* war das Ereignis der Stunde. Es hatte schon 1914 im Manuskript vorgelegen, war damals aber – in der aufgeheizten Stimmung der Mobilmachung und des Kriegsbeginns – nicht mehr gedruckt worden, weil man es als unpatriotisch hätte missverstehen können. Jetzt wurde es als Prophetie empfunden, die dem Künder eine nie zuvor erlebte Prominenz bescherte. Binnen sechs Wochen nach Erscheinen waren 100 000 Exemplare verkauft; die *Betrachtungen eines Unpolitischen* hatten es gerade mal auf 6000 gebracht – das sagte alles. Heinrich genoss den Erfolg und freute sich darüber umso mehr, als sein lang gehegter Wunsch nach einer neuen politischen Ordnung sich erfüllt hatte. Er gehe nun, erklärte er in einer Umfrage der sozialdemokratischen Tageszeitung *Vorwärts* anlässlich der Wahlen zur Nationalversammlung am 17. Januar 1919, »mit dem Staate endlich Hand in Hand«.[6] Der Kurt Wolff Verlag in Leipzig, in dem der *Untertan* erschien, warb in einer Anzeige im *Börsenblatt für den Deutschen Buchhandel* mit dem gleichen politischen Tenor für das Werk: »Es ist mehr als Literatur, es ist Vorgeschichte der deutschen Revolution, und es sei ein Handbuch des neuen Deutschlands.«[7]

Heinrich Mann repräsentierte also den aufgehenden Stern der Weimarer Republik, als deren Galionsfigur Gerhart Hauptmann galt, der 1919 sogar als Kandidat für die Reichspräsidentschaft genannt wurde, während Thomas Mann die Verflossenheit der Monarchie verkörperte und seine *Betrachtungen* als Zeugnis einer untergegangenen Epoche erschienen: als Ausdruck eines verirrten Zeitgeistes, dem auch sein wortgewandtester Fürsprecher vermeintlich erlegen war. Für Thomas Mann selbst waren seine früheren Gedanken und Überlegungen allerdings noch lange nicht von der Geschichte widerlegt. Zwar war er sich der Tatsache bewusst, dass Deutschland vor der Aufgabe stand, »in politicis etwas Neues finden« zu müssen. Doch er hoffte, dass anti-demokratische, anti-westliche Kräfte bald wieder die Oberhand gewinnen würden, und ließ sogar eine Neigung für die Idee erkennen, Räterepubliken nach sowjetischem Muster zu errichten, als er im Tagebuch notierte: »Meine Teilnahme wächst für das, was am Spartacismus, Kommunismus, Bolschewismus gesund, menschlich, national, anti-ententistisch, *anti-politisch* ist.«[8] Keinesfalls sollten die parlamentarischen Demokratien Englands, Frankreichs oder der USA als Vorbild für das Neue dienen. – Alles blieb jedoch vage. Von einer klaren politischen Konzeption oder auch nur Vision Thomas Manns zu sprechen, wäre weit übertrieben. Im Grunde genommen hielt er an seiner in den *Betrachtungen* geäußerten Überzeugung fest, wonach in der Politik »mechanische, außermenschliche, außermoralische« Gesetze herrschten, während die »wahre, das heißt menschliche Demokratie eine Sache des Herzens und nicht der Politik« sei. Die »Demokratie des Herzens«, hatte er dort wörtlich erklärt, beruhe nicht auf Freiheit und Gleichheit, sondern ausschließlich auf »Brüderlichkeit«, wie sie in Russland gelebt werde. In Russland gebe es deshalb die wahre, »menschliche Demokratie«: »Rußland war in tiefster Seele immer demokratisch, ja christlich-kommunistisch, das heißt brüderlich gesonnen, und Dostojewski schien zu finden, daß für diesen Demokratismus das patriarchalisch-theokratische Selbstherrschertum eine angemessenere Staatsform darstelle, als die soziale und atheistische Republik.«[9]

Es waren Formulierungen, die Thomas Manns Gedankenwelt gemäß waren – aber nicht nur seiner. Mochten Heinrichs politische Überzeugungen auch im Trend der Zeit liegen, mochte er im Konkurrenzkampf der beiden Brüder vorerst auch als der Sieger erscheinen, stand die Mehrheit der Deutschen doch immer noch eher auf der Seite Thomas Manns. Dieser saß also keineswegs »zwischen allen Stühlen«, wie er später gerne behauptete, sondern ruhte weiter auf einem Fundament breiter geistiger Zustimmung.[10] Dafür spricht auch die Tatsache, dass die Philosophische Fakultät der Universität Bonn ihm am 3. August 1919 die Ehrendoktorwürde verlieh. Die Verleihung erfolgte auf Betreiben seines »ältesten, gelehrtesten und besten« Freundes, des Kölner Literaturhistorikers Ernst Bertram, und auf Antrag des Literatur- und Theaterwissenschaftlers Berthold Litzmann, der nach seiner Emeritierung

1921 nach München zog und dort Thomas Manns Nachbar im Herzogpark wurde. Die Urkunde pries Thomas Mann als »Dichter von großen Gaben, der in strenger Selbstzucht und beseelt von einem starken Verantwortungsgefühl aus innerstem Erleben das Bild unserer Zeit für Mit- und Nachwelt zum Kunstwerk gestaltet« habe.[11] Wie Paul Egon Hübinger in seiner Studie über Thomas Manns Verhältnis zur Bonner Universität festgestellt hat, galt die Auszeichnung indessen wohl nicht nur dem Autor der *Buddenbrooks*, sondern mehr noch demjenigen der *Betrachtungen*. Der ehemals nationalliberale Litzmann jedenfalls, den Hübinger als einen »enthusiastischen Bismarck- und Treitschke-Verehrer« und danach als Anhänger der »nationalistisch-annexionistischen Deutschen Vaterlandspartei« charakterisiert, dürfte Thomas Mann spätestens seit den *Betrachtungen* als einen Freund im Geiste begriffen haben.[12]

Dieser ließ sich jedoch nicht so leicht vereinnahmen. Bereits sein Dankesschreiben an den Dekan der Philosophischen Fakultät machte deutlich, dass er sich von einem militanten Nationalismus künftig zu distanzieren gedachte. Rückblickend behauptete er, 1914 »nicht kriegsbegeistert [...], sondern schicksalsbegeistert« gewesen zu sein.[13] Gegenüber Heinrich Wölfflin und Ernst Bertram sprach er am 16. Oktober 1920 im Haus des Musarion-Verlags in München über »die Einigung Europa's durch das Deutschtum und über Cosmopolitismus als Geist, Wesen, Sendung der deutschen Nationalität«.[14] Die Wandlung war unverkennbar. Wie der Soziologe Max Weber, der Religionsphilosoph Ernst Troeltsch und der Maler Max Liebermann – um nur diese zu nennen –, wurde auch Thomas Mann nun in den Worten des Historikers Friedrich Meinecke zu einem »Vernunft-Republikaner«. Er bekannte sich zur Republik nicht aus Gefühl, sondern aus Reflexion und Verantwortung.[15] Am deutlichsten wurde dies in der Rede, die er am 15. Oktober 1922 im Beethovensaal in Berlin aus Anlass des 60. Geburtstages von Gerhart Hauptmann hielt. Wer einen nationalkonservativen, anti-republikanischen, anti-demokratischen Vortrag erwartet hatte, sah sich getäuscht. Unter dem Titel »Von Deutscher Republik« setzte Thomas Mann hier einem überraschten Publikum, darunter viele Studenten, ganz pragmatisch auseinander, dass Republik und Demokratie Realitäten geworden seien, die niemand mehr leugnen könne, und dass er angetreten sei, seine Hörer, vor allem die akademische »deutsche Jugend«, für »die Republik zu gewinnen«.[16] Den zu erwartenden Einwänden – Thomas Mann sprach rhetorisch vom »Scharren« im Saal – hielt er mit freundlicher Entschiedenheit entgegen: »Jungmannschaft, – nicht diese Töne! Ich bin kein Pazifist, weder von der geifernden noch von der öligen Observanz ...«[17]

Es war in der Tat höchst bemerkenswert: Nachdem er wenige Jahre zuvor in den *Betrachtungen* noch festgestellt hatte, er wolle »nicht die Parlaments- und Parteiwirtschaft, welche die Verpestung des gesamten nationalen Lebens mit Politik bewirkt«[18], erklärte Thomas Mann nun, die Republik, die Demokratie seien »innere Tatsachen, sind es für uns alle, jeden einzelnen, und sie leugnen heißt lügen«.[19] Er zitierte Novalis' Wort »Wo junge Leute sind, da ist Republik« und suchte damit die Jugend, die sich »gegen die Republik zu ewigem Haß verschworen« habe, für den neuen Staat zu gewinnen. Denn dieser Staat, erklärte er, »ob wir wollten oder nicht, – er ist uns zugefallen. In unsere Hände ist er gelegt, in die jedes einzelnen; er ist unsere Sache geworden, die wir gut zu machen haben, und das eben ist die Republik, – etwas anderes ist sie nicht.«[20]

»Deutschheit«, so erläuterte er dazu seinen Zuhörern unter Berufung auf Beispiele deutscher Literatur – darunter wiederum Novalis sowie Gerhart Hauptmann und Stefan George –, sei weder »völkisch simpel noch völkisch ungeschlacht und randalierend, sondern liberal im menschlichsten Sinn, kulturmilde, würdig-friedfertig« und immer »human«.[21] Mit Novalis und dem amerikanischen Dichter Walt Whitman war er bemüht, eine

Brücke zwischen deutscher Romantik und angelsächsischer Demokratie zu schlagen, um »dem Neuen in Deutschland behilflich« zu sein und die Republik in der geistig-nationalen Tradition zu verankern, ohne sich zur »égalité-Demokratie« zu bekennen.[22] Er wolle »der Jugend die Republik mundgerecht [...] machen«, hatte er zuvor bereits an Ernst Bertram geschrieben, indem er diese »zur deutschen Romantik in Beziehung setze«.[23] Eine »Sinnesänderung« sah er darin freilich nicht. Der »republikanische Zuspruch«, den er nunmehr äußerte, setzte seiner Meinung nach »die Linie der ›Betrachtungen‹ genau und ohne Bruch ins Heutige fort«. Seine »Gesinnung« sei nach wie vor »diejenige deutscher Menschlichkeit«.[24]

Tatsächlich war Thomas Mann nicht über Nacht zum Demokraten geworden. Allerdings verabscheute er den antisemitischen, völkisch-nationalen Radikalismus, der sich seit dem Ende der Monarchie mehr und mehr zu einer Bedrohung für die junge Republik entwickelt hatte. Freikorps-Verbände aus ehemaligen Frontkämpfern, aber auch Angehörige der so genannten »Kriegsjugendgeneration« waren zu einem gewaltsamen, »konterrevolutionären Kampf« gegen Republik und Demokratie angetreten. Seit 1919 hatte es bereits über 300 politische Morde gegeben, zu deren Opfern nicht nur Vertreter der Linken, wie die Gründer des kommunistischen Spartakusbundes, Karl Liebknecht und Rosa Luxemburg, und der bayerische Ministerpräsident Kurt Eisner zählten, sondern auch der Zentrumsabgeordnete und ehemalige Finanzminister Matthias Erzberger sowie Außenminister Walther Rathenau. Vor allem das Attentat auf Rathenau, das – ebenso wie der Anschlag auf Erzberger – von der rechtsradikalen, terroristischen *Organisation Consul* verübt worden war, hatte die Republik erschüttert.[25]

Bei der Vorbereitung seiner Rede für Gerhart Hauptmanns Geburtstag, mit der er im Juli 1922 begann, stand Thomas Mann noch ganz unter dem Eindruck der Ermordung Rathenaus am 22. Juni. »Rathenaus Ende«, teilte er am 8. Juli Ernst Bertram mit, bedeute für ihn einen »schweren Choc«.[26] Er fühlte sich mitschuldig. Hatten seine kulturkriegerischen *Betrachtungen*, in denen die Demokratisierung Deutschlands als »Entdeutschung« bezeichnet worden war[27], nicht den geistigen Boden für derartige Gewalttaten bereitet? Thomas Mann schien es zu glauben und sah sich deshalb, erklärte er Bertram, zu einer Stellungnahme gezwungen, um »der Jugend« ins »Gewissen« zu reden.[28] In der Rede hieß es dementsprechend, selbst der »eingefleischteste Romantiker« werde »für den vorübergehenden Notfall zum politischen Aufklärer«, wenn es die Situation erfordere: »Wenn sentimentaler Obskurantismus sich zum Terror organisiert und das Land durch ekelhafte und hirnverbrannte Mordtaten schändet, dann ist der Eintritt solchen Notfalles nicht länger zu leugnen, und die Stille, die sich, wie ich feststelle, bei dieser Anspielung im Saale verbreitet, ich weiß, junge Leute, was ich –, der fürchten muß, aus geistigem Freiheitsbedürfnis dem Obskurantentum Waffen geliefert zu haben –, was, sage ich, gerade ich dieser jetzt herrschenden Stille schuldig bin.«[29]

Thomas Manns Bekenntnis zur Republik erfolgte also nicht aus innerem Sinneswandel, sondern aufgrund äußerer Anlässe und mit dem Verantwortungsbewusstsein eines Menschen, den die Gewaltbereitschaft derer, die sich seit Herausgabe der *Betrachtungen* zu seinen Anhängern zählten, zutiefst bestürzte. Zwar hatte er noch wenige Jahre zuvor offen seine Verbundenheit mit dem konservativ-revolutionären Kreis um den Schriftsteller Arthur Moeller van den Bruck signalisiert und an diesen geschrieben: »Die politische und kulturelle Haltung Ihres Kreises schmeichelt unmittelbar meinen geistigen Nerven, und damit auch meinen physischen; was geistige Sympathie ist, ich erfahre es immer bei der Berührung mit Ihrer Welt.«[30] Nachdem die Radikalisierung der Rechten so bedrohliche Ausmaße angenommen hatte, wandte er sich jedoch ab und bekannte sich offen zur Republik.[31] Die Welt van den Brucks, der publizistisch gegen Parlamentarismus und Liberalismus zu Felde zog und vom »Anbruch eines deutschen Zeitalters« sowie von der Entstehung eines »Dritten Reiches« träumte, das die in Deutschland bestehenden politischen Gegensätze aufheben und Nationalismus und Sozialismus zu einer Einheit verschmelzen werde, hatte Thomas Manns Vorstellungen nur so lange entsprochen, wie sie in ihren politischen Auswirkungen noch nicht erkennbar gewesen war.[32] Die Wortwahl seiner Erklärung im *Svenska Dagbladet* aus dem Jahre 1915, ein »Drittes Reich«, in dem »Macht und Geist« vereint würden, sei »Traum und Verlangen«, sogar »höchstes Kriegsziel« Deutschlands, war in diesem Zusammenhang verräterisch gewesen: Traum und Verlangen, sogar *höchstes* Kriegsziel ja, unmittelbare Realität nein.[33]

Jetzt, 1922, stellte sich die Situation für Thomas Mann gänzlich anders dar, und er fragte, ob nicht die neue Menschlichkeit auf dem Boden der Republik »glücklichere Möglichkeiten der Verlebendigung« finden möge »als auf dem Grunde des alten Staates«. Es war ein radikaler Wandel seiner Position, der nicht ohne Widerspruch bleiben würde. Thomas Mann antizipierte die Kritik, indem er den zu erwartenden Protest bereits rhetorisch in seine Rede einbaute: »Jetzt werdet ihr böse! Ja, wenn nicht die Gegenwart hoch gestellter Personen eure Lebhaftigkeit einschränkte, würdet ihr mir zurufen: ›Wie? Und dein Buch? Deine antipolitisch-antidemokratischen Betrachtungen von Anno achtzehn?! Renegat und Überläufer! Der du dir selber aufs Maul schlägst, Umfallsüchtiger, steige ab vom Podium und wage nicht, gewinnende Kraft in Anspruch zu nehmen für das Wort des charakterlosen Selbstverleugners!‹«[34]

Thomas Mann ahnte also, was ihm bevorstand. Er musste auf die Abrechnung nicht lange warten. Die nationalbayrische *Münchner Zeitung* stellte bereits einen Tag nach der Rede fest, diese sei tatsächlich »dem Mund eines Unpolitischen« entströmt.[35] Werner Otto erklärte eine Woche später unter dem doppelsinnigen Titel »Mann über Bord« in der Potsdamer Zeitschrift *Das Gewissen* des neukonservativen Juni-Klubs um Moeller van den Bruck: »Gegensätze erstehen und legen sich zwischen unsere Herzen und Ihre [...] Sprache. Das Schicksal ist stärker als der Zufall, die Tat mehr als das Wort. Und solange die deutsche Republik nur Zufall und Wort ist, haben wir nichts mit ihr zu schaffen. Was geht uns die Republik an? Es lebe Deutschland!«[36] Und der junge Schriftsteller und spätere Präsident der Reichsschrifttumskammer, Hanns Johst, warf Thomas Mann in einem offenen Brief Ende November 1922 schließlich vor, er habe sein »Deutschtum an die Zeit verraten«.[37]

Thomas Mann hatte sich durch seine Rede augenscheinlich viele Feinde geschaffen. Das war zwar absehbar gewesen. Dennoch war er überrascht von der Schärfe der Angriffe gegen ihn und vom Ausmaß der Kritik, die nach »dem großen Berliner Abenteuer« über ihn hereingebrochen war. Er werde nun sogar »als Wahlredner für Eberten verstanden, Politik umschäumt mich«, schrieb er am 20. Oktober an seinen Bruder Heinrich.[38] Die Frage, ob er mit seinen Äußerungen wirklich eine politische Wende vollzogen hatte – von einem überzeugten Monarchisten zu einem ebenso entschiedenen Demokraten –, ist indessen bis heute umstritten.[39] Von Thomas Mann selbst existieren dazu durchaus widersprüchliche Aussagen. Die Behauptung, dass er 1922 mit seinen früheren Überzeugungen gebrochen habe, wies er jedoch zeitlebens von sich. Rückblickend bemerkte er 1950: »Bloße vier Jahre nach dem Erscheinen der ›Betrachtungen‹ fand ich mich als Verteidiger der demokratischen Republik, dieses schwachen Geschöpfes der Niederlage, und als Anti-Nationalist, ohne daß ich irgendeines Bruches in meiner Existenz gewahr geworden wäre, ohne das leiseste Gefühl, daß ich irgendetwas abzuschwören gehabt hätte. Gerade der Antihumanismus der Zeit machte mir klar, daß ich nie etwas getan hatte – oder doch hatte tun wollen –, als die Humanität zu verteidigen. Ich werde nie etwas anderes tun.«[40]

Der Begriff der »Humanität« war somit die Brücke, die er sich selbst baute, während der Demokratiebegriff vage und unkonkret blieb. Letztlich handele es sich bei Republik und Demokratie um »Worte, Relativitäten, zeitbestimmte Formen, notwendige Werkzeuge«, hatte Thomas Mann in Berlin dazu erklärt, wohingegen »das Nationale weit mächtiger und lebensbestimmender« bleibe als der »staatsrechtliche Buchstabe«.[41] Er bemühte sich damit um die Konstruktion einer geistigen Kontinuität über den Systembruch von 1918 hinweg. Staatsrechtliche oder institutionelle Aspekte der Weimarer Republik, wie das Wahlrecht, interessierten ihn dabei ebenso wenig wie die Staatsform selbst. Und wie viele Deutsche begegnete er auch dem »Parteienstaat« und dem »Mehrheitsprinzip« mit Misstrauen.[42] Von großer Bedeutung hingegen war für ihn die inhaltliche, das heißt: geistig-kulturelle Ausgestaltung des Staates. Dem »politischen Gedanken«, der »Idee«, die der Staat verkörperte, galt seine ganze Aufmerksamkeit. Die Republik könne, erklärte er dazu 1923 in einer Gedächtnisrede für Walther Rathenau, »mit Deutschem herrlich erfüllt werden«, denn sie sei die »Einheit von Staat und Kultur« und damit mehr als »bloße Politik«.[43]

Thomas Mann blieb also nach wie vor überzeugt, dass die »politische Welt« dem Wesen des Deutschen entgegengesetzt sei, da dessen »schöne« und »berühmte« Eigenschaften, wie Innerlichkeit, Individualismus und Subjektivismus, der »Welt des Objektiven« mit Ablehnung gegenüberstünden. Allerdings betonte er auch die Notwendigkeit, sich der als »profan« empfundenen politischen Sphäre zu öffnen.[44] Wenn er in diesem Zusammenhang davon sprach, dass der deutsche »Bürger und Mensch« von einem »strengen Schicksal« gezwungen werde, sich mit der Welt auseinander zu setzen, meinte er nicht zuletzt sich selbst.[45]

Zum »Politiker« wurde Thomas Mann trotz dieser Erkenntnis allerdings nicht. Sein Engagement blieb begrenzt, zumal die Verunsicherung, die sich bei ihm durch das zufällige Zusammentreffen des Erscheinens der *Betrachtungen* mit dem Zusammenbruch der Monarchie ergeben hatte, nicht lange andauerte. Nachdem er sich 1918/19 literarisch mit zwei »Idyllen« – *Herr und Hund* sowie *Gesang vom Kindchen* – entspannt hatte, kehrte er bereits im Frühjahr 1919 zur Arbeit am *Zauberberg* zurück, die während des Krieges geruht hatte. Im Tagebuch heißt es dazu unter dem 17. April 1919, erst jetzt sei der Zeitpunkt für die Wiederaufnahme der Arbeit gekommen: »Im Kriege war es zu früh, ich mußte aufhören. Der Krieg mußte erst als Anfang der Revolution deutlich werden, sein Ausgang nicht nur da sein, sondern auch als Schein-Ausgang erkannt sein.«[46] Die politische Neuorientierung nach dem Krieg war also eine Voraussetzung für die Rückbesinnung auf die literarische Bestimmung. Am Ostersonntag, dem 20. April 1919, begann Thomas Mann nach vierjähriger Unterbrechung wieder mit der Arbeit an dem Roman, der 1924 beendet war. Schon im Jahr darauf wandte er sich dem vierbändigen Werk *Joseph und seine Brüder* zu, in dem er sich anhand des alttestamentlichen Mythos letztlich wiederum mit sich selbst beschäftigte: mit der Geschichte eines »Erwählten«, eines Glückskindes, das sich gegen alle Widerstände durchsetzt und schließlich zum »großen Ernährer« wird.[47]

Anders als sein Bruder Heinrich, der in den Jahren der Weimarer Republik einen großen Teil seiner Aufmerksamkeit aktuellen Tagesfragen widmete und schließlich sogar von seinem Schriftstellerkollegen Kurt Hiller, der von 1926 bis 1933 zugleich Präsident der Gruppe revolutionärer Pazifisten war, als Kandidat für die Reichspräsidentenwahl 1932 vorgeschlagen wurde[48], konzentrierte sich Thomas Mann nun sehr weitgehend auf seine literarische Arbeit. Von wenigen Vorträgen – darunter vor allem »Deutschland und die Demokratie«[49] sowie

»Kultur und Sozialismus«[50] – und den üblichen Glückwunsch- und Nachrufnotwendigkeiten abgesehen, schrieb er hauptsächlich am *Zauberberg* und dann am *Joseph*. Repräsentative Pflichten, wie sie sich mit der Gründung der »Sektion für Dichtkunst« in der Preußischen Akademie der Künste in Berlin am 26. Oktober 1926 sowie mit der Verleihung des Literaturnobelpreises am 12. November 1929, den er wenig später, am 10. Dezember, im Konserthuset in Stockholm entgegennahm, ergaben, blieben lange Zeit Ausnahmen. Der politischen Rechten galt er nach seinem Bekenntnis zur Republik wohl als Überläufer und Verräter. Doch der Weimarer Staat selbst schien in diesen Jahren nicht ernsthaft bedroht. Die Politik Gustav Stresemanns, der mit beträchtlichem Erfolg – etwa auf der Konferenz von Locarno 1926 – die Aussöhnung mit Frankreich betrieb, führte zu einer außenpolitischen Entspannung, die auch der inneren Stabilität des Landes zugute kam. Und die Wirtschaft befand sich in einem stetigen Aufschwung, so dass die radikalen Gegner der Republik von links und rechts vorerst chancenlos blieben. Dies galt für die Kommunisten ebenso wie für die Nationalsozialisten, die immer noch nicht viel mehr als eine verspottete, kaum ernst genommene Splitterpartei darstellten.

Was in diesen Jahren noch kaum deutlich wurde, war die Tatsache, dass die »Konservative Revolution«, auf die Thomas Mann bereits 1920 hingewiesen hatte, lange bevor Hugo von Hofmannsthal dem Begriff 1927 mit seiner Rede vom »Schrifttum als geistigem Raum der Nation« zu nationaler Geläufigkeit verhalf, schrittweise den Boden für den deutsch-nationalen Widerstand gegen das »System« von Weimar bereitete. Dabei ging es nicht nur um historische Wiedergutmachung eines vermeintlichen Unrechts, das den Deutschen angeblich in Versailles geschehen war. Vielmehr wünschten die Anhänger der Konservativen Revolution eine politische Neuordnung Deutschlands, die auf dem »organischen Leib der Nation« beruhen und jene »elementaren Gesetze und Werte, ohne welche der Mensch den Zusammenhang mit der Natur und Gott verliert und keine wahre Ordnung aufbauen kann«, wieder in Kraft setzen sollte.[51] Der Staat sollte jenseits der Verstandeskultur wieder einen metaphysischen Sinn erhalten. Es galt, den Rationalismus der Aufklärung zu überwinden und die demokratische Gleichheit durch »innere Wertigkeit« zu ersetzen. In einer ständisch strukturieren, hierarchischen Ordnung sollte ein kraftvoller Führer, gestützt auf eine »Elite von echter deutscher Staatsgesinnung«, die Politik bestimmen.[52]

Welche Gefahren von solchem Geist für die Republik ausgingen, ahnten viele erst, als der heraufkommende Nationalsozialismus sich seiner bemächtigte und vor dem Hintergrund der Weltwirtschaftskrise und zunehmender Massenarbeitslosigkeit seit dem New Yorker Börsenkrach im Oktober 1929 dramatisch an Zulauf gewann. Geradezu symbolisch für das nahende Ende war der Tod Gustav Stresemanns, des Garanten der vorangegangenen Stabilität, der zwei Wochen vor dem Börsenkrach, in den frühen Morgenstunden des 3. Oktober 1929, an den Folgen eines Schlaganfalls starb. Die Nachricht von seinem Tod löste im In- und Ausland tiefe Bestürzung aus. Nahezu alle Beobachter waren sich einig, dass mit seinem Tod die Republik, der er so große Dienste erwiesen hatte, einer ungewissen Zukunft entgegenging. »Wir haben keinen Ersatz für ihn«, hieß es in einer Zeitungsmeldung, der beinahe jeder zustimmen konnte. Am 6. Oktober wurde er auf dem Luisenstädter Friedhof in Berlin beigesetzt. Hunderttausende säumten die Route des Trauerzuges. Noch Tage später musste der Friedhof gesperrt werden, weil der Andrang derjenigen, die sein Grab besuchen wollten, zu groß war. Die Menschen schienen zu ahnen, dass nach seinem Tod auch das Ende der Republik nicht mehr fern war, und nahmen Abschied – nicht nur von einem Politiker, sondern ebenso von der ersten deutschen Demokratie.

Die radikalen Parteien, vor allem die KPD und die NSDAP, gewannen nun mehr und mehr an Boden, während die demokratische Mitte immer schmaler wurde. Als schließlich das seit 1928 regierende Kabinett des sozialdemokratischen Reichskanzlers Hermann Müller, das von einer Großen Koalition aus den vier stärksten Parteien des Reichstages – SPD, DNVP, Zentrum und DVP – getragen wurde, 1930 zerbrach, weil sich keine Einigung über die Höhe des Beitrags zur Arbeitslosenversicherung erzielen ließ, war die Chance vertan, die Krise mit einer parlamentarischen Regierung zu bewältigen. Die folgenden Präsidialkabinette regierten im Wesentlichen mit Notverordnungen und waren deshalb ganz vom Reichspräsidenten abhängig. Die Austragung der schweren politischen und sozialen Konflikte, die mit der wirtschaftlichen Krise und wachsender Arbeitslosigkeit einhergingen, verlagerten sich zunehmend aus dem Parlament auf die Straße, während der Reichstag bald zu einer Karikatur seiner selbst wurde. Es gab nur noch wenige Sitzungen, und diejenigen, die abgehalten wurden, verliefen wegen des rüden Verhaltens der nationalsozialistischen und kommunistischen Abgeordneten turbulent. Parlamentspräsident Paul Löbe (SPD) hatte größte Mühe, in dem Tollhaus für einen geordneten Sitzungsverlauf zu sorgen.

Nun begann auch Thomas Mann erneut, seine Distanz zur Politik zu überdenken. Eine neue Phase verstärkten Engagements begann. Am 17. Oktober 1930 trat er mit einer großen Rede hervor, der »Deutschen Ansprache«, die er abermals im Beethovensaal in Berlin hielt und in der er ausdrücklich bekannte, dass nach 1914 und 1918 nunmehr eine dritte Zäsur eingetreten sei, nach der »die spielend-leidenschaftliche Vertiefung ins Ewig-Menschliche, die man Kunst nennt«, zur »seelischen Unmöglichkeit« werde.[53] Ein »neue Welle wirtschaftlicher Krise« komme über das Land, erklärte er, und wühle »die politischen Leidenschaften« auf. In dieser Situation komme es ihm darauf an, vor dem »orgiastisch naturkultischen, radikal humanitätsfeindlichen, rauschhaft dynamistischen, unbedingt ausgelassenen« Charakter des »Neo-Nationalismus« zu warnen.[54] Thomas Mann sah im Nationalsozialismus nicht nur einen »philosophischen Rückschlag«, sondern machte auch deutlich, dass es mehr als nur eines lockeren Zusammenhangs zwischen radikalem Nationalismus und einer romantisierenden Philosophie bedürfe, »um die politische Bewegung, von der wir sprechen, die nationalsozialistische, vom Geistigen her zu stärken«. Dazu gehöre nämlich »eine gewisse Philologen-Ideologie, Germanisten-Romantik und Nordgläubigkeit aus akademisch-professoraler Sphäre, die in einem Idiom von mystischem Biedersinn und verstiegener Abgeschmacktheit mit Vokabeln wie rassisch, völkisch, bündisch, heldisch auf die Deutschen von 1930 einredet und der Bewegung ein Ingrediens von verschwärmter Bildungsbarbarei hinzufügt, gefährlicher und weltentfremdender, die Gehirne noch ärger verschwemmend und verklebend als die Weltfremdheit und politische Romantik, die uns in den Krieg geführt haben«.[55]

Alle diese Tendenzen jedoch, so Thomas Mann, vermischten sich nun im Nationalsozialismus »mit der Riesenwelle exzentrischer Barbarei und primitiv-massendemokratischer Jahrmarktsroheit« zu einem »Produkt wilder, verwirrender und zugleich nervös stimulierender, berauschender Eindrücke, die auf die Menschheit einstürmen«. Dieser »orgiastischen Verleugnung von Vernunft« und »radikalistischen Ekstase« aber gelte es durch eine kluge Außen- und Innenpolitik zu begegnen: außenpolitisch in der Tradition Stresemanns mit einer friedlichen Revision des Versailler Vertrages und einem deutsch-französischen Bündnis als »Fundament für den friedlichen Aufbau Europas«, innenpolitisch mit einer Allianz zwischen Bürgertum und Sozialdemokratie, um eine Atmosphäre zu schaffen, »in der bürgerliche Glücksansprüche wie Freiheit, Geistigkeit, Kultur überhaupt noch Lebensmöglichkeiten« besäßen.[56] Thomas Mann warnte also einerseits vor dem Aufkommen des Nationalsozialismus, sprach in diesem Zusammenhang bereits hellsichtig vom Fanatismus als »Heilsprinzip«, Begeisterung als »epileptische Ekstase« und Politik als »Massenopiat des Dritten Reiches«, bei der die Vernunft ihr Antlitz verhülle. Andererseits bekannte er sich noch einmal ausdrücklich zu den innen- und außenpolitischen Grundlagen der Weimarer Republik, die vor allem unter Gustav Stresemann zu bemerkenswerten Erfolgen geführt hatten und nun durch die Radikalisierung der politischen Kräfteverhältnisse bedroht waren.

Es verwundert daher nicht, dass die Rede auf Widerspruch stieß. Die Organisatoren hatten offenbar mit Problemen gerechnet und die Veranstaltung kurzfristig angesetzt. Dennoch war es einer Gruppe von Störern gelungen, sich unter das Publikum zu mischen. Angeführt wurde die Gruppe, zu der Ernst Jünger, Friedrich Georg Jünger, Edmund Schultz und Veit Rosskopf gehörten, von dem in Wien geborenen Schriftsteller Arnold Bronnen, der nach dem Ersten Weltkrieg in Berlin zu den expressionistischen Bühnenavantgardisten gezählt hatte, ehe er sich der extremen Rechten zuwandte. Joseph Goebbels hatte zur Unterstützung noch zwanzig SA-Männer in geliehenen Smokings in den Saal beordert. Arnold Bronnen gab später zu Protokoll, dass die Störungen sich zunächst auf vereinzelte Zwischenrufe beschränkt hätten, ehe das Eingreifen der Polizei zu einem allgemeinen Tumult führte, bei dem nur einundzwanzig Menschen »ganz still« gewesen seien: »der Redner Thomas Mann, der wie verloren in der Brandung stand, und die zwanzig SA-Männer, die in ihren Leih-Smokingen saßen und Angst hatten, sie zu beschmutzen, da man ihnen unter fürchterlichsten Drohungen eingeschärft hatte, sich nur geistig zu betätigen«.[57]

Ob es sich genauso verhielt und ob die SA-Rabauken wirklich nur »stur und stumm in der ersten Reihe des Balkons« saßen, wie Bronnen später behauptete, da »ihre Scheu vor der Literatur [...] kaum geringer gewesen [sei] als die der Literatur vor ihnen«, ist nicht von Bedeutung. Die deutsch-nationale und nationalsozialistische Presse hatte ihre Schlagzeilen und vor allem ihr Bild: mit abgewandten Zuhörern vor dem Redner Thomas Mann, während das Publikum in Wirklichkeit nur zusah, wie die Störer von der Polizei vertrieben wurden. Der *Völkische Beobachter* hob danach Thomas Manns angebliches »Überschwenken zur Sozialdemokratie« hervor und nannte seinen Vortrag eine »marxistische Werberede«.[58] Curt Hotzel schrieb in der *Deutschen Tageszeitung*, ein »einst betont unpolitischer Denker und Dichter« habe im Beethovensaal über »bürgerliche Gesinnung« gesprochen. Doch das »alte Bürgertum«, das er zu verteidigen meine, so Hotzel, »duldet, leidet, verarmt, stirbt anscheinend ab. Er kennt es ja gar nicht. Er sieht es ja gar nicht. Er sieht nur glitzernde Geist- und Goldoberfläche einer zerfallenden Gesellschaft.« Der »Fall Thomas Mann« sei damit »ein trauriger Fall. Ein blamabler Fall. Ein erledigter Fall.«[59]

Für Thomas Mann selbst war der »Fall« allerdings keineswegs erledigt. Sein Weg zur konkreten Politik hatte gerade erst begonnen. So führte er das, was er in der »Deutschen Ansprache« in Berlin angefangen hatte, am 22. Oktober 1932 in einer im Arbeiterheim von Wien-Ottakring gehaltenen »Rede vor Arbeitern in Wien« fort.[60] Allerdings war inzwischen in Deutschland eine neue Lage entstanden. Die NSDAP war aus den Reichstagswahlen von 1932 mit 230 Mandaten als stärkste Fraktion hervorgegangen, Hermann Göring besetzte den Stuhl des Reichstagspräsidenten, und die Konservativen versuchten mit Präsidialkabinetten unter Papen und Schleicher, das Land mehr schlecht als recht zu regieren. Thomas Mann trug dieser Entwicklung Rechnung, indem er nunmehr in Wien erklärte, die »Ideen der sozialen Republik« seien »für den Augenblick in Deutschland zurückgedrängt«, die politische Linke sei »unbestreitbar gegenwärtig ausgeschaltet«. Man habe sich deshalb mit der Tatsache abzufinden, dass »den Augenblick zu meistern und das Chaos hintanzuhalten an ihrer Stelle die gemäßigte Rechte geschichtlich berufen ist«. Dies sei, so Thomas Mann, »ganz einfach die Notaufgabe, dem deutschen Volk Zeit zu gewinnen zur Besinnung und zur Erkenntnis«.[61]

Während Heinrich Mann jetzt eine »Diktatur der Vernunft« forderte, glaubte Thomas Mann also immer noch, dass die Republik überleben könne, wenn man ihr durch »Zeitgewinn« den Spielraum verschaffte, den sie offenbar benötigte, um in freien Wahlen wieder demokratische Mehrheiten zu erhalten. Doch danach, dass man dies erreichen konnte, sah es immer weniger aus. Als Thomas Mann Mitte Januar 1933 eine weitere Rede halten sollte, diesmal vor dem sozialistischen Kulturbund in Berlin, sagte er den Termin kurzfristig ab. Statt persönlich zu erscheinen, schrieb er Kultusminister Adolf Grimme einen langen Brief, aus dem Grimme in der Veranstaltung Teile vorlas und der später unter dem (nicht von Thomas Mann gewählten) Titel »Bekenntnis zum Sozialismus« veröffentlicht wurde. Thomas Mann ermahnte darin sich selbst und seinesgleichen, »auf die soziale, die politisch gesellschaftliche Sphäre« nicht hochmütig herabzublicken; Bürgertum und Sozialdemokratie hätten sich einander anzunähern – darin wusste er sich inzwischen mit seinem Bruder Heinrich einig. Nur so könne der Barbarei noch die Stirn geboten werden.[62] Bereits die Absage des Vortrages in Berlin war jedoch ein Zeichen, das nichts Gutes verhieß. Tatsächlich war die Republik, zu deren Verteidigung sich am Ende beide Brüder gleichermaßen bekannten, ihrem Untergang längst nahe.

Die erzwungene Emigration

Als Adolf Hitler am 30. Januar 1933 vom greisen Reichspräsidenten Paul von Hindenburg zum Reichskanzler ernannt wurde, war Thomas Mann weit davon entfernt, die Konsequenzen dieses Ereignisses für sein eigenes Schicksal zu erkennen oder auch nur zu erahnen. Den ganzen Januar hindurch hatte er an einem Festvortrag über Richard Wagner gearbeitet, dessen Todestag sich am 13. Februar 1933 zum fünfzigsten Mal jährte. Am 10. Februar sollte er dazu auf Einladung der Münchner Goethe-Gesellschaft in der Ludwig-Maximilians-Universität sprechen und seinen Vortrag anschließend in Amsterdam, Brüssel und Paris wiederholen. Er stand deshalb unter Zeitdruck, war erschöpft »durch Grippe und Überarbeitung«, wie er an Adolf Grimme schrieb[1], und verfolgte die politischen Ereignisse, die sich um ihn vollzogen, nur mit halber Aufmerksamkeit.

Den Machtwechsel in Berlin und den Marsch der SA durch das Brandenburger Tor zur Reichskanzlei in der Wilhelmstraße am Abend des 30. Januar registrierte er gleichwohl sehr bewusst. So warnte er in einem Brief vom 1. Februar die junge Generation davor, in Fackelzügen mitzulaufen und einem »Führer« zu glauben, der ihnen vom Balkon herab erkläre, der Tag der Machtergreifung sei nur mit den ersten Augusttagen von 1914 zu vergleichen, und nicht einmal merke, was er ihnen damit sage; man müsse hoffen, dass dies alles nicht zu einer Katastrophe führe.[2] Über seine eigene Rolle notierte er zur gleichen Zeit, aber an anderer Stelle, dass er, mit seinen bald sechzig Jahren, »nicht gleichzeitig einen zerrüttenden politischen Kampf führen und den Aufgaben gerecht werden« könne, die er für seine eigentlichen halte. Allerdings möge der Augenblick kommen, »wo gar nichts anderes übrig bleibt als alles hinzuwerfen und sich auf die Barrikaden zu stellen«.[3]

Das Wagner-Manuskript, das ausgerechnet am Tag der Machtübernahme Hitlers vorlag, war schließlich auf siebzig Seiten angewachsen und als Rede viel zu lang. Mindestens zwei Drittel mussten wieder gestrichen werden. Doch Fischer wollte den Essay in seiner Langfassung im April unter dem Titel »Leiden und Größe Richard Wagners« in der seit einem halben Jahr von Peter Suhrkamp redigierten *Neuen Rundschau* drucken und so bald wie möglich noch in Buchform herausbringen. Thomas Mann sandte das Manuskript deshalb unmittelbar nach Fertigstellung an den Verlag. In einem Brief an Samuel Fischer kündigte er zudem an, nach der geplanten Vortragsreise auf den Rat seines Arztes hin etwa drei Wochen in Arosa im schweizerischen Hochgebirge verbringen zu wollen – auch um den »unerquicklichen Dingen, die sich hier abspielen«, zu entgehen – und sich danach wieder mit neuer Kraft dem *Joseph* zu widmen. Fischer selbst riet er, lieber im Süden Urlaub zu machen, »denn Berlin ist zurzeit gewiß nichts für Sie«.[4]

Die Festrede am 10. Februar ging ohne Störungen über die Bühne. Der Beifall war herzlich, auch die Presse zeigte sich wohlgesinnt. Allerdings war das Auditorium Maximum der Münchner Universität mit seinen fünfhundert Plätzen nur teilweise besetzt. Klaus Mann notierte dazu in sein Tagebuch: »Nicht sehr voll, aber gutes Publikum. – Nachher Jahreszeiten-Bar.«[5] Offenbar hatten es manche Bürger, die in normalen Zeiten einen Vortrag Thomas Manns nicht versäumt hätten, vorgezogen, zu Hause zu bleiben, um sich nicht durch einen Besuch der Veranstaltung zu kompromittieren, deren Referent in den Jahren zuvor keine Gelegenheit ausgelassen hatte, vor dem

Aufstieg der Nationalsozialisten zu warnen. Aber es waren eben keine »normalen« Zeiten. Was Thomas Mann an diesem Tag genau erklärte, welche Auswahl er aus dem wesentlich längeren Text des Essays für seine Rede traf, wissen wir nicht. Das Manuskript ist nicht überliefert. Der Essay jedenfalls war ein Kompendium früherer Veröffentlichungen und Ansichten, vor allem aus *Die Kunst Richard Wagners* von 1911, den *Betrachtungen* von 1918 und *Ibsen und Wagner* von 1928. Nicht zufällig stellte Thomas Mann ihm deshalb das Motto »Il y a là mes blâmes, mes éloges et tout ce que j'ai dit« voran.[6]

Am Tag nach seiner Rede reiste Thomas Mann mit Katia aus München ab – nicht ahnend, dass es ein Abschied für immer werden sollte. Am 13. Februar wiederholte er seinen Vortrag im Amsterdamer Concertgebouw. Am folgenden Tag sprach er den Text auf Französisch, in einer Übersetzung des Germanisten Félix Bertaux, vor dem PEN-Club im Palais des Beaux-Arts in Brüssel – mit anschließendem Empfang in der deutschen Botschaft – und dann noch zweimal, am 17. und 18. Februar, in Paris. Der *Völkische Beobachter* kommentierte den Brüsseler Auftritt mit den kritisch gemeinten Worten, »Herr Thomas Mann, seines Zeichens Schriftsteller und Sozialdemokrat«, sei von der belgischen Presse »begeistert als ›großer Europäer‹ begrüßt« worden.[7]

Spätestens in Paris jedoch wurde Thomas Mann von der Realität in Deutschland eingeholt, als überraschend sein Bruder Heinrich eintraf, der auf Druck des nationalsozialistischen preußischen Kultusministers, Reichskommissar Bernhard Rust, am 15. Februar nach turbulenter Sitzung zusammen mit Käthe Kollwitz aus der Sektion für Dichtkunst der Preußischen Akademie der Künste ausgeschlossen worden war. Hintergrund war ein Flugblatt zu den Reichstagswahlen vom 31. Juli 1932 gewesen, in dem »ein Zusammengehen der SPD und KPD für diesen Wahlkampf« gefordert worden war und das Heinrich Mann, gemeinsam mit Käthe Kollwitz und zahlreichen anderen Künstlern und Wissenschaftlern, unterzeichnet hatte. Der Aufruf des »Internationalen Sozialistischen Kampfbundes« war im Vorfeld der für den 5. März 1933 angesetzten erneuten Reichstagswahl im Februar nochmals gedruckt und an allen Litfasssäulen Berlins angeschlagen worden und hatte nun der Akademie als Grund für ihre Entscheidung gedient. Heinrich war daraufhin, von vielen Seiten gewarnt, am 21. Februar überstürzt mit dem Zug über Frankfurt am Main und Straßburg in die französische Hauptstadt geflohen. Hier berichtete er jetzt von den Vorgängen im Reich und kam mit seinem Bruder überein, dass dieser zunächst nicht aus der Akademie austreten solle, um die Institution nicht völlig widerstandslos den neuen Machthabern auszuliefern.[8] Immerhin hatten die literarischen Mitglieder der Sektion für Dichtung eine von Rudolf G. Binding aufgesetzte Erklärung publiziert, in der sie ihrem Bedauern über »den Austritt des großen Künstlers Heinrich Mann« Ausdruck verliehen und ihre Entschlossenheit bekundeten, »auch in erregter Zeit sich keinen Schritt von ihrer Pflicht abdrängen zu lassen, die Freiheit des künstlerischen Schaffens zu schützen«.[9]

So zog sich Thomas Mann zwar wenig später vom Vorstand der Ortsgruppe München des »Schutzverbandes Deutscher Schriftsteller« zurück, blieb aber noch der Akademie verbunden, die Heinrich gerade aus ihren Reihen verbannt hatte. Dessen Ausschluss war indessen, wie sich bald zeigen sollte, nur der Auftakt zu weitergehenden Maßnahmen, die einer politischen Säuberung gleichkamen. Eine Schlüsselrolle spielte dabei Gottfried Benn, der schon die Kritik Alfred Döblins am Vorgehen gegen Heinrich Mann in der Sitzung am 15. Februar mit der Bemerkung zurückgewiesen hatte, dieser habe durch seine Aufforderung »zur Bekämpfung der Barbarei« des Ministers Rust und seiner Partei »den Angriff gegen die legale und verfassungsmäßig gebildete Regierung eröffnet«.[10] In der nächsten Sitzung, am 13. März, nahm Benn nun die heftige Polemik der nationalsozialistischen Presse gegen die von Binding verfasste Erklärung zum Anlass, auf eine Umfrage an alle Mitglieder der Sektion zu drängen, ob sie bereit seien, »unter Anerkennung der veränderten geschichtlichen Lage weiter Ihre Person der Preußischen Akademie der Künste zur Verfügung zu stellen«. Der Präsident der Akademie, der Komponist Max von Schillings, wurde beauftragt, einen entsprechenden, von Benn selbst formulierten Text zu verschicken, zu dem die Mitglieder der Sektion Stellung nehmen sollten. Eine Bejahung der Frage, so hieß es darin, schließe »die öffentliche politische Betätigung gegen die Regierung aus und verpflichtet Sie zu einer loyalen Mitarbeit an den satzungsgemäß der Akademie zufallenden nationalen kulturellen Aufgaben im Sinn der veränderten geschichtlichen Lage«.[11]

Die mutige Ricarda Huch quittierte das Ansinnen mit der Bemerkung, sie bestreite Schillings die Kompetenz, ihr »eine Frage von so unübersehbaren Konsequenzen vorzulegen und lehne infolgedessen ab, sie zu beantworten«.[12] Als Schillings auf einer Antwort bestand, teilte sie ihm wenige Tage später mit, dass sie »an dem nationalen Aufschwung von Herzen teilnehme«, aber »auf das Recht der freien Meinungsäußerung [...] nicht verzichten« wolle, wie sie es täte, wenn sie die geforderte Unterschrift unter die Erklärung leiste. Sie nehme an, schloss sie, dass sie »durch diese Feststellung automatisch aus der Akademie ausgeschieden« sei.[13]

Thomas Mann erhielt die Anfrage Schillings in der Schweiz. Er war am 24. Februar mit Katia von Paris aus nach Arosa weitergereist und von dort nicht, wie ursprünglich geplant, am 11. März nach Deutschland zurückgekehrt. Denn hier hatte sich die Lage nach dem Reichstagsbrand in Berlin am 27. Februar weiter verschärft. Das Feuer, das angeblich von dem holländischen Kommunisten Marinus van der Lubbe gelegt worden war, hatte den Nationalsozialisten als Vorwand gedient, bereits am folgenden Tag eine Notverordnung »zum Schutz von Volk und Staat« zu erlassen, mit der die Grundrechte außer Kraft gesetzt und die Presse- und Versammlungsfreiheit abgeschafft worden waren. Immer mehr Oppositionelle, vor allem Funktionäre und Mitglieder der Kommunistischen Partei, aber auch zahlreiche Intellektuelle, wurden verhaftet oder in so genannte »wilde Konzentrationslager« verschleppt, etwa in die Brauerei von Oranienburg, nördlich von Berlin, aus der später das KZ Sachsenhausen hervorging. In Bayern musste die gemäßigte Regierung des ehemaligen Zentrumspolitikers Heinrich Held, der nun der Bayerischen Volkspartei angehörte, auf nationalsozialistischen Druck hin zurücktreten und wurde durch einen »Reichsstatthalter« ersetzt: Franz Ritter von Epp, der 1919 als Freikorps-Führer mitgeholfen hatte, die bayerische »Räterepublik« zu stürzen. Thomas Mann vermerkte vor diesem Hintergrund am 15. März 1933 in seinem Tagebuch:

»[Erika] wußte neue Mord- und Schauergeschichten aus München, die in den Tagen des Ausbruchs der nationalen Freiheit die fortlaufenden regulären Gewalttaten politischer Art begleitet haben. Wüste Mißhandlungen von Juden. Verzweiflung dieses Idioten von H. über die Anarchie u. die Wirkungslosigkeit seiner Verbote. [...] Die Giese [Therese Giese] widerspricht für München den Gerüchten vom Abflauen der Gewalttätigkeiten.«[14]

Zwei Tage später notierte er an gleicher Stelle:

»Gespräch über die keß-sadistischen Propaganda-Pläne der deutschen Regierung, die ungekündigte Niederwalzung und totale Uniformierung der öffentlichen Meinung, die Ausrottung jeder Kritik, Zweckloserklärung jeder Opposition. [...] Schauderhaft und miserabel. [...] Bildung u. Denken ist selbstverständlich nicht erwünscht, sondern gewollt wird die Massenverdummung zum Zweck mechanistisch einförmiger Beherrschung mit Hilfe der modernen Suggestionstechnik. Schlimmster Bolschewismus, unter dem deutschen Gesichtspunkt gesehen, vom russischen aber unterschieden durch den Mangel jeder Idee.«[15]

Auch wenn Thomas Mann sich einzureden versuchte, dass »der Spuk ja nicht lange dauern« werde und dass es, wie er am 13. März von Arosa aus an seine italienische Übersetzerin Lavinia Mazzucchetti schrieb, immerhin möglich sei, dass »in Bayern zuerst und in absehbarer Zeit eine Art von Rechtssicherheit, eine leidlich gutartige Lebensform sich herstelle«[16], kam eine Rückkehr nun vorerst nicht mehr in Frage. Gottfried Bermann hatte aus Berlin bereits eine verschlüsselte Botschaft gesandt und davor gewarnt, die »Kur« abzubrechen. Er halte das »vom ärztlichen Standpunkt aus für *vollständig* verkehrt und würde die Kur erst dann als beendet betrachten, wenn sich Ihr Zustand mit Sicherheit übersehen läßt«. Alles andere halte er »für nicht unbedenklich, da eine so empfindliche Natur wie die Ihre im jetzigen Augenblick der Behandlung noch unerwarteten Attacken ausgesetzt sein« könne. Eine derartige »Gefährdung Ihrer Gesundheit« müsse, »wenn es irgend möglich ist, vermieden werden«.[17] Erika und Klaus, die sich zu dieser Zeit in der Poschingerstraße in München aufhielten, um die Übersiedlung ihres Kabaretts »Die Pfeffermühle« von der »Bonbonniere« in ein größeres Lokal, den »Serenissimus« in Schwabing, vorzubereiten, rieten ebenfalls dringend von der Rückreise ab. Da das Telefon vermutlich abgehört wurde, erklärten sie verbrämt, das Wetter in München und Umgebung sei miserabel, und im Haus sei Großreinemachen: »Es wird gestöbert! Scheußliches Durcheinander!« Die Eltern sollten ruhig noch ein bisschen länger in der Schweiz bleiben.[18] Selbst ein Kurzbesuch zur Regelung der Besitzverhältnisse erschien zu gefährlich. Auch der Gedanke, Katia allein fahren zu lassen, wurde wieder verworfen; man fürchtete, sie könne von den deutschen Behörden festgehalten werden, um ihren Mann zur Rückkehr nach Deutschland zu zwingen.

Stattdessen reiste Erika am 13. März zu den Eltern in die Schweiz und brachte das Manuskript des dritten *Joseph*-Bandes sowie das dazugehörige Material mit, um Thomas Mann die

Weiterarbeit an dem Roman zu ermöglichen; Klaus fuhr einen Tag später nach Paris. Täglich hörte man von neuen Verhaftungen. Thomas Mann musste sich mit dem Gedanken vertraut machen, dass er sich womöglich bereits im Exil befand, ohne überhaupt eine Entscheidung zur Emigration getroffen zu haben. Zwar hatte er mit Katia und den Kindern das Thema schon früher erörtert – etwa im November 1931, als Klaus in seinem Tagebuch notierte, der »Zauberer« sei »mittags arg grämlich« gewesen, »wegen allgemeiner Lage« und der Möglichkeit des »Wegziehen-Müssens«[19], oder wiederholt 1932, als die Nationalsozialisten von Erfolg zu Erfolg eilten und der sich ankündigende »Sieg der Narretei« die »Notwendigkeit des Emigrierens« immer wahrscheinlicher werden ließ.[20] Tatsächlich aber waren für einen solchen Fall keinerlei Vorbereitungen getroffen worden. Nun drängte sich das Thema in jedes Gespräch.

Als Thomas Mann am 15. März 1933 ein neues Heft seines Tagebuchs begann, war darin schon bald von der Möglichkeit einer jahrelangen, vielleicht sogar dauerhaften Emigration die Rede. Die Aussicht auf Veränderung, erklärte er dazu, sei »eine Notwendigkeit, die ich, entgegen der Versteiftheit meiner 58 Jahre, geistig gut heiße und bejahe«. Denn nun biete sich ihm die Gelegenheit, mit einem Ruck all die »Amtlichkeiten und Repräsentativitäten«, die er »aus sozialer Gutmütigkeit, ›Pflicht‹, ›Eitelkeit‹ oder wie man es nennen will« in den Jahren zuvor übernommen hatte, abzustreifen und »fortan in voller Sammlung mit mir selbst zu leben«.[21] Zugleich erschreckte ihn jedoch die Aussicht auf die gänzliche Ungewissheit seiner Zukunft, wie er an Ida Herz schrieb: »Ich bin halb krank, kann nicht recht essen und nicht recht schlafen, und der Gedanke eines vollständigen Umsturzes meiner Existenz, die Vorstellung, ins Exil gehen zu müssen, [...] hält mich in ununterbrochener Erregung und Erschütterung.«[22]

Doch die Brücken, die zurück nach Deutschland führten, wurden immer weniger. Nun musste, als die Umfrage Schillings eintraf, auch noch die Verbindung zur Akademie gekappt werden. Am 17. März formulierte Thomas Mann im Haus einer Freundin auf der Lenzerheide, oberhalb von Arosa, seine Antwort. Er weigerte sich, die Loyalitätserklärung gegenüber der neuen Regierung zu unterzeichnen, und erklärte seinen Austritt:

> »Den mir vorgelegten Revers kann ich in der gewünschten Form nicht beantworten. Ich habe nicht im Geringsten die Absicht, gegen die Regierung zu wirken und der deutschen Kultur glaube ich immer gedient zu haben, werde auch in Zukunft versuchen, es zu tun. Es ist aber mein Entschluß, von meinem Leben alles Amtliche abzustreifen, das sich im Lauf der Jahre daran gehängt hat, und fortan in vollkommener Zurückgezogenheit meinen persönlichen Aufgaben zu leben. Darum bitte ich Sie, sehr verehrter Herr Präsident, von meinem Austritt aus der Sektion für Dichtkunst der Preußischen Akademie Kenntnis zu nehmen.«[23]

Wie schwer ihm diese Entscheidung, bei aller Logik, die ihr innewohnen mochte, gefallen war, lassen Hinweise in den persönlichen Aufzeichnungen erkennen. Bereits am folgenden Tag ist gar von einem Zusammenbruch die Rede: »Nach dem Erwachen zunehmender Erregungs- und Verzagtheitszustand, krisenhaft, von 8 Uhr an unter K's Beistand. Schreckliche Excitation, Ratlosigkeit, Muskelzittern, fast Schüttelfrost u. Furcht, die vernünftige Besinnung zu verlieren.«[24] Der Zustand hielt tagelang an und wurde, wie es schien, durch die Umgebung noch befördert. Das kleine Häuschen in Lenzerheide war eng und unbequem: »Die Erkältungsgefahr, namentlich morgens, bei kaltem Badezimmer, wenig Wasser u. kalter Treppe, ist bedeutend.«[25] Um einschlafen zu können, brauchte er starke Mittel, Phanodorm oder Adaline, manchmal beides. Als sich Besserung nicht einstellen wollte, drängte Katia zum Aufbruch. Bei einem Abendspaziergang wurde beschlossen, nach Montagnola, einem kleinen Ort in den Tessiner Bergen, weiterzureisen, wo Hermann Hesse seit Jahrzehnten ein schönes Haus bewohnte, das ihm von einem Mäzen, dem Züricher Industriellen Hans Bodmer, auf Lebenszeit zur Verfügung gestellt worden war. Die Gespräche mit Hesse, einem vertrauten Freund, kreisten zwar alle um die Entwicklung in Deutschland, taten aber dennoch gut. Leider erwies sich der einzige Gasthof am Ort als kümmerliche Herberge. So fuhren Thomas und Katia Mann am 26. März nach Lugano weiter, wo sie das Hotel »Villa Castagnola« endlich »durch ein gewohntes Niveau« beruhigte.[26]

Die Ziellosigkeit, die in diesen ständig neuen Aufbrüchen zum Ausdruck kam, war nicht nur äußerlich. Sie entsprach auch der inneren Unruhe angesichts des immer unabwendbarer werdenden längerfristigen Exils. In einem Brief an Ernst Bertram bemerkte Thomas Mann, ebenso resigniert wie realistisch, die »Abwesenheit von München« ziehe sich »notgedrungen in die Länge«. Von der Absicht, nach den Reichstagswahlen heimzukehren, hätten ihn »die dringendsten Warnungen« zurückgehalten. Die Zukunft sei ungewiss.[27] Wie Viktor Mann später berichtete, stand der Entschluss, nicht nach Deutschland zurückzukehren, jetzt aber bereits so gut wie fest; es habe dazu auch gar keine Alternative gegeben, denn sein Bruder habe auf Schweizer Boden in heimischen Zeitungen gelesen, »daß nur seine ›Flucht‹ ihn vor wohlverdienter Strafe bewahrt habe«.[28] Man begann, nach einem dauerhaften Zufluchtsort in der Schweiz Ausschau zu halten; gedacht war an ein Haus in Basel.

In Lugano verfasste Thomas Mann auch eine erste grundlegende Betrachtung zu dem Regime, das sich in Deutschland seit wenigen Monaten an der Macht befand. Viele Argumentationen, die in späteren Reden und Schriften sowie in den Rundfunkansprachen wiederkehren sollten, sind hier bereits erkennbar. Es heißt darin:

»Unerschöpfliches, nicht abzuschließendes Gespräch über den verbrecherischen und ekelhaften Wahnsinn, die sadistischen Krankheitstypen der Machthaber, die mit Mitteln von verrückter Schamlosigkeit ihr Ziel absoluter, unkritisierbarer Herrschaft erreicht [...] Zwei Möglichkeiten des Sturzes: Die finanzielle Katastrophe oder eine außenpolitische Konflagration. Innige Sehnsucht danach, bereit zu jedem Opfer, jeder Mitleidenschaft. Durch keinen Ruin ist der Ruin dieses Abschaums zu hoch bezahlt! Es war den Deutschen vorbehalten, eine Revolution nie gesehener Art zu veranstalten: Ohne Idee, gegen die Idee, gegen alles Höhere, Bessere, Anständige, gegen die Freiheit, die Wahrheit, das Recht. Es ist menschlich nie etwas Ähnliches vorgekommen. Dabei ungeheuerer Jubel der Massen, die glauben, dies wirklich gewollt zu haben, während sie nur mit verrückter Schlauheit betrogen wurden, was sie sich noch nicht eingestehen können, – und das sichere Wissen der höher Stehenden, auch Konservativer, Nationaler (Kardorf), daß alles einem furchtbaren Verderben entgegensteuert. [...] Man glaubt wieder ein großes Volk zu sein. Der Krieg, die Niederlage sind nicht gewesen, seine Folgen getilgt durch einen Kriegsersatz, der sich Revolution nennt und sich unter Nachahmung der Entente-Propaganda gegen das eigene Volk richtet. Rache des Typus, der den Krieg verlor. Er ist seelisch wiederhergestellt, während alles edlere Deutschland der Qual seelischer Heimatlosigkeit überantwortet ist. Konzentrationslager überall mit ›Kriegsgefangenen‹.«[29]

Der Pöbel an der Macht. – Nur der Pöbel? Als die *Neue Zürcher Zeitung* am 19. April einen »Protest der Richard-Wagner-Stadt München« nachdruckte, der zwei Tage zuvor in der Oster-Ausgabe der *Münchner Neuesten Nachrichten* erschienen war, musste Thomas Mann erkennen, dass die »Erneuerung« Deutschlands auch Kreise in ihren Bann schlug, von denen man dies nicht hätte annehmen sollen. Der Protest richtete sich gegen seinen Wagner-Vortrag und war von vierzig »Vertretern der Münchner Kunstwelt« unterzeichnet. Diese behaupteten, »das Andenken an den großen deutschen Meister Richard Wagner vor Verunglimpfung schützen« zu wollen, wie dies durch den »ästhetisierenden Snobismus« von Thomas Mann geschehe. »Herr Mann«, der das »Unglück« erlitten habe, »seine früher nationale Gesinnung bei der Errichtung der Republik einzubüßen und mit einer kosmopolitisch-demokratischen Auffassung zu vertauschen«, habe in Brüssel, Amsterdam und an anderen Orten »Wagners Gestalten als ›eine Fundgrube für die Freudsche Psycho-Analyse‹ und sein Werk als einen ›mit höchster Willenskraft ins Monumentale getriebenen Dilettantismus‹ bezeichnet«. Diese Kritik werde »noch zur Unerträglichkeit gesteigert durch das fade und süffisante Lob, das der Wagnerschen Musik wegen ihrer ›Weltgerechtheit, Weltgenießbarkeit‹ und wegen dem Zugleich von ›Deutschheit und Modernität‹ erteilt« werde. Eine solche »Herabsetzung unseres großes deutschen Musikgenies« lasse man sich von niemandem gefallen, »ganz sicher aber nicht von Herrn Thomas Mann, der sich selbst am besten dadurch kritisiert und offenbart hat, daß er die ›Gedanken eines Unpolitischen‹ nach seiner Bekehrung zum republikanischen System umgearbeitet und an den wichtigsten Stellen in ihr Gegenteil verkehrt hat«. Wer sich selbst als »dermaßen unzuverlässig und unsachverständig in seinen Werken offenbart« habe, der habe »kein Recht auf Kritik wertbeständiger deutscher Geistesriesen«.[30]

»Heftiger Choc von Ekel und Grauen« notierte Thomas Mann nach der Lektüre in sein Tagebuch. Immerhin: Das »hundsföttische Dokument« habe eine »entschiedene Befestigung des Entschlusses« gebracht, »nicht nach M. zurückzukehren und mit aller Energie unsere Niederlassung in Basel zu betreiben«.[31]

Allerdings, Katias Eltern befanden sich noch in Deutschland, die Zukunft der jüngeren Kinder war ungeklärt, die Reisepässe liefen bald aus, und es gab Verpflichtungen – nicht nur gegenüber dem Verlag, sondern vor allem gegenüber den deutschen Lesern, die Thomas Mann nicht im Stich lassen wollte. Außerdem war da noch das Haus in der Poschingerstraße, in dem eine stattliche Zahl von Angestellten auf die Rückkehr der Herrschaft wartete: zwei Stubenmädchen, eine Köchin, der Chauffeur Hans und Marie Kunz, das »Fräulein« der beiden Jüngsten. Hier befanden sich außerdem die vertrauten Möbel, das Geld und die Aktien, vor allem aber die Papiere, darunter die Tagebücher, von denen Thomas Mann befürchtete, dass sie gegen ihn verwendet werden könnten, wenn sie den Nazis in die Hände fielen. Ein sofortiger und vollständiger Bruch mit der Heimat erschien deshalb nicht ratsam, es sei denn, er wäre von der anderen Seite vollzogen worden; dann hätte es keine Wahl gegeben. Da dies nicht der Fall war, richtete er sich noch nicht auf eine langfristige Emigration ein, die erwogene »Niederlassung« in Basel war nur als vorübergehende Lösung gedacht, um abzuwarten, wie sich die Verhältnisse in Deutschland entwickelten.

Golo Mann, der inzwischen in Göttingen studierte, wurde jedoch eilends nach München entsandt, um wenigstens »einige Bündel von Notizen sowie eine Anzahl von Wachstuchheften, die sich da und da in seinem Arbeitszimmer befanden« – gemeint waren die Tagebücher –, »in einem Handkoffer als Frachtgut nach Lugano zu schicken«.[32] Als der schwere Koffer, am 10. April in München aufgegeben, drei Wochen später noch immer nicht eingetroffen war, machte sich Sorge breit: »Furchtbares, ja Tötliches kann geschehen«, vertraute Thomas Mann dem Tagebuch an[33] – und war maßlos erleichtert, als die Fracht ihn am 19. Mai doch erreichte, offenbar durchwühlt, aber vollständig. Wie sich später herausstellte, hatte ein Lindauer Grenzbeamter den Koffer geöffnet und obenauf Verlagsverträge gefunden, die er nach München schickte, um sie, vermutlich wegen der darin genannten hohen Summen, der Polizei und dem Finanzamt zur Kenntnis zu bringen. Nachdem die Dokumente, von den Münchener Behörden korrekt zurückgesandt, wieder in Lindau angelangt waren, hatte er den Koffer verschlossen und weiterbefördert. Die Tagebücher, die er augenscheinlich für dichterische Arbeiten hielt, aber auch das Typoskript des *Joseph*-Romans, das sich ebenfalls bei den Unterlagen befand, hatten ihn offenbar nicht näher interessiert.[34]

Alles wäre wohl anders gekommen, wenn die persönlichen Aufzeichnungen, wie von Thomas Mann befürchtet, in die Hände der Bayerischen Politischen Polizei gelangt wären. Im Frühjahr 1933 war hier vor allem SS-Oberführer Reinhard Heydrich hartnäckig damit befasst, Maßnahmen gegen den Schriftsteller zu ergreifen. Heydrich, der bald darauf in Berlin rechte Hand des stellvertretenden Chefs der Gestapo in Preußen, Heinrich Himmler, wurde, später den »Sicherheitsdienst des Reichsführers SS« organisierte, 1941 zum SS-Obergruppenführer und stellvertretenden Reichsprotektor von Böhmen und Mähren sowie 1942 zum »Beauftragten der Endlösung der europäischen Judenfrage« avancierte, ehe er, noch im selben Jahr, in Prag einem Attentat zum Opfer fiel, betrachtete den Fall offenbar als eine »höchstpersönliche Angelegenheit«, deren Motive bis heute im Dunkeln liegen.[35] Am 23. Juni 1933 gelang es ihm, einen »Schutzhaftbefehl« gegen Thomas Mann zu erwirken und dessen Vermögen beschlagnahmen zu lassen. Zur Begründung erklärte Heydrich nach einer Beschwerde des Münchner Anwalts Valentin Heins, Thomas Mann sei »Gegner der nationalen Bewegung und Anhänger der marxistischen Idee« und habe dies »zu wiederholten Malen in Wort und Schrift kundgegeben«. Der Schutzhaftbefehl und die Beschlagnahme des Vermögens seien somit auf seine »undeutsche, der nationalen Bewegung feindliche, marxistische und judenfreundliche Einstellung« zurückzuführen.[36] Die von Heydrich angeführten Beweise waren allerdings wenig überzeugend. Die Tagebücher hätten ihm vermutlich – aus nationalsozialistischer Perspektive – besseres Material für seine fadenscheinige Argumentation geboten.

Auf jeden Fall zeigte der Vorgang, wie berechtigt die Bedenken Thomas Manns gegen eine Rückkehr nach München waren. Er hätte dort mit unangenehmen Nachstellungen und, spätestens seit Juni, auch mit seiner Verhaftung rechnen müssen. So aber blieb alles noch eine Weile in der Schwebe: die Passfrage, das Schicksal des Hauses in der Poschingerstraße und der Besitz des beweglichen Vermögens. Einiges immerhin konnte unter teilweise abenteuerlichen Umständen durch das Geschick und den persönlichen Mut von Erika und Golo Mann, Ida Herz sowie Marie Kurz und andere Freunde unter Deckadressen sichergestellt oder in die Schweiz gebracht werden: Geld, Manuskripte, Bücher, die Kandelaber, das Tafelsilber und das Grammophon, aber auch einige Möbel, darunter der Schreibtisch. Das meiste aber blieb im Münchner Haus, wurde zwangsversteigert oder ging auf andere Weise verloren. Die Horch-Limousine und der Buick-Phaeton sowie Golos DKW wurden ohne Rechtsgrundlage aus der Garage geholt, »um fortan von der Münchener SA gefahren und aufgebraucht zu werden«, wie es in einem Beschwerdeschreiben von Anwalt Heins an Reichsinnenminister Wilhelm Frick hieß.[37]

Seinen Pass, den Thomas Mann zwischenzeitlich bei der Deutschen Botschaft in Bern, die damals vom späteren Staatssekretär im Auswärtigen Amt, Ernst von Weizsäcker, geleitet wurde, vorgelegt hatte, konnte er schließlich wieder in Empfang nehmen – allerdings ohne die erbetene Verlängerung, so dass er, wie Katia, nun bald ohne gültige Ausweispapiere dastand. Der Weg nach Frankreich, wo die Manns den Sommer in der Provence verbringen wollten, nachdem die Haussuche in Basel nicht zum gewünschten Ergebnis geführt hatte, wurde dadurch trotzdem nicht verbaut. Im französischen Außenministerium in Paris war der Dramatiker und Romancier Jean Giraudoux, der die Presseabteilung des Quai d'Orsay leitete, behilflich, eine Lösung für das Problem zu finden; ein Besuch beim französischen Konsul in Basel ergab danach, dass der Einreise nach Frankreich auch ohne international gültige Papiere nichts entgegenstand.

In Frankreich kamen Thomas und Katia Mann zunächst im Hotel »Les Roches fleuries« bei Le Lavandou, eine halbe Autostunde östlich von Toulon, unter. Bereits Anfang Mai zogen sie aber ins Grand Hotel des Badeortes Bandol, unweit Sanary-sur-Mer, dem Treffpunkt deutscher Emigranten in Südfrankreich, wo sie sich über Mangel an Abwechslung nicht beklagen konnten. Lion Feuchtwanger führte in Sanary mit seiner Frau Marta ein großes Haus; Aldous Huxley lebte hier mit seiner deutschstämmigen Frau Sibylle von Schönebeck; im nahen St. Cyr wohnte der Kunsthistoriker und Romancier Julius Meier-Graefe. Immer wieder fanden sich, bei dem einen oder anderen, Besucher ein: Arnold Zweig, Wilhelm Herzog, Annette Kolb, Hermann Kesten, Ludwig Marcuse, der Regisseur Erwin Piscator, Franz Werfel und Alma Mahler-Werfel, Bruno Frank mit seiner Frau Liesl, Paul Valéry und auch Bertolt Brecht, dem Peter Suhrkamp mutig zur Flucht verholfen hatte. Klaus Mann kam aus Paris, Erika aus Zürich, Heinrich mit seiner Lebensgefährtin Nelly Kröger aus Nizza. Die Gespräche, die tagsüber in einem der Cafés, nachmittags beim Tee oder abends bei Einladungen und Gegeneinladungen geführt wurden, waren vor allem von Ohnmacht gekennzeichnet, neben der Wut, die alles beherrschte.

René Schickele, der inzwischen wie Thomas und Heinrich Mann aus der Preußischen Akademie der Künste ausgeschlossen worden war und seit einem Jahr ebenfalls in Sanary wohnte, fand schließlich ein leer stehendes Haus, »La Tranquille«, das Thomas und Katia Mann am 12. Juni beziehen konnten. Kurz darauf notierte Thomas Mann in sein Tagebuch:

»Dachte in der Stille des Abends über mein Leben nach, seine Pein und Schwere von frühan und seine Gunst vermöge gewisser glücklicher Seiten meines Charakters. Ich glaube doch, zuletzt werde ich seiner recht müde sein – und nicht nur seiner, sondern damit auch, im Gegensatz zu den metaphysischen Hoffnungen und Sehnsüchten meiner Jugend, des Lebens überhaupt. Genug, genug! Wenn man das am Ende sagt, so meint man nicht nur die eigene ›Individuation‹, man meint das Ganze – aus der wahrscheinlich zutreffenden Erkenntnis wohl: Viel anders ist es nie. Der Sinn des Wortes ›lebensmüde‹ ist nicht persönlich, er ist umfassend.«[38]

Allerdings war auch jetzt noch unklar, ob Thomas Mann nicht doch in absehbarer Zeit nach Deutschland zurückkehren könnte. Einiges sprach dafür, dass die Verfolgungswut Heydrichs persönliche Züge trug und von der Reichsführung in Berlin nicht gedeckt wurde. So berichtete Bermann, scheinbar beruhigend, dass die Polizeiaktion in München »eine örtliche Maßnahme« sei, »die offenbar von der Regierung nicht einmal gebilligt wird«.[39] Andererseits: Was würde geschehen, wenn er nicht heimkehrte? Ein neues Gesetz sah vor, dass Deutsche, die das Reich verlassen hatten und nach Aufforderung nicht zurückkehrten, ihre Staatsbürgerschaft und ihr Vermögen verloren. Bermann verwies deshalb auf das Risiko, das Thomas Mann drohte. Wenn er damit rechne, »jemals wieder nach Deutschland zurückzukehren«, müsse er der bevorstehenden Aufforderung zuvorkommen. Da nichts gegen ihn vorliege, von Regierungsseite auch nichts gegen ihn unternommen worden sei, setze er »die Regierung gewissermaßen erst ins Recht«, wenn er fernbleibe, und biete der Regierung »die Handhabe zu Maßnahmen gegen Sie, da man hier daraus schließen wird, daß Sie sich endgültig gegen Deutschland entschieden haben«. Das Risiko der Rückkehr scheine jedenfalls »nicht sehr groß zu sein, besonders wenn Sie nicht nach München, sondern nach Berlin kommen«.[40]

Tatsächlich war bei der Bücherverbrennung am 10. Mai 1933 keines der Werke Thomas Manns »den Flammen übergeben« worden. Und auf der sechs Tage später im *Börsenblatt des Deutschen Buchhandels* veröffentlichten »schwarzen Liste« von 135 Autoren, deren Bücher aus öffentlichen Bibliotheken entfernt werden *könnten*, fanden sich zwar die Namen Heinrich Mann und Klaus Mann, nicht aber derjenige von Thomas Mann.

Nicht anders verhielt es sich mit den am 25. August 1933 im Reichsgesetzblatt bekannt gegebenen ersten Ausbürgerungen des Regimes; Heinrich Mann war darunter, wiederum jedoch nicht Thomas Mann. Auch der S. Fischer Verlag konnte zunächst ungehindert weiterarbeiten, so dass Aussicht auf baldige Veröffentlichung der ersten beiden Bände des *Joseph* bestand und das vordringlichste Ziel Thomas Manns, sich die deutsche Leserschaft zu erhalten, sich offenbar erfüllen ließ. »Ihr Buch«, versicherte Bermann bereits am 8. Juni beruhigend aus Lugano, »kann heute in Deutschland ungestört erscheinen.«[41]

Doch Thomas Mann zögerte weiter, mochte sich in der Frage von Exil oder Rückkehr weder in der einen noch in der anderen Richtung eindeutig bekennen, bis erneut die »Wagner-Affäre« für Entscheidungshilfe sorgte. Als der Musikschriftsteller Willi Schuh den Fall im Juli 1933 in der *Neuen Zürcher Zeitung* noch einmal aufgriff und sich mit Verve auf die Seite Thomas Manns stellte, sah sich einer der Unterzeichner des Münchner Manifests, der Komponist Hans Pfitzner, zu einem langen Rechtfertigungsartikel veranlasst, der in der *Frankfurter Zeitung* gedruckt wurde. Er stellte darin unter anderem fest, dass er das Protestschreiben nicht wegen des Inhalts der Aussagen Thomas Manns über Wagner unterschrieben habe – dies müsse »unter Künstlern von Niveau« gewiss erlaubt sein; ausschlaggebend sei für ihn vielmehr gewesen, dass Mann es *außerhalb Deutschlands* gesagt habe. Den Artikel hatte Pfitzner mit Zitaten aus dem Briefwechsel gespickt, den er mit Thomas Mann zu dessen 50. Geburtstag geführt hatte und die erkennen ließen, wie sehr sich ihre Auffassungen über Deutschland unterschieden.[42] Thomas Mann, der bereits die Münchner Anschuldigungen als praktische »Ausstoßung« aus Deutschland empfunden hatte[43], fühlte sich erneut tief getroffen und entschied sich zu einer Erwiderung, die er in der Angelegenheit bisher stets vermieden hatte. Seine Antwort an Pfitzner war allerdings milde formuliert und führte im Kreis der Exilanten von Sanary »zu allerhand Diskussionen«. Insbesondere Erika war enttäuscht über die »melancholische Konzilianz des Aufsatzes«.[44] Gleichwohl fürchtete Peter Suhrkamp Komplikationen und wagte es nicht, den Text in der *Rundschau* zu drukken, um das Erscheinen der Zeitschrift nicht durch eine Polemik zu gefährden, die er als »fruchtlos« ansah.[45]

Erst jetzt hielt Thomas Mann den Zeitpunkt für gekommen, sich gegenüber Bermann und Fischer, die immer noch auf seine Rückkehr nach Deutschland drängten, zu bekennen. Es gebe Situationen, erklärte er, in denen selbst ein so konzilianter Mensch wie er seine Position klarstellen müsse; seine intellektuelle Ehre sowie familiäre Gründe und die Sorge um seine physische Sicherheit ließen eine Rückkehr nicht zu. »Sie alle überlegen die zweifellos schweren Konsequenzen, die die Ablehnung Ihres Rates für mich haben würde«, schrieb er an Fischer. »Ich tue es auch, wahrhaftig. Aber klarer als Sie überlege ich auch die in jeder Beziehung verhängnisvollen Folgen, die die Befolgung Ihres Zuredens zeitigen könnte und müßte, und mein Entschluss steht fest [...] ich bringe große Opfer damit. Aber gerade das wird es mir erleichtern, ihn vor der Welt zu rechtfertigen, was ich, wenn es sein muß, mit gemäßigten aber klaren Worten zu tun gedenke.«[46]

In dem Bestreben, die Veröffentlichung des *Joseph* nicht zu gefährden, dessen erster Band, die *Geschichten Jaakobs*, im Oktober bei Fischer erscheinen sollte, vermied er jedoch weiterhin jede öffentliche Festlegung. Als Klaus Mann und sein Partner Fritz Landshoff im September 1933 im Querido Verlag in Amsterdam die erste Nummer ihrer neuen, maßgeblich von Annemarie Schwarzenbach finanzierten »literarischen Monatsschrift« *Die Sammlung* herausbrachten, auf deren Liste von gegenwärtigen und künftigen Beiträgern auch Thomas Mann genannt war, riskierte er sogar einen Bruch mit Klaus und Erika, indem er seinen Namen zurückzog und sich damit nach außen von der Zeitschrift distanzierte. Grund dafür war weniger der Leitartikel von Klaus, der keinen Zweifel an der »politischen Sendung« des Unternehmens ließ, um zu zeigen, »wo wir, die Herausgeber, und wo unsere Mitarbeiter stehen«, als vielmehr ein Beitrag Heinrichs über »Sittliche Erziehung durch deutsche Erhebung«, in dem dieser hart mit dem neuen Deutschland ins Gericht ging. Wie nicht anders zu erwarten, hatte Bermann, besorgt um den Verlag und seinen wichtigsten Autor, sofort protestiert; er warf Klaus eine »unverantwortliche Haltung« vor und entsandte eigens Professor Samuel Saenger, seit 1908 Mitherausgeber der *Neuen Rundschau*, nach Sanary, um Thomas Mann zu bewegen, seine Verbindung mit der Zeitschrift zu lösen.[47] Erika vermutete deshalb wohl nicht zu Unrecht eine Intrige des Verlegers, der sich Ärger ersparen wolle. Ihre Kritik richtete sich aber vor allem gegen den Vater, der sich von ihr schwere Vorwürfe gefallen lassen musste. Sein Einwand, dass der voraussichtliche Erfolg der *Geschichten Jaakobs* »für die Machthaber viel ärgerlicher wäre [...] als ein ganzer Stoß Emigranten-Polemik«, konnte weder Klaus noch Erika überzeugen. Diese schrieb vielmehr ihrem Bruder: »Das Ganze ist so, wie ich es deinem Vater schon vor Monaten voraussagte, – der falsche Schritt, bei Fischer zu bleiben, zieht nichts als Falsches nach sich und sät Unheil, Widerspruch und Unhaltbares auf der ganzen Linie, auf der ›Menschliches‹ von Politischem nicht mehr zu unterscheiden ist.«[48] Die Sache wurde auch nicht dadurch besser, dass René Schickele, Alfred Döblin und sogar Stefan Zweig sich genauso verhielten wie Thomas Mann und ihre Namen ebenfalls aus der Autorenliste der *Sammlung* tilgen ließen. Durch die Tatsache, dass die »Reichsstelle zur Förderung des Deutschen Schrifttums«, eine nationalsozialistische Einrichtung unter der Leitung von Alfred Rosenberg, danach den »Vorwurf des geistigen Landesverrats«, den sie gegen diejenigen erhoben hatte, die sich am Vertrieb der *Sammlung* beteiligten, gegenüber Thomas Mann, René Schickele und Alfred Döblin am 14. Oktober wieder zurückzog[49], sahen Erika und Klaus sich nur bestätigt. Sie empfanden Bermanns und ihres Vaters Haltung als allzu opportunistisch gegenüber einem verbrecherischen Regime und ließen an ihrer grundsätzlichen Ablehnung dieses Verhaltens keinen Zweifel.

Doch Thomas Mann blieb bei seiner Linie, und der Erfolg des *Joseph* schien ihm Recht zu geben. Als der erste Band erschien, war die Startauflage von 10 000 Exemplaren binnen einer Woche vergriffen. Allein die Einkünfte aus den Rechten für die Ausgabe eines Schweizer Buchclubs würden die Miete des neuen Hauses, das Erika inzwischen in der Schiedhaldenstraße 33 in Küsnacht, hoch über dem Zürichsee, gefunden hatte, für ein halbes Jahr decken. Indes, das Materielle war das eine, das Politisch-Persönliche etwas ganz anderes. So ließ Katia ihren Mann wissen, dass selbst Golo jetzt eine öffentliche Erklärung von ihm erwarte, in der er sich gegen das Deutschland Hitlers aussprach. Und unter den Emigranten machte sich Enttäuschung breit, dass führende Repräsentanten der deutschen Literatur ihre Mitarbeit an der *Sammlung* verweigerten. Der französische Schriftsteller und Pazifist Romain Rolland bemerkte in einem Telegramm an Klaus Mann, die »befremdende Neuigkeit«, dass die Zeitschrift von deutschen Mitarbeitern desavouiert werde, habe ihn »sehr überrascht«.[50] In Österreich schrieb Joseph Roth an Stefan Zweig, er habe Thomas Manns »über den Wassern Schweben nie gemocht«[51], um wenig später ironisch hinzuzufügen: »Der absolut rechtschaffene Professor Thomas Mann ist einfach naiv. Er hat die Gnade, besser zu schreiben, als er denken kann. Er ist dem eigenen Talent nicht geistig gewachsen.«[52]

Der Angegriffene sah dies natürlich anders. Wer wusste schon von den Zwängen, denen jemand wie er in diesen Zeiten ausgesetzt war? Hier die Balance zu finden, war ein Kunststück eigener Art, das man in keiner Artistenschule lernen konnte. Glücklicherweise wurde die Kontroverse von praktischen Gedanken des Umzugs überlagert, der Ende September stattfand. Der letzte Tagebucheintrag in »La Tranquille« datiert vom 22. September. Danach ging es zurück in die Schweiz, wo eine stattliche Villa einen halbwegs angenehmen Aufenthalt versprach. Innerhalb von zwei Monaten trafen hier auch die bei Deckadressen untergestellten Möbel und Hausratsgegenstände aus der Poschingerstraße in München sowie die von Ida Herz abgesandten Bücher ein. »Es war«, berichtet Donald A. Prater anschaulich, »wie ein Traum, sein Arbeitszimmer wie durch Zauberei bis auf die kleinste Einzelheit wieder so eingerichtet zu sehen, wie es immer gewesen war. Zwei der Münchner Dienstmädchen folgten kurz darauf; in den vier Badezimmern gab es genügend heißes Wasser; ein neuer Fiat stand in der Garage.«[53] Das »elegante Haus«, schrieb Thomas Mann wenige Wochen nach dem Umzug, werde »ein Durchgangspunkt« für Gäste sein, wie das Haus in der Poschingerstraße. Der Charakter seines Lebens, stellte er fest, habe sich »eigentlich nicht geändert«.[54]

Die Bemerkung verdeutlichte, worauf Klaus Harpprecht hingewiesen hat, dass er sich durch die erzwungene Emigration offenbar nicht nur in den materiellen Bedingungen seiner Existenz getroffen gefühlt hatte. Wichtiger noch war augenscheinlich der Verlust aller bürgerlichen Sicherheit und vor allem die Frage, ob man ihn auch »draußen« noch als unanfechtbaren »Repräsentanten« deutschen Geistes und als oberste Autorität unter den deutschen Schriftstellern ansehen würde. Denn davon, dass dies geschah, hing es ab, ob ihm das »herausgehobene Dasein« einer patrizisch-aristokratischen Lebenshaltung gewährt wurde, das er wie selbstverständlich für sich beanspruchte, sich aber erst mühsam hatte erarbeiten müssen.[55]

Für fünf Jahre, bis zur Übersiedlung in die USA 1938, wurde das Haus in Küsnacht nun zum Lebensmittelpunkt der Familie Mann.[56] Die Schweizer Behörden erwiesen sich als generös, das Schweizer Publikum zeigte »freundliche Sympathie«, wie

Thomas Mann nach dem Beifall bei seiner Lesung aus dem *Joseph* am 8. November 1933 in der Zürcher Universität notierte.[57] Nichts sprach dagegen, die gewohnte Routine wieder aufzunehmen. »Wenn man aus Lübeck ist«, bemerkte er, »macht es ja keinen großen Unterschied, ob man in München oder in Zürich lebt.«[58] Auch die Familie fühlte sich bald heimisch; einzig Klaus pendelte weiterhin zwischen den europäischen Hauptstädten, hätte dies aber wohl auch dann getan, wenn Hitler in Deutschland nicht an der Macht gewesen wäre – ein Emigrantentyp, der der Emigration nicht bedurfte, um sich überall heimatlos zu fühlen.

Ganz ließ sich der Schatten, den die Politik warf, indessen nicht verdrängen. Nach dem Austritt Deutschlands aus dem Völkerbund am 14. Oktober 1933 sollte auch Thomas Mann nach dem Willen der Verantwortlichen im Reich seine Mitgliedschaft in der »Kulturkommission« des Völkerbundes aufgeben. Zudem erreichte ihn über den Verlag die Aufforderung, dem »Reichsverband Deutscher Schriftsteller« beizutreten und dessen Satzungen zu befolgen. Thomas Mann war weder zu dem einen noch zu dem anderen bereit. Bermann und Suhrkamp, die um den zweiten Band des *Joseph* fürchteten, der 1934 erscheinen sollte, gelang es jedoch, mit den Behörden zu vereinbaren, dass er als Mitglied unter der Kategorie »im Ausland lebende Deutsche« eingetragen wurde, die nicht zu unterzeichnen brauchten.[59] Der Kompromiss signalisierte, dass das Reich noch nicht ganz auf den Namen Thomas Mann verzichten wollte oder zumindest vor einer öffentlichen Konfrontation zurückschreckte. Thomas Mann selbst hoffte, wie er Ende November gegenüber René Schickele äußerte, »in etwa 2 bis 3 Jahren, vielleicht schon früher«, wieder in Deutschland leben zu können. Bis dahin, darin erklärte er sich mit Schickele einig, könne »das ältere, bessere, höhere Deutschland nichts tun, als [...] mittelbar einwirken, eine Art von Zellenbildung betreiben«.[60] Widerstand zu üben, wie Klaus und vor allem auch

Erika, die seit September 1933 mit großem Erfolg ihr Kabarett »Pfeffermühle« in Zürich betrieb, es von ihm verlangten, überstieg seine Kräfte, die wieder ganz auf den Schreibtisch und die Arbeit am dritten Band des *Joseph* gerichtet waren.

Die blutige Niederschlagung des so genannten »Röhm-Putsches« am 30. Juni 1934, danach die Ermordung des österreichischen Kanzlers Engelbert Dollfuß am 25. Juli und anschließend die Teilmobilisierung in Italien, mit der Mussolini sich vermeintlich dem vordringenden Hitler zu widersetzen schien, ließen bei Thomas Mann den Gedanken aufkeimen, einen Offenen Brief an die Londoner *Times* zu schreiben, um »die Welt und namentlich das zurückhaltende England« zu beschwören, »ein Ende zu machen mit dem Schand-Regime in Berlin«.[61] Doch der anfängliche Elan erlahmte rasch; nach zehntägiger Arbeit wurde der Entwurf beiseite gelegt, um auf einen »neuen leidenschaftlichen Augenblick« zu warten und dann mit einer »knappen und schlagenden Äußerung« hervorzutreten.[62] An der allgemeinen Tatenarmut, die Klaus und Erika an ihrem Vater immer wieder bemängelten, hatte sich nichts geändert, sei es aus Rücksicht auf den Verlag und die deutschen Leser, sei es aufgrund des »bürgerlichen Erbes«, einer grundsätzlichen Abneigung gegen das Politische, die nun wieder dem Geistigen zur Vorherrschaft verhalf. Weihnachten 1934 kam es über dieses passive politische Verhalten – oder eher »Nicht-Verhalten«, wie Klaus sagte[63] – zu einem hitzigen Streitgespräch zwischen Erika und Katia, ohne dass sich Thomas Mann davon erkennbar beeinflussen ließ, außer dass die Auseinandersetzung seiner Gesundheit nicht bekam.

Im Reich wurde die politische Abstinenz des großen Schriftstellers durchaus gewürdigt. Zwar bemühte sich die Politische Polizei schon frühzeitig um seine Ausbürgerung und stellte am 18. Januar 1934 – kurz nach dem Inkrafttreten des Gesetzes zur Ausbürgerung – beim Reichsinnenministerium einen entsprechenden Antrag.[64] Doch die hartnäckigen Bemühungen Heydrichs, der inzwischen als rechte Hand Himmlers von Berlin aus seine Fäden zog, stießen auf den entschiedenen Widerstand des Auswärtigen Amtes, das sich über die politische Außenwirkung eines solchen Schrittes besorgt zeigte. »Thomas Mann gilt seit Jahren als einer der vornehmsten Vertreter des deutschen Schrifttums«, heißt es beispielsweise in einem Vermerk aus dem Sommer 1934. Tendenzen einer kulturellen Diffamierung, die »eine der wichtigsten und gefährlichsten Methoden der deutschfeindlichen – und gerade der jüdischen – Hetzpropaganda gegen das neue Deutschland« sei, würden »durch eine Ausbürgerung Manns zweifellos einen starken Antrieb erhalten«. Außerdem liege es »nicht im Reichsinteresse«, Mann »durch seine Ausbürgerung in das Lager der antideutschen Hetzer zu treiben«.[65] Während Klaus Mann nach seiner Ausbürgerung am 1. Novemer 1934 mit einem holländischen Staatenlosen-Pass auf Reisen gehen musste und Erika ihm am 8. Juni 1935 auf dem Weg in die Staatenlosigkeit folgte, bis sie durch eine Scheinehe einen britischen Pass erwarb, blieb Thomas scheinbar unbehelligt – sehr zur Freude Bermanns, der inzwischen die Tochter Samuel Fischers geheiratet hatte, seither den Namen Bermann Fischer führte und seinem wertvollsten Autor weiter zur Vorsicht riet.

Tatsächlich schien zwischen Thomas Mann und dem Reich nun so etwas wie Waffenstillstand zu herrschen, eine gegenseitige Achtung des Status quo, der allen Beteiligten Vorteile verschaffte. Reichsinnenminister Wilhelm Frick wirkte sogar auf das Bayerische Ministerium des Innern ein, die Maßnahmen gegen Thomas Mann zu lockern. In einem Schreiben Fricks vom 27. Mai 1935 heißt es dazu: »Ich sehe [...] davon ab, Thomas Mann der deutschen Staatsangehörigkeit für verlustig zu erklären. Ich ersuche ergebenst, die von der bayerischen Politischen Polizei ausgesprochene Beschlagnahme von Vermögensstücken Manns aufzuheben und über das Veranlaßte innerhalb von zwei Wochen zu berichten.«[66] Allerdings wurde die Weisung Fricks nicht ausgeführt, sondern zunächst verschleppt und dann, offenbar wiederum nach einer Intervention Heydrichs, wieder rückgängig gemacht. Heydrich seinerseits unterzeichnete im Namen Himmlers am 19. Juli 1935 einen erneuten Ausbürgerungsantrag gegen Thomas Mann, wiederholte und vertiefte dieses Gesuch am 25. März 1936 und war damit schließlich, nach persönlicher Befürwortung durch Hitler, im Dezember 1936 erfolgreich.[67]

Überhaupt sollte das Jahr 1936 zur entscheidenden Zäsur im Verhältnis Thomas Manns zu Deutschland werden – nicht nur wegen der am Ende erfolgten Ausbürgerung, sondern schon zu Jahresbeginn, als Leopold Schwarzschild, der Herausgeber der Pariser Emigrantenzeitschrift *Das Neue Tage-Buch*, am 11. Januar 1936 einen heftigen Angriff auf Bermann Fischer startete, dem er vorwarf, sich im Reich eine »eigenartig privilegierte Stellung« gesichert zu haben und einer der »Schutzjuden« des Regimes zu sein. In einer Erwiderung in der *Neuen Zürcher Zeitung* wies Thomas Mann die Anwürfe, gemeinsam mit Hermann Hesse und Annette Kolb, zurück. Doch Schwarzschild blieb bei seinen Behauptungen und forderte Thomas Mann auf, sich endlich von Bermann zu trennen und auf die Seite der »echten Emigranten« überzuwechseln.[68]

Dafür sprach sich auch Erika Mann erneut aus, die das Eintreten ihres Vaters für Bermann noch nie gebilligt hatte, darin vielmehr einen Angriff gegen die Emigranten und deren Kampf für die Freiheit sah. Anscheinend, schrieb sie ihm, sei er im Interesse Bermanns zu jedem Opfer bereit. Wenn das bedeute, dass er auch sie »mählich, aber sicher« opfern wolle, so könne sie daran nichts ändern, auch wenn das für sie »traurig und schrecklich« wäre.[69] Die politischen Differenzen drohten damit zu einer familiären Zerreißprobe zu führen, doch Thomas Mann meinte in einem ausführlichen Brief an Erika immer noch, es nütze wenig, »die Welt gegen den Gräuel aufzurufen, solange die Deutschen selbst nicht innerlich und gründlich mit ihm fertig sind«.[70]

Inzwischen ließen sich die Dinge allerdings nicht mehr so einfach ignorieren wie bisher. Schwarzschilds Artikel hatte eine Lawine losgetreten, in der es bald um die grundsätzliche Frage ging, wer eigentlich noch die deutsche Literatur repräsentierte: nur die Emigranten oder auch die Daheimgebliebenen. Unter dem Titel »Deutsche Literatur im Emigrantenspiegel« griff der Feuilletonchef der *Neuen Zürcher Zeitung*, Eduard Korrodi, am 26. Januar in die Debatte ein. Energisch widersprach er dem »Ghetto-Wahnsinn« einiger Emigranten, die meinten, die deutsche Literatur mit dem Werk weniger jüdischer Autoren gleichsetzen zu können, oder nur die Verlage Querido und de Lange in Amsterdam wahrzunehmen, aber keinen Blick für Gerhart Hauptmann, Ricarda Huch und die vielen anderen zu haben, die in Deutschland geblieben seien. Deutsche Literatur, so Korrodi, finde sich keineswegs nur in der Emigration. Ja, es gebe »angesehene Schriftsteller in der Emigration« – gemeint war offenbar Thomas Mann –, die sich von der Emigrantenliteratur distanzierten, weil sie »lieber nicht zu dieser deutschen Literatur gehören möchten, der der Haß lieber ist als das Streben nach Wahrheit und Gerechtigkeit«.[71]

Es war eine Stellungnahme, die in der weiten Welt der Literatur oder gar der Politik eher beiläufig zur Kenntnis genommen wurde – nur nicht bei den Emigranten selbst. Klaus Mann und Fritz Landshoff telegrafierten aus Amsterdam unverzüglich an Thomas Mann und baten inständig, »auf Korrodis verhängnisvollen Artikel wie und wo auch immer zu erwidern«, diesmal gehe es »wirklich um eine Lebensfrage für uns alle«. Und Thomas Mann reagierte. Zwar brauchte er fünf Tage, um eine Antwort aufzusetzen, da er sich der Bedeutung des Schrittes bewusst war, der den endgültigen Bruch mit dem nationalsozialistischen Deutschland herbeiführen würde. Doch nach drei Jahren der Vorsicht, des Zögerns und Abwartens schien der Zeitpunkt gekommen, ein klares Wort zu sprechen. Dabei ging es gar nicht mehr um Korrodi, der Thomas Mann doch eigentlich nur gegen Schwarzschild hatte beispringen wollen. Vielmehr war daraus eine prinzipielle Angelegenheit geworden, die ein grundsätzliches Wort verdiente.

Die Antwort an Korrodi erschien am 3. Februar 1936 in der *Neuen Zürcher Zeitung*. Thomas Mann verwahrte sich darin gegen die Differenzierung zwischen emigrierter und nicht emigrierter deutscher Literatur. Die Grenze, meinte er, sei »nicht leicht zu ziehen«: sie falle, geistig gemeint, nicht schlechthin mit der Reichsgrenze zusammen, und die außerhalb dieser Grenze lebenden deutschen Schriftsteller sollten »nicht mit allzu wahlloser Verachtung auf diejenigen herabblicken, die zu Hause bleiben wollten oder mußten, und nicht ihr künstlerisches Werturteil ans Drinnen oder Draußen binden«. In vielen Fällen hätten vielleicht »weniger geistige als recht mechanische Gründe« den Ausschlag für die Entscheidung zur Emigration oder Nicht-Emigration gegeben. In gleichem Sinne, so Mann, dürfe die Tatsache, dass jüdische Autoren einen großen Teil der Emigranten bildeten, nicht dazu führen, die Emigrantenliteratur mit der jüdischen zu verwechseln. Dass in der Gesamt-Emigration »der jüdische Einschlag« zahlenmäßig stark sei, ergebe sich »aus der erhabenen Härte der nationalsozialistischen Rassenphilosophie und, von der andern Seite, aus einem besonderen Grauen der jüdischen Geistigkeit und Sittlichkeit vor gewissen Staatsveranstaltungen unserer Tage«. Von einem »durchaus oder auch nur vorwiegend jüdischen Gepräge der literarischen Emigration« könne jedenfalls nicht gesprochen werden.[72] Doch was war dann eigentlich deutsch? Und wie erklärte sich der deutsche Antisemitismus? Dazu Thomas Mann wörtlich:

»Man ist nicht deutsch, indem man völkisch ist. Der deutsche Judenhaß aber, oder derjenige der deutschen Machthaber, gilt, geistig gesehen, gar nicht den Juden oder nicht ihnen allein: er gilt

Europa und jedem höheren Deutschtum selbst; er gilt, wie sich immer deutlicher erweist, den christlich-antiken Fundamenten der abendländischen Gesittung: er ist der (im Austritt aus dem Völkerbund symbolisierte) Versuch einer Abschüttelung zivilisatorischer Bindungen, der eine furchtbare, eine unheilschwangere Entfremdung zwischen dem Lande Goethes und der übrigen Welt zu bewirken droht.«[73]

Diese Entwicklung, betonte Mann, habe ihn dazu geführt, nicht nach Deutschland zurückzukehren, seine Heimat zu meiden:

»Die tiefe, von tausend menschlichen, moralischen und ästhetischen Einzelbeobachtungen und -eindrücken täglich gestützte und genährte Überzeugung, daß aus der gegenwärtigen deutschen Herrschaft nichts Gutes kommen kann, für Deutschland nicht und für die Welt nicht, – diese Überzeugung hat mich das Land meiden lassen, in dessen geistiger Überlieferung ich tiefer wurzele als diejenigen, die seit drei Jahren schwanken, ob sie es wagen sollen, mir vor aller Welt mein Deutschtum abzusprechen. Und bis zum Grunde meines Gewissens bin ich dessen sicher, daß ich vor Mit- und Nachwelt recht getan, mich zu denen zu stellen, für welche die Worte eines wahrhaft adeligen deutschen Dichters gelten:

Doch wer aus voller Seele haßt das Schlechte,
Auch aus der Heimat wird es ihn verjagen,
Wenn dort verehrt es wird vom Volk der Knechte.
Weit klüger ist's, dem Vaterland entsagen,
Als unter einem kindischen Geschlechte
Das Joch des blinden Pöbelhasses tragen.«[74]

Es waren Zeilen August Graf von Platens, dessen freiheitliche politische Lyrik des frühen 19. Jahrhunderts Thomas Mann seit langem beeindruckte – Zeilen, die er schon oft zitiert hatte und die er hier, wo sie ihm passend schienen, noch einmal wiederholte. Mit ihnen bekannte er sich nunmehr, nach drei langen Jahren des Zögerns, endlich selbst und in aller

Öffentlichkeit zu seiner nicht freiwilligen, sondern von den nationalsozialistischen Machthabern erzwungenen Emigration. »Ich habe nach 3 Jahren mein Gewissen und meine feste Überzeugung sprechen lassen«, hielt er dazu in seinem Tagebuch fest: »Mein Wort wird nicht ohne Eindruck bleiben.«[75]

Was nun folgen würde, war nicht klar – nur dass das NS-Regime sich diesen Affront kaum würde bieten lassen. Vieles erschien denkbar: der endgültige Verlust seines Eigentums in Deutschland, ein Verbot seiner Bücher, die Entziehung der Staatsbürgerschaft. Gegenüber Hermann Hesse blickte er indessen bereits in die Zukunft und auf die Nachwelt, als er ihm schrieb: »Entweder, darf ich mir sagen, kommt der Krieg oder es müssen sich in einigen Jahren in Deutschland Zustände herstellen, die die Verbreitung meiner Bücher wieder erlauben. [...] Ich werde fortfahren, meine Arbeit zu tun und es der Zeit überlassen, meine Vorhersage (die recht spät erfolgte) zu bestätigen, daß aus dem Nationalsozialismus nichts Gutes kommen kann. Aber mir wäre der Zeit gegenüber nicht wohl im Gewissen, wenn ich es nicht vorhergesagt hätte.«[76]

Doch das Regime reagierte nicht sofort. Es gab offenbar Dringenderes zu tun, etwa die militärische Besetzung des Rheinlandes, zu der Hitler am 3. März 1936 den Befehl erteilte. Außerdem: Im Sommer 1936 fanden in Berlin Olympische Spiele statt. Da hätte das Schauspiel einer öffentlichen Auseinandersetzung mit dem berühmtesten deutschen Schriftsteller der Gegenwart, vielleicht gar seine Ausbürgerung, für unwillkommene Schlagzeilen gesorgt. Man wartete also das Jahresende ab: Erst am 5. Dezember 1936 wurde Thomas Mann die deutsche Staatsbürgerschaft entzogen. Da besaß dieser aber bereits einen tschechischen Pass, der ihm und seiner Familie im November von der böhmischen Gemeinde Proseč vorsorglich verliehen worden war. Die Anzeige des Reichsministeriums des Innern, in der die Ausbürgerung verkündet wurde, erschien im *Völkischen Beobachter* unter der doppelten Schlagzeile »Ausstoßung von Volksschädlingen« und »Volksverräter und Volksfeinde«. In der Begründung wurde ausdrücklich auf die Korrodi-Kontroverse Bezug genommen. Es hieß darin, Thomas Mann habe sich wiederholt »an Kundgebungen internationaler, meist unter jüdischem Einfluß stehender Verbände« beteiligt und sich »anläßlich einer Diskussion in einer bekannten Züricher Zeitung über die Bewertung der Emigrantenliteratur [...] eindeutig auf die Seite des staatsfeindlichen Emigrantentums« gestellt, wobei er »öffentlich gegen das Reich die schwersten Beleidigungen« gerichtet habe.[77] Erwartungsgemäß hatte die Erwiderung auf Korrodi also den Ausschlag gegeben.

Der ersten »Exkommunikation« folgte bald, noch im Dezember 1936, eine zweite: Der Dekan der Philosophischen Fakultät der Universität Bonn teilte Thomas Mann mit, dass sich die Fakultät »im Einvernehmen mit dem Rektor« nach seiner Ausbürgerung »genötigt« gesehen habe, ihn »aus der Liste der Ehrendoktoren zu streichen«. In seiner Antwort, die zusammen mit dem Brief des Dekans wenig später in Zürich veröffentlicht wurde und in kurzer Zeit weltweite Beachtung fand, erklärte Thomas Mann:

> »Sinn und Zweck des nationalsozialistischen Staatssystems ist einzig der und kann nur dieser sein: das deutsche Volk unter unerbittlicher Ausschaltung, Niederhaltung, Austilgung jeder störenden Gegenregung für den ›kommenden Krieg‹ in Form zu bringen, ein grenzenlos willfähriges, von keinem kritischen Gedanken angekränkeltes, in blinde und fanatische Unwissenschaft gebanntes Kriegsinstrument aus ihm zu machen. Einen anderen Sinn und Zweck, eine andere Entschuldigung kann dieses System nicht haben; alle Opfer an Freiheit, Recht, Menschenglück, eingerechnet die heimlichen und offenen Verbrechen, die es ohne Bedenken auf sich genommen hat, rechtfertigen sich allein in der Idee der unbedingten Ertüchtigung zum Kriege. [...] Gott helfe unserm verdüsterten und mißbrauchten Lande und lehre es, seinen Frieden zu machen mit der Welt und mit sich selbst!«[78]

Die befürchteten beruflichen Auswirkungen der Ausbürgerung blieben indessen gering, da der Bermann-Fischer-Verlag im gleichen Dezember 1936, in dem die Ausbürgerung erfolgte, die Genehmigung zur lange vorbereiteten Übersiedlung eines Teils des S. Fischer Verlages nach Wien erhielt, wo nun auch der dritte Band der *Joseph*-Romane – *Joseph in Ägypten* – erscheinen konnte, während der Rest des Verlages in den Händen von Peter Suhrkamp in Deutschland verblieb. Privat wirkte die Ausbürgerung sogar erleichternd, da sie den Familienfrieden wieder herstellte. Klaus nannte das Verhalten von Thomas Mann eine »stolze Provokation« der Nationalsozialisten.[79] Erika fand, nun habe ihr Vater endlich »alles gut gemacht« und stehe »klar und richtig da«.[80]

Zugleich herrschte allerdings Sorge, dass die Schweiz zur »Mausefalle« werden und Zürich als Zufluchtsort bald nicht mehr genügen könnte, wenn es, womit fest zu rechnen war, zum Krieg kam. Bereits im Frühjahr 1936 hatten Thomas Mann und Katia deshalb einen Umzug an einen mehr »peripheren« Ort wie Kopenhagen erwogen, das »billig, zivilisiert, nahe der Ostsee und vor Invasionen denn doch wohl sicher« sei.[81] Im März erkundete Bruno Walter die Aussichten auf eine österreichische Staatsbürgerschaft und einen Umzug nach Wien. Und im Sommer 1936, als Thomas Mann mit seinem amerikanischen Verleger Alfred A. Knopf in New York wegen der Einleitung zu der Sammlung *Stories of Three Decades*, die noch im gleichen Jahr in den USA erscheinen sollte, korrespondierte, erkundigte er sich auch nach Möglichkeiten für eine amerikanische Einbürgerung.

Die Vorstellung, dass ein erneuter Umzug, vielleicht sogar nach Amerika, notwendig werden könnte, wuchs bei Thomas Mann in dem Maße, in dem Hitlers Erfolge größer wurden und die europäischen Mächte, vor allem England, ihren mangelnden Willen erkennen ließen, der deutschen Expansion Widerstand zu leisten. Die Kündigung des Locarno-Vertrages und die Besetzung der entmilitarisierten Zone des Rheinlandes am 7. März 1936 war dafür das beste, aber nicht das einzige Beispiel. »Geht es so weiter«, notierte Thomas Mann dazu, »wird in 15 Jahren dieses Deutschland Europa beherrschen.«[82] An Hendrik Willem van Loon, den holländisch-amerikanischen Schriftsteller, der im idyllischen Riverside, unweit von New York, lebte, schrieb er, noch im März 1936, sein nächster Besuch in den Vereinigten Staaten werde wahrscheinlich den endgültigen Abschied von Europa bedeuten, »denn die Zustände auf unserem Kontinent sind derart, daß es schon längst die pure Klugheit wäre, sich davon zu absentieren und den Ihrigen aufzusuchen, der entschieden mehr Hoffnung und Zukunft hat als der unsrige«.[83]

Vorerst blieb Thomas Mann jedoch noch in Europa, wo nun aber die politische Publizistik für ihn ein immer größeres Gewicht bekam. Dazu zählte auch die Gründung der Zeitschrift *Maß und Wert*, die vom Herbst 1937 bis September 1940 im Verlag Emil Oprecht in Zürich erschien und von Thomas Mann gemeinsam mit Konrad Falke herausgegeben wurde. Redakteur war zunächst der Elsässer Ferdinand Lion, später dann, als Lion zu Beginn des Krieges nach Frankreich zog, Golo Mann. Finanziert wurde die »Zweimonatsschrift für freie deutsche Kultur«, wie sie im Untertitel hieß, hauptsächlich von Madame Aline Mayrisch de Saint-Hubert, der Witwe eines reichen Luxemburger Stahlmagnaten, die bereit war, bis zu 30 000 Franken pro Jahr in das Unternehmen zu investieren. In seinem Vorwort für das erste Heft schrieb Thomas Mann: »Künstler wollen wir sein und Anti-Barbaren, das Maß verehren, den Wert verteidigen, das Freie und Kühne lieben und das Spießige, den Gesinnungsschund verachten [...] wo er sich in pöbelhafter Verlogenheit als Revolution gebärdet.«[84]

Welche Rolle das Politische in der Zeitschrift spielte, kommt bereits in den Beiträgen der ersten Nummer zum Ausdruck: Der ebenfalls in die Schweiz emigrierte Historiker und Philosoph Erich von Kahler, den Thomas Mann schon aus München kannte, schrieb einen Essay über die »Preußische Oekonomie«, der Diplomat Eugen Gürster verfasste unter dem Pseudonym »Hermann Steinhausen« eine Betrachtung über »Die Zukunft der Freiheit«, der Soziologe Karl Mannheim lieferte eine »Diagnose unserer Zeit«. *Maß und Wert* trat damit in gewisser Weise die Nachfolge von Klaus Manns *Sammlung* an, die ihr Erscheinen im August 1935 hatte einstellen müssen, weil sie kaum noch Leser fand. Klaus selbst wurde bei der Vorbereitung der neuen Zeitschrift jedoch nicht herangezogen und spielte auch als Autor keine Rolle, wurde vielmehr, wie er bitter in seinem Tagebuch notierte, vom Vater »in dieser Zeitschriftensache glatt [...] vergessen«.[85] Das stimmte zwar nicht ganz, da Thomas Mann ihm stets erklärt hatte, seiner Mitarbeit stehe nichts im Wege. Aber Ferdinand Lion hielt ihn für ein »intellektuelles Leichtgewicht«[86], und der einzige Beitrag, den Klaus jemals bei *Maß und Wert* einreichte, wurde nach einem Einspruch Lions nicht gedruckt. Allerdings war auch Heinrich nur einmal mit einem Essay über Nietzsche vertreten.

Die doppelte Distanz zu Klaus und Heinrich Mann, gerade zu diesem Zeitpunkt, dürfte nicht nur persönliche, sondern auch politische Gründe gehabt haben. Beide hatten einen Aufruf zu einer »Volksfront«-Politik gegenüber dem Nationalsozialismus unterzeichnet, dem Thomas Mann sich keineswegs anschließen mochte. So lehnte er im April 1937 auch eine Anfrage des sowjetischen Schriftstellerverbandes ab, einen Beitrag für einen Jubiläumsband zum 20-jährigen Bestehen des Verbandes zu verfassen. Er müsse, schrieb er, »fürchten, meiner politischen Pflicht sehr ungeschickt zu genügen und einen menschlichen Taktfehler zu begehen, wenn ich, als deutscher Schriftsteller, mir den kommunistischen Namen gefallen lassen und damit indirekt meinem Volke zumuten würde, eine Diktatur mit der anderen zu vertauschen«.[87] Allerdings hatte er dieser konsequenten Überlegung auch einige eher missverständliche Formulierungen vorangestellt, als er, wohl um den sowjetischen Kollegen etwas zu sagen, mit dem sie sich identifizieren konnten, bemerkte: »Mißverstehen Sie mich nicht! Mir ist Diktatur nicht ohne weiteres gleich Diktatur. Im Stillen weiß ich Unterschiede zu machen.« Eine Diktatur »im Namen von Freiheit, Wahrheit und Gerechtigkeit« sei durchaus vorstellbar. Auch die politische Persönlichkeit des amerikanischen Präsidenten Franklin D. Roosevelt, den er sehr bewundere, weise »diktatorische Züge« auf, sei aber gleichwohl »ein aufrichtiger Diener der Demokratie«. »Wahrscheinlich«, erklärte Thomas Mann dazu mit einem Anflug von Resignation, gespielt oder nicht, »ist die Freiheit ohne diktatorische Züge und Einschläge auf Erden nicht mehr möglich und denkbar. Den ›Liberalismus‹ haben ihre Todfeinde der Freiheit ausgetrieben.«[88]

Solche Hinweise auf eine Diktatur, die den Menschen »zu seinem Glück zwingen« müsse, waren dem Stalinismus keineswegs fremd. Für Thomas Mann waren sie in dem Zusammenhang, in dem er sie gebrauchte, jedoch kaum mehr als ein verbales Zugeständnis, das er durch seine abschließende Formulierung – mit Bezug auf Goethe und die Französische Revolution – gleich wieder zurechtrückte, indem er bemerkte, keine Idee sei »heute jugendfrischer, sehnsuchtsstärker und zukunftsvoller als die der Freiheit«.[89] Von »Volksfront« oder einem sonstigen Zugeständnis an den Kommunismus also keine Spur. Und was Amerika, Roosevelt und die freiheitliche Demokratie anging, sollte er sich bald wieder mit ganz anderen Aussagen und Perspektiven zu Wort melden – von den USA direkt aus, wohin er im April 1937 ein drittes und ein Jahr später ein viertes Mal aufbrach, um schließlich ganz nach Amerika überzusiedeln, das ihm vor dem Hintergrund der wachsenden Expansion des Nationalsozialismus als einziger Zufluchtsort noch tauglich schien.

Amerika als Gegenbild

»I am an American«, erklärte Thomas Mann 1940 in einem Radio-Interview und verblüffte damit nicht nur viele Deutsche, sondern wohl vor allem sich selbst.[1] Tatsächlich war es ein Bekenntnis, das »der deutscheste Deutsche dieser Zeit«, wie ihn der österreichische Schriftsteller, Regisseur und Dramaturg Hermann Bahr, bezogen auf die Jahre 1933 bis 1945, einmal nannte, nicht leichten Herzens ablegte. Zwar hatte er sich, wie bereits an anderer Stelle bemerkt, lange vor 1938, als er sein Exil in der Schweiz und damit seine deutsche Sprachheimat verließ, mit dem Gedanken vertraut machen müssen, dass Europa für ihn bald nicht mehr sicher genug sein könnte, um hier weiter auszuharren; schon im Juni 1934 sah er die »Gefahr einer europäischen Explosion«, die möglicherweise auch die neutralen Länder betreffen würde.[2] Doch Amerika als Gegenmacht zur nationalsozialistischen Expansion und als »Gegenbild« zum nationalsozialistischen Regime drängte sich ihm nur allmählich ins Bewusstsein.

Als er im Frühjahr 1934 zum ersten Mal die USA besuchte, war der Empfang überwältigend. Die Art und Weise, wie er hier hofiert wurde, schmeichelte ihm. Eine Einladung in den PEN-Club, ein Mittagessen mit dem Herausgeber der Zeitschrift *Nation*, ein Vortrag im germanistischen Institut der berühmten Yale University, vor allem jedoch ein großes Abendessen zu seinem 59. Geburtstag mit über 300 Gästen, unter ihnen der New Yorker Bürgermeister Fiorello La Guardia, der

Herausgeber der *New York Times* und zahlreiche Professoren aus Yale und Princeton, verfehlten ihren Eindruck nicht. Besonders New York präsentierte sich ihm als ein Ort, von dem er glaubte, dass er sich hier niederlassen könnte: »Es ist die einzige wirkliche Weltstadt, menschliches Freiland, und könnte, glaube ich, selbst uns absorbieren [...] Amerikaner kann man werden und vielleicht sollte man es.«[3]

Bei seinem zweiten Besuch vom 1. Juni bis 13. Juli 1935 wurde er sogar von Präsident Franklin D. Roosevelt im Weißen Haus empfangen und war von der Klugheit und eigensinnigen Entschlossenheit des Präsidenten beeindruckt. In einer Zeit, in der die Deutschen die Nazi-Diktatur widerstandslos hinnahmen, ja begeistert begrüßten, empfand er die Haltung Roosevelts als Ermutigung im Kampf gegen Hitler, den er selbst noch gar nicht richtig aufgenommen hatte, – im Gegensatz zu Erika und Klaus, die deswegen im September 1936 nach New York übersiedelten, um mit der »Pfeffermühle« und vor allem mit Vorträgen und Reden für diesen Kampf zu werben. Doch erst der dritte Besuch im April 1937 erbrachte dann die Weichenstellungen, die geradewegs auf die zweite Emigration hinführten.

Dass er diese Reise, die nicht nur eine lästige Unterbrechung der Arbeit an *Lotte in Weimar* bedeutete, sondern auch von gesundheitlichen Problemen begleitet war, überhaupt unternahm, lag in erster Linie an Erika. Sie hatte gerade mit einer Antifaschismus-Rede im Madison Square Garden vor mehr als 20 000 Menschen großen Erfolg gehabt und überzeugte nun ihren Vater, die Einladung der Direktorin der New School for Social Research in New York zu einem Vortrag anzunehmen, den er bereits abgesagt hatte, und sich zugleich für die American Guild for German Cultural Freedom zu verwenden, mit der Prinz Hubertus zu Löwenstein seit 1936 in New York emigrierten Literaten und Künstlern finanzielle Unterstützung zukommen ließ.[4] Die New School hatte 1933 mit zunächst 14

Professoren ihren Lehrbetrieb aufgenommen und ermöglichte seither als eine »University in Exile« aus Europa geflohenen Gelehrten den Einstieg in die amerikanische Wissenschaftslandschaft.[5] Sowohl die New School als auch die Guild for German Cultural Freedom konnten jede Unterstützung gebrauchen. Sie waren auf Spenden angewiesen. Diese aber flossen nur, wenn es prominente Fürsprecher gab.

Für die Reise sprach schließlich auch noch ein Brief von Joseph W. Angell, einem jungen Germanisten, der an der Yale University in New Haven, nördlich von New York, eine Thomas-Mann-Sammlung einrichten wollte – »a ›creative scholar's library‹ for the study of your life and work«, wie er an den Schriftsteller schrieb. Das Projekt war für jemanden, der so sehr um Ruhm und Nachruhm besorgt war wie Thomas Mann, mehr als verlockend. Yale zählte, zusammen mit Harvard, Princeton, Columbia, Dartmouth, Cornell, Pennsylvania und Brown, zur traditionsreichen »Ivy League« der führenden amerikanischen Ostküsten-Universitäten. Wer hier reüssierte, hatte es in Amerika geschafft. Thomas Mann sagte also zu.[6]

Nach der Überfahrt, die am 8. April 1937 auf der *Normandie* von Le Havre aus begann, wurde er in den USA mit einem Artikel von Dorothy Thompson in der *New York Herald Tribune* begrüßt. Die frühere Deutschland-Korrespondentin, die aufgrund ihrer Kritik am NS-Regime von Hitler persönlich ausgewiesen worden war und als *persona non grata* nicht mehr einreisen durfte, erklärte: »Wir sind froh, daß Sie hier sind, Thomas Mann. Keine Nation kann Sie vertreiben.« Während der düsteren Tage des Nationalsozialismus repräsentiere er die Bewahrung des kulturellen deutschen Erbes, der Kultur Goethes, Nietzsches und Wagners: »Sie gehören untrennbar zu jener Kultur, Sie tragen sie mit sich, wohin Sie gehen. [...] Wo immer die Gemüter empfindsam, die Herzen großzügig und die Geister frei sind – dort ist Ihre Heimat.«[7]

Tatsächlich wurde Thomas Mann in Amerika nicht nur als wahrer Repräsentant der deutschen Kultur, sondern auch als Botschafter eines besseren, freiheitlichen Deutschlands gefeiert. Neben den vereinbarten Terminen in der New School und bei der American Guild for German Cultural Freedom waren es vor allem Pressegespräche und kurze öffentliche Ansprachen, deren Texte Erika zuvor ins Englische übersetzte, die das Bild der Reise bestimmten. Eine Rede auf einer Massenversammlung im Mecca Temple zum Gedenken der Opfer des Faschismus am 21. April wurde sogar direkt vom Rundfunk übertragen. Die Botschaft war immer die gleiche: Die Weltlage verlange, dass »der Geist seiner angeborenen Milde und Lässigkeit zum Trotz zu kämpfen und sich zu wehren lernt« – dies sei die »Lehre der letzten Jahrzehnte«, und man habe aus den schlimmen Geschehnissen dieser Jahrzehnte nichts gelernt, wenn man diese Belehrung nicht ernst nähme.[8] Bei der Zustimmung, die Thomas Mann damit erntete, war nicht ganz klar, ob sie eher dem Schriftsteller und Nobelpreisträger oder dem politischen Redner galt. Doch es war unübersehbar, dass er im Begriff war, eine Rolle zu übernehmen, die er bis dahin eher von sich gewiesen hatte: diejenige eines prominenten deutschen Emigranten, der in aller Öffentlichkeit das andere, bessere Deutschland vertrat, zu einer Neugestaltung der Politik aufrief und damit selbst zu einer politischen Figur avancierte.

Die wichtigste Begegnung während dieser USA-Reise im Frühjahr 1937 wurde von Thomas Mann allerdings zunächst unterschätzt. Als Agnes E. Meyer ihn für die *Washington Post* um ein Interview bat, gewährte er ihr zwar einen Termin, weil sie sich in einem langen Brief als eine Kennerin und Bewunderin seines Werks zu erkennen gegeben hatte. Aber das Gespräch selbst verlief förmlich. Erst als sie sich, Monate später, im Juli 1937, in einem weiteren Brief an ihn als Frau von Eugene Meyer, dem Besitzer und Verleger der *Washington Post*, zu erkennen gab und ihm mitteilte, sie habe ihn für eine prominente Vortragsreihe in Washington vorgeschlagen, deren Reden in sämtlichen großen Zeitungen der USA gedruckt würden, erhielt er eine Vorstellung davon, welchen Einfluss diese Frau besaß. Auch ihr Vorschlag, die *Washington Post*, die »von jedem Beamten, angefangen beim Präsidenten, gelesen« werde, künftig als Forum zu nutzen, sowie ihr Angebot, sein Vorwort für das erste Heft von *Maß und Wert* zu übersetzen und in der *Post* zu veröffentlichen, waren Beweise ihrer ungewöhnlichen Energie und Tatkraft.[9]

Agnes E. Meyer, Tochter deutscher Auswanderer und Enkelin eines Pastors aus Niedersachsen, hatte, was vor dem Ersten Weltkrieg für eine Frau auch in Amerika durchaus noch ungewöhnlich war, studiert und sich ihren Lebensunterhalt als Journalistin verdient. Sie war weit gereist, unter anderem nach Deutschland, Österreich, Italien und England, und hatte längere Zeit in Paris gelebt, wo sie sich vor allem im Umfeld des Bildhauers Auguste Rodin bewegte, bei dem sie vielen Künstlern, Musikern und Schriftstellern begegnete, unter ihnen Henri Matisse, Rainer Maria Rilke und Gustav Mahler. Nach ihrer Rückkehr in die USA hatte sie 1910 den Bankier Eugene Meyer geheiratet, war aber auch weiterhin als Journalistin tätig geblieben, widmete sich zudem der Kunst und Literatur und verfasste unter anderem eine Studie über die chinesische Kunst in der Epoche von Li Lung-mien, einem Maler und Sammler der Sung-Periode.[10]

Im Briefwechsel zwischen Agnes Meyer und Thomas Mann ist zunächst wenig von Politik, dafür jedoch umso mehr von seiner Arbeit die Rede, für die sie sich eingehend interessierte. Allerdings vergaß sie nicht, ihn mit mahnendem Unterton bereits frühzeitig darauf hinzuweisen, dass er, wenn die Wolken sich in Europa dunkler zusammenzögen und »die Marxisten« Anspruch auf sein Engagement erheben sollten, nicht vergessen möge, dass »die rationalen Kräfte der Demokratie Ihre individuelle Führung brauchen, um den geordneten Fortschritt der Freiheit und der Gerechtigkeit hier drüben zu bewahren«.[11] In die Korrespondenz schaltete sich zunehmend auch Katia ein, die aber mehr die praktische Seite der Verbindung sah, um für Erika, besonders aber für Klaus, der sich schwerer tat als seine Schwester, in der neuen Umgebung Fuß zu fassen, eine Basis zu schaffen. Für Klaus gehörte dazu auch eine Entziehungskur, um endlich von seiner Morphiumsucht, die ihn seit langem gefangen hielt, loszukommen.

Als dem italienischen Duce Benito Mussolini am 25. September 1937 in Deutschland ein triumphaler Empfang bereitet wurde, um die »Achse Rom-Berlin« zu feiern, war es nicht zuletzt Agnes Meyer, die zur Übersiedlung in die USA riet. Nachdem Katia ihr am 1. November geschrieben hatte, »der Verfall der Demokratien« in Europa scheine »nicht mehr aufzuhalten und dieser Kontinent wird bald nicht mehr bewohnbar sein«[12], schrieb sie prompt aus Washington zurück: »Warum denken Sie nicht an die Möglichkeit, sich hier niederzulassen?« Zwar sei es ihr nicht ohne weiteres vorstellbar, dass Thomas Mann sich als ständiger Bewohner in Amerika etabliere, doch werde die Atmosphäre hier »die Konzentration auf sein eigenes Werk weniger beeinträchtigen« als die Situation in Europa.[13]

Dort spitzte sich die Lage in der Tat immer weiter zu. Am 4. Februar 1938 wurden Reichskriegsminister Werner von Blomberg und der Oberbefehlshaber des Heeres, Generaloberst Werner Freiherr von Fritsch, abgesetzt. Hitler selbst übernahm den Oberbefehl über die Wehrmacht, Außenminister Konstantin Freiherr von Neurath wurde durch Joachim Ribbentrop ersetzt. Eine Woche später, am 12. Februar, konfrontierte Hitler den österreichischen Bundeskanzler Kurt von Schuschnigg bei einer historischen Begegnung auf dem Obersalzberg bei Berchtesgaden mit der Forderung nach bedingungsloser Erfüllung aller Punkte des Vertrages vom 11. Juli 1936, der die Amnestie der inhaftierten Nationalsozialisten in Österreich, die politische Mitverantwortung der Anhänger einer Vereinigung beider

Staaten und eine so genannte »deutsche Politik« des österreichischen Bundeskanzlers vorsah. Schuschnigg erkannte die Gefahr, die von diesem Ultimatum für sein Land ausging, zumal NS-Kreise in Wien bereits von einem Einmarsch der deutschen Wehrmacht gesprochen hatten, doch er konnte wenig tun. Hitler war zum »Anschluss« Österreichs fest entschlossen, und es gab offenbar niemanden, der gewillt war, ihn davon abzubringen. Am Morgen des 12. März 1938 marschierten deutsche Truppen, von der Bevölkerung jubelnd begrüßt, in Wien ein. Einen Tag später wurde in Linz ein Gesetz zur Wiedervereinigung zwischen dem Deutschen Reich und Österreich unterzeichnet, dessen Artikel 1 lautete: »Österreich ist ein Land des Deutschen Reiches. Das Reich heißt fortan Großdeutschland.« Die Frage war jetzt, was diese Entwicklung für das übrige Europa bedeutete. Die Vermutung lag nahe, dass Hitler nach dem »Anschluss« Österreichs ähnliche Absichten zumindest für die sudetendeutschen Gebiete der Tschechoslowakei hegte. Was danach kommen würde, wusste niemand. Vielleicht war sogar die Schweiz bedroht. Im November 1937 hatte dort bereits eine erste »Verdunkelungsübung« stattgefunden. Mit schwarz gefärbten Glühbirnen, die nur ein schwaches Licht warfen, und schwarz verhängten Fenstern war der »Ernstfall« geprobt worden.

Angesichts solcher Ereignisse war es unmöglich, sich nicht mit dem Gedanken an eine zweite Emigration zu befassen. Als Thomas und Katia Mann im Februar 1938 zu einem vierten Besuch der USA in Le Havre an Bord der *Queen Mary* gingen, fürchteten sie, dass das Geschehen von 1933 sich wiederholen könnte: ein Abschied ins Exil ohne Plan und Ziel. Doch wohin würde es diesmal gehen: nach Paris, London oder vielleicht doch Amerika? Bei seiner Ankunft in den USA am 21. Februar 1938 stand Thomas Mann – nach der Seereise noch »etwas wacklig auf den Beinen«[14] – den versammelten Reportern Rede und Antwort. Als er gefragt wurde, ob das Exil ihm eine schwere Last sei, antwortete er mit dem denkwürdigen, später viel zitierten, aber zunächst nur von der *New York Times* abgedruckten Satz: »Wo ich bin, ist Deutschland.«[15] In einem Interview mit der *New York Post* bemerkte er zu den jüngsten politischen Ereignissen, er sei zuversichtlich, dass die Demokratie als Staatsform überleben werde, falls sie lerne, sich »gegen Mörder« zu verteidigen. Zugleich sagte er aber eine »völlige Nazifizierung« Österreichs voraus; danach werde Hitler mit seinem unvermeidlichen Angriff auf die Tschechoslowakei beginnen.[16]

Vier Tage nach seiner Ankunft – Tage, die mit Einladungen und Interviews mehr als ausgefüllt waren –, fuhr Thomas Mann, begleitet von Katia, nach New Haven in Connecticut, nördlich von New York, um an der Yale University die feierliche Gründung der »Thomas Mann Collection« mit einer kleinen Rede zu ehren. Joseph W. Angell hatte sich zwar als eher unbedarfter und unpraktischer junger Mann erwiesen. Doch die geplante Sammlung war dennoch zustande gekommen. In einem Brief an Alfred Neumann nannte Thomas Mann sie »eine der Handlungen, die sich mehr oder wenig demonstrativ gegen das heutige Deutschland richten«.[17]

Die anschließende Vortragstour, die den eigentlichen Grund für die Amerika-Reise bildete, führte fünf Monate lang kreuz und quer durch die USA. Überall sprach Thomas Mann seinen noch in der Schweiz vorbereiteten Text *Vom kommenden Sieg der Demokratie*, in dem er sich vor dem aktuellen politischen Hintergrund entschieden für die Werte der Demokratie aussprach. Nahezu ausschließlich befasste er sich dabei mit dem Gegensatz von Demokratie und Faschismus und leitete aus der Auffassung, dass ein Kompromiss zwischen beiden nicht möglich sei, die Forderung nach einem bedingungslosen Kampf gegen die Achsenmächte ab, wie sie auch Präsident Roosevelt vertrat. »Nicht eine Humanität der Schwäche und der selbstbezweifelnden Duldsamkeit« sei es, die heute der Freiheit not tue, erklärte er. »Was not tut, ist eine Humanität des Willens und der kämpferischen Entschlossenheit zur Selbsterhaltung. Die Freiheit muß ihre Männlichkeit entdecken, sie muß lernen, im Harnisch zu gehen und sich gegen ihre Todfeinde zu wehren, muß endlich, nach bittersten Erfahrungen, begreifen, daß sie mit einem Pazifismus, der eingesteht, den Krieg *um keinen Preis* zu wollen, den Krieg herbeiführt statt ihn zu bannen.«[18]

Ähnlich deutliche Worte fand Thomas Mann für den Kampf gegen Hitler-Deutschland. Er schloss dabei einerseits eine leise Kritik am Verhalten der Westmächte in früherer Zeit ein, ließ andererseits aber keinen Zweifel an der jetzt bestehenden Notwendigkeit, den Nationalsozialismus bis zu dessen Vernichtung niederzuringen:

> »Entgegenkommen gegen Deutschland war an der Zeit, als der Nationalsozialismus noch nicht die Macht ergriffen hatte und es die friedenswillige deutsche Republik zu stützen und vor ihm zu bewahren gegolten hätte. Entgegenkommen wird wieder an der Zeit sein nach Hitlers Fall. Gegenwärtig aber bedeutet jede Erfüllung deutscher Ansprüche einen grausamen und entmutigenden Schlag gegen die auf Freiheit und Frieden gerichteten Kräfte im deutschen Volk; und da deutsche Forderungen im Munde des Nationalsozialismus niemals dem Frieden, sondern ausschließlich der Machterhöhung und der Verbesserung der Kriegsaussichten gelten, so dient man mit ihrer Erfüllung nicht dem Frieden, sondern dem Krieg.«[19]

Beherrschendes Thema auf allen Stationen der Reise waren aber nicht Thomas Manns allgemeine Überlegungen zur Demokratie, sondern seine Kommentare zu den aktuellen Entwicklungen in Europa, wo eine intensive deutsche Propagandakampagne inzwischen offen die »Rückkehr« der sudetendeutschen Gebiete forderte und sich, wie erwartet, die Aussichten für die Tschechoslowakei immer weiter verdüsterten. Thomas Mann ließ an seiner Verurteilung der Ereignisse keinerlei Zweifel und sprach von seinem »unbeschreiblichen Gefühl der Freiheit« in

Amerika sowie von seiner Zuversicht, dass Amerika imstande sei, diese Freiheit zu verteidigen. Hitler dagegen, erklärte er in Tulsa, Oklahoma, werde sich »nie zufrieden geben«. Seine Absichten habe er bereits in *Mein Kampf* offenbart. »Jetzt führt er seinen Plan aus. Nichts weniger als ein Krieg oder ein gewaltsames Ende wird den Führer bremsen.« Der Mann sei »machttoll«, die Tschechoslowakei und Ungarn seien die nächsten auf seiner Liste.[20]

Für Thomas und Katia Mann stellte sich vor diesem Hintergrund bereits nach dem Einmarsch deutscher Truppen in Österreich am 11./12. März die Frage, wie es nun weitergehen sollte. Im Tagebuch notierte Thomas Mann dazu unter dem 27. März 1938: »... die Wirkung auf die Schweiz? Wohin? Paris? London? Amerika?«[21] An den Redakteur von *Maß und Wert*, Ferdinand Lion, schrieb er: »Das Spiel von 1933, als ich von der Reise nicht nach Deutschland zurückkehrte, wiederholt sich auf weiterem Plan.«[22] Doch es herrschte Ratlosigkeit: Sollte man gleich in Amerika Quartier beziehen oder noch einmal nach Küsnacht zurückkehren? In Tulsa reifte nun im Gespräch mit Katia und Erika der Entschluss, sich von der Schweiz zu lösen. Auf der Weiterreise über Kansas City und Denver nach Salt Lake City traf die Nachricht von Agnes E. Meyer ein, die Zeichen ständen günstig, dass Thomas Mann eine gut dotierte Position am Institute for Advanced Study der Princeton University angeboten würde, derentwegen sie im März 1938 an Abraham Flexner, den Präsidenten des Instituts, an dem auch Albert Einstein forschte, herangetreten war.[23] Die Mitteilung kam zu einem günstigen Zeitpunkt. In Salt Lake City am 21. März fiel daher die Entscheidung, dass eine Rückkehr in die Schweiz, ob Krieg oder nicht, immer weniger ratsam sei. In einem Brief an Agnes E. Meyer bemerkte Thomas Mann, sein früherer Gedanke, sich in Amerika niederzulassen, sei nun zu einem festen Entschluss geworden. Europa, erklärte er, sei »für meinesgleichen tatsächlich nicht mehr bewohnbar, und ganz abgesehen von allen psychischen Widerständen würde mir die Schweiz nicht einmal mehr physische Sicherheit bieten«.[24]

Nach einigen Wochen angenehmen Aufenthalts in Kalifornien ging es über Chicago, Champaign-Urbana, Cleveland und das kanadische Toronto zurück nach New York. Am 3. Mai, in Toronto, wurden Thomas und Katia Mann, nach einem Besuch des amerikanischen Konsuls und nachdem sie ihre Angaben beschworen hatten, ohne größere Formalitäten die Einwanderungspapiere für die USA ausgefertigt. Thomas Mann notierte danach in sein Tagebuch: »Die Sache ist bereinigt.«[25]

Am 21. Mai reiste Erika zurück nach Europa, um in Küsnacht die Räumung des Hauses vorzubereiten, während ihre Eltern im Sommerhaus von Caroline Newton, einer literarisch versierten Psychoanalytikerin, der Thomas Mann Ende der zwanziger Jahre in München begegnet war, in Jamestown, im Staat Rhode Island, Quartier bezogen. Dort traf die Nachricht aus Princeton ein, dass er zum »Lecturer in the Humanities« am Institute for Advanced Study ernannt werde und dafür vier Vorlesungen im Jahr zu halten habe. Anfang Juni fand Katia auch ein geeignetes Haus in der Stockton Street, 65 Library Place, in Princeton, das den Bedürfnissen der Familie entsprach. Danach ging es noch einmal für zwei Monate zurück in die Schweiz, um letzte Einzelheiten des Umzugs zu regeln und sich von den Freunden in Europa zu verabschieden. Als sich in diesen Wochen die Sudetenkrise immer mehr zuspitzte, zitierte Thomas Mann am 8. September im Tagebuch einen Artikel der Londoner *Times*, der für die Abtretung der Sudetengebiete an Deutschland warb, und fügte hinzu, der »Verrat Englands« werde immer deutlicher: Die Tschechoslowakei solle »auf kaltem Wege« geopfert werden. Es werde deshalb vorerst keinen Krieg geben – »was nicht ausschließt, daß man ihn unter erschwertesten Bedingungen doch eines Tages führen muß«.[26]

Eine Woche später, am 13. September, verabschiedete sich Thomas Mann mit einer Lesung aus *Lotte in Weimar* von seinem Züricher Publikum. Am Tag darauf ging es mit dem Zug nach Paris und von dort zurück in die USA. Im Tagebuch heißt es dazu: »Unruhe und Ergriffenheit von dem Abschluß dieser 5-jährigen Lebensepoche. Aber zufrieden, daß durch die Rückkehr ein bewußter Abschied, die letzte Ausfahrt aus der Schiedhaldenstraße herbeigeführt.«[27]

Bereits einen Tag nach seiner Ankunft in den USA trat Thomas Mann zusammen mit Dorothy Thompson auf einer Großveranstaltung in New York auf, um gegen die Unterwerfung der Tschechoslowakei zu protestieren. Er las dort einen von Agnes Meyer kurzfristig übersetzten Text, in dem es am Schluss hieß: »Jetzt ist es am deutschen Volk, zu handeln. [...] Hitler muß gestürzt werden! Das und nur das wird den Frieden bringen.«[28] »Hitler must fall!«, – der Satz wurde vom Publikum stürmisch beklatscht. Thomas Mann hatte ausgesprochen, was alle dachten. Alfred Knopf dankte ihm: er sei jetzt »Hitlers gefährlichster Feind«.[29]

In Princeton, wo kurz darauf das angemietete Haus bezogen werden konnte, war Thomas Mann keineswegs der einzige deutsche Emigrant. Neben dem schon erwähnten Alfred Einstein lebte hier auch der Historiker und Philosoph Erich von Kahler, der 1933 ebenfalls zunächst in die Schweiz emigriert war und sich seit 1938 in den USA befand. Martin Gumpert kam häufig aus New York herüber, das mit dem Zug oder dem Auto nur eine Stunde entfernt lag. Von amerikanischer Seite waren vor allem Dorothy Thompson, Agnes Meyer und Caroline Newton zur Stelle, wenn man sie brauchte. Dennoch ging es Thomas Mann in Princeton von Anfang an nicht besonders gut.[30] Wie immer wiederkehrende Tagebucheintragungen bezeugen, fühlte er sich häufig »bald nach Beginn des Tages wieder sehr matt und niedergeschlagen dank tristen Eindrücken und Überlastung«.[31] Die ständigen Vorträge und Interviews sowie die Mitarbeit an Zeitungen und Zeitschriften, zu der er sich gedrängt sah, überforderten ihn. Der Lehrauftrag an der Universität war ihm lästig. Zwar waren es nur vier Vorträge im Jahr, aber die allgemeinen Umstände machten sie zu unangenehmen Exerzitien. Nach einer dieser Veranstaltungen notierte er am 17. Januar 1939: »Dann nach Alexander Hall, voller Saal [...] große Aufmerksamkeit und warmer Beifall. Die sportliche Leistung im Grund bemerkenswert in Anbetracht meiner sehr deutlichen nervösen Mitgenommenheit durch die weitere Verpflanzung und die unbestimmbaren Zumutungen des Klimas.«[32] Er begann, über das »kolossal naiv eifrige und anspruchsvolle Land« zu klagen, das ihn mit Freundlichkeiten und Wohltaten überhäufte.[33] Am 19. September 1939 findet sich im Tagebuch die Bemerkung: »Ansprachen und Meetings schlecht und recht standzuhalten.«[34] Gegenüber Agnes E. Meyer sinnierte er: »Nächstes Jahr werde ich mir Karten drukken lassen des Inhalts, daß ich ein Dichter bin und dichten muß. Ich glaube, ich tue besser, mich darauf zu konzentrieren, statt den Rest meiner Tage daran zu setzen, ins politische Danaidenfass zu schöpfen.«[35]

Die politischen Ereignisse selbst trugen auch nicht gerade dazu bei, die Laune zu bessern: Dem Münchner Abkommen vom 23. September 1938, mit dem Großbritannien und Frankreich Hitler grünes Licht für die Annexion des Sudetenlandes gaben, folgte wenig später, am 1. Oktober, der deutsche Einmarsch. Am 9. November inszenierte Propagandaminister Joseph Goebbels die so genannte »Reichskristallnacht« mit barbarischen, ungeheuerlichen Ausschreitungen gegen die Juden in Deutschland. Am 15. März 1939 zerschlug Hitler die »Rest-Tschechei« mit der militärischen Besetzung von Böhmen und Mähren; parallel dazu wurde der Druck auf Polen verstärkt. Und schließlich wurde am 23. August 1939 der Hitler-Stalin-Pakt unterzeichnet, der die erneute Aufteilung Polens zwischen Deutschland und Russland besiegelte und den deutschen Angriff auf das Nachbarland am 1. September vorbereiten half, mit dem der Zweite Weltkrieg begann. Schon die Münchner Konferenz vom September 1938 nannte Thomas Mann »eins der schmutzigsten Stücke«, die je gespielt worden seien.[36] Die dann folgenden Ereignisse waren nur eine Bestätigung seiner Vorhersagen, die immer wieder darin gipfelten, dass mit Hitler kein Kompromiss möglich sei und dass folglich nur ein Krieg und letztlich die Beseitigung des Diktators und seines Regimes den wirklichen Frieden bringen könne.

Vorerst war es jedoch noch nicht so weit. Thomas Mann sah sich deshalb mit einem unablässigen Strom von Emigranten konfrontiert, die sich an ihn wandten, weil sie sich von ihm Unterstützung erhofften. Sie machten sein Haus zu einem »Rettungsbureau für Gefährdete, um Hilfe Rufende, Untergehende«.[37] Unter ihnen waren der Dramatiker Ferdinand Bruckner, der Verleger Fritz Landshoff, der Journalist Curt Riess, der österreichische Essayist und Romancier Hermann Broch, der sich bald darauf in Princeton niederließ, aber auch Stefan Zweig, der bereits im Exil in London lebte und nun in die USA überzusiedeln gedachte, sowie der Wiener Journalist Willi Schlamm, ein ehemaliger Trotzkist, der sich aus Protest gegen den Stalinismus vom Kommunismus abgewendet hatte und in den USA als »William S. Schlamm« noch eine beachtliche Karriere als unerbittlicher Kritiker der sowjetischen Politik machen sollte.[38] Zwar wurde Thomas Mann bei seiner Korrespondenz und der praktischen Arbeit, die mit der Betreuung der Hilfe Suchenden zwangsläufig verbunden war, von Hans Meisel, einem noch wenig bekannten Schriftsteller, der als eine Art Sekretär fungierte, sowie von Molly Shenstone, der Frau eines Physikprofessors aus Princeton, und Oskar Koplowitz, einem Freund von Erika und Klaus, tatkräftig unterstützt. Dennoch fühlte er sich immer wieder zwischen moralischer Verantwortung und persönlicher Betroffenheit sowie dem Gefühl permanenter Überforderung hin und her gerissen.

Besonders nach der »Reichskristallnacht«, in der nahezu alle Synagogen in Deutschland niedergebrannt, über 7000 Geschäfte von Juden zerstört und mehr als 90 jüdische Bürger ermordet worden waren, war es allerdings endgültig unmöglich geworden, die alte Trennungslinie zwischen Kunst und Politik wiederherzustellen. Thomas Mann nahm die Ereignisse zum Anlass, ein weiteres Mal grundsätzlich über die Verantwortung der Deutschen für den Nationalsozialismus nachzudenken. Einerseits nannte er die Ausschreitungen »bolschewistisch« – es sei falsch, die »gerechte Abneigung gegen das gegenwärtige deutsche Regime und seine Untaten ganz allgemein auf das Deutschtum selbst, die deutsche Kultur, die doch damit garnichts zu tun hat, zu übertragen und auch von ihr sich abzuwenden«.[39] Andererseits erklärte er, dies sei »immer da« gewesen und wurzele »tiefer als alle Humanität.«[40] Gegenüber Heinrich wiederum behauptete er noch im Mai 1939, »daß die Deutschen ihr Regime im Grunde hassen und daß sie nur den Krieg mehr fürchten, als den Hitler«. Diese »tiefe, mißtrauische und angsterfüllte Abneigung des deutschen Volkes gegen seine Nazi-Regierung« sei »nicht primär ›politischer‹ Natur. Wovor die Besseren unter den Deutschen zurückschaudern, das ist der moralische Abgrund, in dem sie zu versinken drohen, – die abscheuliche Verkommenheit im Sittlichen und Kulturellen.«[41]

Dennoch: Man konnte die Dinge nicht einfach geschehen lassen. Thomas Mann trug sich deshalb mit dem Gedanken, ein von ihm verfasstes und von bekannten Persönlichkeiten mit unterzeichnetes »Manifest« zu veröffentlichen. Klaus, Erika und Dorothy Thompson unterstützten die Idee und waren bei der Zusammenstellung einer Liste möglicher Unterzeichner behilflich. Thomas Manns acht Seiten langer Entwurf unter dem Titel »An die gesittete Welt« war allerdings nicht nur sprachlich misslungen, mit Endlossätzen und einer Aneinanderreihung von Invektiven, sondern auch inhaltlich missverständlich. Der Versuch, den Nationalsozialismus in den eigentlichen »Bolschewismus« umzudeuten, musste vielfach auf Widerspruch und Kritik stoßen; der »Unpolitische« hatte wieder über den Versuch des Dichters, sich der Sphäre der Politik zu nähern, gesiegt. Aus dem »Manifest« trug er in den folgenden Monaten noch gelegentlich vor. Doch es war nur noch seine persönliche Auffassung, die er dabei zum Ausdruck brachte. Die Idee einer politischen Kampagne wurde spätestens nach einer polemischen Gegenrede des Schriftstellers James T. Farrell in der *New York Herald Tribune* stillschweigend beerdigt.[42]

Zu Beginn des Jahres 1939 bereitete Thomas Mann allerdings eine neue Lesereise durch die USA vor, auf der er seine Gedanken zur Sprache bringen konnte. Der Text für den Vortrag unter dem Titel »Das Problem der Freiheit« lag Mitte Januar vor und wurde von Agnes Meyer ins Englische übersetzt. Thomas Mann warnte darin vor einer Konspiration der »besitzenden Klassen« des Westens mit dem Faschismus, um diesen als »Bollwerk gegen den Bolschewismus« zu retten. Zugleich suchte er nach einer Brücke zwischen Freiheit und Sozialismus, indem er erklärte, die »soziale Demokratie« sei »heute an der Tagesordnung«, und schloss mit den optimistischen Worten: »Wir wagen es wieder, Worte wie Freiheit, Wahrheit und Recht in den Mund zu nehmen [...]. Wir halten sie dem Feinde der Menschheit entgegen wie einst der Mönch dem leidigen Satan das Kruzifix.«[43]

Trotz der leisen Kapitalismus-Kritik und des Bezuges zum Sozialismus, den man im Amerika der damaligen Zeit aber problemlos auf die soziale Reformpolitik des *New Deal* von Präsident Roosevelt beziehen konnte, war der Vortrag offenbar auf breite Zustimmung angelegt. Entsprechend allgemein waren die Gedanken formuliert. Von einer zugespitzten politischen Dimension oder Perspektive konnte darin – nach dem Misserfolg des »Manifests« vielleicht verständlich – jedenfalls nicht die Rede sein. Als Marquis Childs, einer der prominentesten Journalisten der damaligen Zeit, Thomas Mann ausführlich für ein Porträt befragte, das im April 1939 in der Zeitschrift *Life* erschien, kam er darin folgerichtig zu dem Ergebnis, dass der große Schriftsteller sich keineswegs in einen Politiker verwandelt habe. »Seine Aufgabe, wie er sie sieht«, so hieß es da, »ist es, als Sprecher für die große Kulturtradition der westlichen Welt zu fungieren. Und in dieser Rolle ist seine Autorität unbestreitbar.«[44]

Während der Vortragsreise, die am 8. März 1939 an der Harvard University in Cambridge, Massachusetts, begann (»das übliche Getümmel«[45]), ließen ihn die Vorgänge im fernen Europa allerdings nicht los. In Cincinnati, vor der Weiterreise nach Chicago, traf die Nachricht vom deutschen Einmarsch in Böhmen und Mähren ein, die er mit der knappen Bemerkung quittierte: »Niederschlagende Wirkung vorausgesehener Dinge.«[46] Ein eventuell geplanter Besuch während des Sommers in Zürich war damit in Frage gestellt. Politisch gab Thomas Mann den Westmächten eine Mitschuld an der deutschen Expansion, da Großbritannien und Frankreich, wie er in einem Interview mit der *St. Louis Post-Dispatch* erklärte, »die allgemeinen Ziele Hitlers im Osten kannten und sie sanktioniert hatten«, und warnte vor einer »Verbindung oder gar Vereinigung Deutschlands und Russlands in zukünftigen Jahren«, die er – ungeachtet aller inneren Unterschiede – angesichts der »äußeren Ähnlichkeiten der beiden Systeme« für möglich hielt – eine Auffassung, in der er sich bestärkt sah, als der bisherige sowjetische Außenminister Litwinow Anfang Mai 1939 durch Wjatscheslaw Molotow, einen engen Vertrauten Stalins, ersetzt wurde.[47]

Trotz der wachsenden Risiken, die sich mit dieser Entwicklung verbanden, wurde die geplante Europa-Reise im Sommer 1939 nicht abgesagt, die zunächst zu einigen Wochen der Erholung ins holländische Noordwijk führte. Am 5. August ging es mit dem Schlafwagen nach Zürich und von dort einige Wochen später mit dem Flugzeug nach London, wo am 22. August die Nachricht von der Reise des deutschen Außenministers Ribbentrop nach Moskau zum Abschluss eines deutsch-sowjetischen Nichtangriffspaktes eintraf – Thomas Mann sprach von einer »politischen Elendsnachricht«.[48] Dennoch schiffte er sich am folgenden Tag mit Katia auf einem kleinen schwedischen Dampfer nach Göteborg ein (das er im Tagebuch »Goetheborg« buchstabierte) und notierte: »Groß die Verwirrung der Welt, da der Begriff der ›Linken‹ nun jeden Sinn eingebüßt hat. [...] Die sozialistisch gefärbte Freiheit glaubte auf Russland zählen zu können und hat sich geirrt.« Am 25. August bemerkte er im Zug von Göteborg nach Stockholm, Deutschland sei »vom ›Westen‹ vielleicht für immer geschieden« und »auf die östliche Seite gefallen«.[49]

Was der deutsch-sowjetische Pakt konkret bedeutete, war für Thomas Mann allerdings nicht sofort ersichtlich. Obwohl die organisatorischen und propagandistischen Kriegsvorbereitungen gegen Polen in Deutschland schon seit längerem auf vollen Touren liefern, glaubte er in dem Vertrag eher eine Abschwächung des Konflikts zu erkennen: Stalin sei, meinte er, »gewiß nicht für die Teilung Polens«, aber die »Verwirrung der moralischen Fronten« sei gelungen und »das Zusammengehen von Sozialismus u. Demokratie [...] verhindert«. Hier sollte er indessen irren. Die Spannungen nahmen in den nächsten Tagen rasch weiter zu, so dass sogar ein internationaler PEN-Kongress in Stockholm, auf dem er die Hauptrede halten sollte, am 28. August kurzfristig abgesagt wurde. Zu der Entwicklung, die sich nun immer deutlicher abzeichnete, schrieb er an den britischen Diplomaten und Schriftsteller Harold Nicolson nach London: »Die Katastrophe muß ihren Lauf nehmen, und niemand weiß, wohin sie führt. Lassen Sie uns hoffen, daß bei ihrer Liquidierung nicht nur die Gewalt, sondern auch der Geist ein Wort mitzureden haben werden.«[50]

Am 2. September, ein Tag nach Beginn des deutschen Angriffs gegen Polen, der den Zweiten Weltkrieg auslöste, notierte er schließlich in sein Tagebuch: »Ultimatum Englands. [...] Nun wird unsere Sprache gesprochen, Hitler ein Wahnsinniger genannt. Spät, spät! [...] Gleichviel, die Erschütterung ist groß. [...] Hätte der unselige Mensch einen Funken der ›Liebe zu Deutschland‹, aus der er angeblich seine Untaten begangen, so würde er sich eine Kugel in den Kopf schießen und hinterlassen, daß man aus Polen abziehe.«[51] Dann, am 3. September: »Um 12 Uhr lief das englische Ultimatum ab. Seit dieser Stunde sind England u. Frankreich mit Deutschland im Kriegszustande. [...] Das Schicksal nimmt seinen Lauf.«[52]

Für Thomas und Katia Mann gab es in dieser Situation nur ein Ziel: Amerika. Es galt, so schnell wie möglich in das »Schicksals- und Notheim« Princeton zurückzukehren. Zwar war es nahezu unmöglich, eine Passage zu buchen, weil der Andrang alle Kapazitäten sprengte. Doch ein Kabel des amerikanischen Außenministers Cordell Hull – nach einer Intervention von Agnes Meyer – mit der Weisung, Thomas Mann und seiner Familie zu helfen, wirkte Wunder. Von Malmö aus ging es mit dem Flugzeug zunächst nach London – wobei Katia darum bat, am Fenster sitzen zu dürfen, damit ihr Mann nicht von deutschen Kampfpiloten erkannt würde, die vielleicht nebenher fliegen und durch die Fenster der Passagiermaschine schauen könnten –, und von dort über Southampton mit dem Schiff zurück nach Amerika. Nach der Ankunft in New York am 19. September vermerkte Thomas Mann: »Was ich erwarte und erhoffe ist: Deutschland als Kriegsschauplatz beim Kampf zwischen Rußland u. dem Westen, kommunistische Revolution und Untergang Hitlers darin. Der Untergang des Regimes unter schwerer Heimsuchung des schuldigen Landes ist im Grunde alles, was ich wünsche.«[53]

Die Notiz könnte zu Missverständnis Anlass geben. Davon abgesehen, dass man sie in der erregten Stimmung jener Tage nicht auf die Goldwaage legen darf, zeigt sie in erster Linie wiederum nur den oft zu beobachtenden fahrlässigen Umgang

Thomas Manns mit politischer Begrifflichkeit. Worum es ihm mit Blick auf Deutschland hauptsächlich ging, war die Beseitigung des nationalsozialistischen Regimes und die damit notwendigerweise verbundene Revision seiner Grundlagen durch eine »Revolution«. In seiner Antwort auf einen Aufsatz des amerikanischen Historikers Peter Viereck in der Zeitschrift *Common Sense*, der sich unter dem Titel »Hitler und Wagner« auch mit Thomas Manns Wagner-Rede vom Februar 1933 beschäftigt hatte, bemerkte er zu diesen Grundlagen, Hitler und Wagner gehörten zweifellos zusammen: »Es gibt nur *ein* Deutschland, nicht zwei, nicht ein böses und ein gutes, und Hitler, in all seiner Elendigkeit, ist kein Zufall: nie wäre er möglich geworden ohne psychologische Vorbedingungen, die tiefer zu suchen sind, als in Inflation, Arbeitslosigkeit, kapitalistischer Spekulation und politischer Intrige.«[54] Was er mit Blick auf Wagner nicht hinzufügte oder »nicht so recht wahrhaben zu wollen« schien, »wenigstens nicht in diesem Augenblick«, ist die Tatsache, so Klaus Harpprecht, »wie tief er dem Magier einst selbst verfallen war – und rasch immer wieder verfallen konnte«.[55] Dessen spätromantisches, magisch-mystisches, kunst- und genieversessenes Deutschtum war auch sein Deutschtum: Kern eines gegen die westliche »Zivilisation« gerichteten Verständnisses von »Kultur«, das den Deutschen erst ihre eigentliche Identität verlieh, sie zu einem »unpolitischen« Volk machte.

Selbst in der Antwort an Viereck, unter dem starken Eindruck des Kriegsausbruchs, hielt Thomas Mann an dieser Unterscheidung fest. Ausgehend von Harold Nicolsons Feststellung, »The German character is one of the finest but most inconvenient developments of human nature«, erklärte er, der Krieg werde von den demokratischen Mächten »zu Deutschlands Gunsten geführt«. Deutschland müsse geschlagen werden, aber das heiße, es müsse genötigt werden, alle gesellschaftsfreundlichen Elemente aus seinem eigenen Traditionsfundus früherer Jahrhunderte zu reaktivieren, »um fähig zu sein, sich in die europäische Konföderation, die Staatengesellschaft einzufügen«. Diesem Zweck diene der Krieg: »Er wird geführt zur Herstellung eines Zustandes, welcher Deutschland vom Fluche der Machtpolitik befreit, unter dem es verdirbt wie kein anderes Volk; für ein befriedetes, ein entpolitisiertes Europa, in dessen Atmosphäre allein Deutschland groß und glücklich sein kann, weil sie seinen Werken die politische Unschuld und der Bewunderung dafür das gute Gewissen zurückgibt...«[56]

Klarer ließ sich die unpolitische Haltung, die Thomas Mann selbst im Angesicht der Schrecken des Krieges bewahrte, nicht formulieren. Die Frage bleibt, was Amerika als Gegenbild für ihn überhaupt bedeutete, wenn er einerseits mit schöner Selbstverständlichkeit auf die westlichen Demokratien setzte, die Deutschland vom Nationalsozialismus befreien sollten, andererseits aber der Art von Deutschtum, das dieses Regime zu verantworten hatte, zutiefst verwurzelt blieb. Die Antwort fällt nicht schwer: Das »Gegenbild« war rein instrumentell. Vor allem in innen- und sozialpolitischer Hinsicht erschienen ihm die USA archaisch, unzulänglich und voller Fragwürdigkeiten: »I did not come to America because I thought it was a paradise of virtue and the purest form of the democratic ideal [...] I know that this great and vigorous country is a human society full of difficulties, inadequacies and human frailties. But it may be a consequence of its youth and strength, its abundant vitality, that it risks the truth.«[57]

Eine besondere Zuneigung konnte man solchen Worten kaum entnehmen. Nein, Thomas Mann nutzte das amerikanische Exil – wie zuvor das schweizerische – zunächst und in erster Linie, um seine persönliche Freiheit zu bewahren; gegen Hitler kämpfte er geistig, nicht physisch. Als ihn der Krieg in Stockholm einzuholen drohte, gab es für ihn nur ein Streben: Hals über Kopf zurück in die Sicherheit Amerikas. Kein mutiger Gedanke, nicht einmal der Anflug davon. Dann aber *erwartete* er von den USA, wie vorher schon von Großbritannien, dass man sich hier für die Sache der Humanität, wie er sie verstand, einsetzte und ohne Rücksicht auf die Opfer, die dabei auch auf amerikanischer Seite zu beklagen sein würden, militärisch gegen den Nationalsozialismus vorging. Nach der Befreiung würden die Deutschen dann, ebenso selbstverständlich, zu ihrer eigentlichen Bestimmung, der Pflege ihrer geistigen Welt, zurückkehren – hoch geachtet ob ihrer kulturellen Leistungen und Fähigkeiten.

Doch vorläufig existierte Deutschland für Thomas Mann nur noch in der Form des geistigen Exils – eine Feststellung, die auch in einer Ehrung der Harvard University für ihn zum Ausdruck kam, in der es hieß, er habe »zusammen mit ganz wenigen Zeitgenossen die hohe Würde der deutschen Kultur bewahrt«.[58] Die Verurteilung des NS-Regimes führte indessen nicht zur Verneinung Deutschlands an sich, wie später gelegentlich behauptet wurde. Die Differenz zwischen dem, was Thomas Manns Auffassung nach unter Deutschland zu verstehen sein sollte und dem, was das »Dritte Reich« de facto war, bedeutete vielmehr ein zentrales, vielleicht sogar das wichtigste Antriebsmoment für sein politisches Handeln. Wer den Nationalsozialismus bekämpfte, kämpfte nicht *gegen*, sondern *für* Deutschland. Und wenn er in diesem Kampf in seiner Beschreibung der Verhältnisse in Deutschland regelmäßig Begriffe wie Abscheu, Ekel, Entsetzen und Unverständnis gebrauchte, denen er Ideale wie Freiheit, Demokratie und Menschlichkeit gegenüberstellte, so war damit kein inneres Bekenntnis zu westlichen Werten verbunden. Thomas Mann übernahm nur »oberflächlich die moralische und vernunftorientierte angloamerikanische Faschismuskritik«[59], um Unterstützung für den Kampf gegen Hitler zu erhalten, nach dessen Beseitigung das wahre Deutschland neu entstehen müsse. Thomas Mann ersetzte also, wie Helmut Koopmann schreibt, die Verteidigung deutscher Kultur im ursprünglichsten Sinne durch die Anprangerung Deutschlands.[60]

Thomas Mann selbst hat wiederholt versucht, seinen »Zwang zur Politik«[61], der ausschließlich aus den Umständen der Zeit resultierte, zu begründen. Nach den Pogromen vom 9. November 1938 bemerkte er in seinem Entwurf für ein politisches Memorandum gegen den Nazismus: »Ich erfuhr [...] daß es ein Irrtum deutscher Bürgerlichkeit gewesen war, zu glauben, man könne ein unpolitischer Kulturmensch sein; daß die Kultur in schwerste Gefahr gerät, wenn es ihr an politischem Instinkt und Willen mangelt – kurzum das demokratische Bekenntnis drängte sich auf die Lippen und wollte trotz allen Hemmungen anti-politischer Tradition abgelegt sein.«[62] Eine Abkehr von seinem strikt geistesgeschichtlichen Standpunkt war damit freilich nie verbunden. Demokratie wurde für Thomas Mann vielmehr, wie Matthias Wegner schrieb, »zum Ausdruck des Geistigen schlechthin«, Politik und Demokratie wurden zu »Synonyma«.[63]

Besonders gut ist dieser Zusammenhang an der Haltung Thomas Manns zu Amerika zu illustrieren. Einerseits interpretierte er die USA als ein Land mit demokratischen Werten im Sinne Walt Whitmans, das zum letzten Rettungsanker gegenüber der nationalsozialistischen Expansion geworden sei. Er sprach, in seiner Dankesrede zur Ernennung zum Ehrendoktor in Princeton, überaus positiv von dem Land, das ihm und seiner Familie Zuflucht gewährt hatte: »Freundschaft, eine moralische Freundschaft, die mit mir in dem entschiedensten Abscheu gegen das Widerwärtige übereinstimmte, das in Europa sein Wesen trieb, empfing und umgab mich überall. Großartig weiträumige Verhältnisse, eine Atmosphäre der Freiheit, das Leben einer mächtigen Nation, welche die Macht in den Dienst der Gesittung zu stellen gesonnen war, sprachen mich glücklich an.«[64] Andererseits verurteilte er die Politik des amerikanischen Isolationismus, so wie er Großbritanniens Appeasement-Politik vor 1939 kritisiert und den Briten, mit Premierminister Chamberlain als Hauptvertreter, in fragwürdigster Terminologie vorgeworfen hatte, Hitler vom Beginn seines Aufstiegs an benutzt zu haben, weil sie ihn als Bollwerk gegen die Linksbewegungen in Europa betrachtet hätten.[65] »Wahre Freiheit«, betonte er in seinem Vortrag *Das Problem der Freiheit*, mit dem er 1939 landesweit in den USA auf Reisen ging, dürfe »nicht die Freiheit zur Zerstörung der Demokratie einschließen«.[66] In seinem Tagebuch verdichtete sich diese Aussage am 13. Juni 1940 zu der kategorischen Forderung an die amerikanische Regierung: »Die Kriegserklärung! Sie ist das, was nottut!«[67]

Drei Tage später war er bereits wieder völlig resigniert. Da die USA auf ihrer Neutralitätspolitik beharrten, notierte er am 16. Juni angesichts der amerikanischen Zurückhaltung bei der Entscheidung zum Krieg in einer seltsamen Verquickung politischer und persönlicher Motive: »Welches wird die Entwicklung in Amerika sein? Ich glaube *nicht* an dieses Land, längst nicht mehr. Es ist unterminiert, gelähmt, fallreif wie die übrige sogenannte Civilisation. Uns wird es sehr möglicherweise nicht lange mehr Sicherheit bieten.«[68] Er fühle sich, schrieb er kurz darauf an Erich von Kahler, »oft heillos in die Enge getrieben«.[69] Natürlich ignorierte er die für ein demokratisches Land nicht unwesentliche Tatsache, dass sich die USA zu dieser Zeit inmitten eines Präsidentschaftswahlkampfes befanden, in dem kein Kandidat, der die Wahl zu gewinnen beabsichtigte, es sich leisten konnte, sich offen zum Kriegseintritt zu bekennen, ohne politischen Selbstmord zu begehen. Denn der Krieg jenseits des Atlantiks wurde damals in der amerikanischen Öffentlichkeit noch keineswegs als etwas begriffen, was die USA unmittelbar betraf. Er war deshalb nicht nur unpopulär, sondern wurde weithin abgelehnt.

Der einzige Lichtblick in dieser dunklen Ausweglosigkeit, den Thomas Mann von Anfang an als solchen wahrnahm, war

Präsident Franklin D. Roosevelt. Er schien der alleinige ernst zu nehmende Gegenspieler Hitlers zu sein, der seiner Verantwortung gerecht wurde und Amerika zum letzten Bollwerk gegen die Zerstörung der Freiheit machte – der persönlichen wie der politischen. Dementsprechend erfreut zeigte sich Thomas Mann über die Wiederwahl Roosevelts am 6. November 1940, wie seine nachfolgende Eintragung im Tagebuch beweist: »Es ist die erste Freude, der erste Sieg seit mehr als 7 Jahren, die nichts als Enttäuschung u. Gram brachten. Das Ereignis mag den Krieg entscheiden, mit dessen Dauer bis 1943 Churchill rechnet und nun ruhiger rechnen kann. Eine faszistische Conspiration ist abgeschlagen und Pläne zerstört, die sicher vom Übelsten waren. Eine Appeaser-Clique, der das Schlimmste zuzutrauen war, ist außer Gefecht gesetzt, England ermutigt, die Nazi-Canaille sieht ihr Ende kommen.«[70]

Botschaften nach Deutschland

Im Januar 1940 startete Thomas Mann von New York aus ein weiteres Mal seine alljährliche »lecture tour«, die nun schon zu einer festen Gewohnheit geworden war. Er las im Wesentlichen aus seinem alten Vortrag über das »Problem der Freiheit«, fügte aber im Laufe der Reise neue Passagen aus einem Aufsatz hinzu, den er in den ersten Monaten des Jahres unter dem Titel »Dieser Krieg« – gewissermaßen als Pendant zu »Dieser Frieden« aus dem Jahre 1938 – niederschrieb und im März 1940 abschloss.[1] Darin wurde die Unvermeidbarkeit des Krieges beschrieben, aber auch, wie schwer »die zur Erzwingung eines wirklichen Friedens verbündeten Mächte« es haben würden, »Deutschland – nicht zu ›vernichten‹ – das ist eine dumme, inhaltsleere Redensart –, sondern es zur Vernunft, es zu sich selbst zu bringen und es für das gesellschaftliche Werk zu gewinnen, das Europa aufgegeben« sei.[2] Überhaupt Europa: Schon die Niederlage im Ersten Weltkrieg, behauptete Thomas Mann, habe Deutschland die »höchst ehrenvolle Chance« geboten, »sich an die Spitze der europäischen Friedensbewegung« zu stellen, die Führung zu übernehmen »auf dem schon damals klar vorgezeichneten Wege zur Einheit Europas« und damit die »allzu eisern-furchterregenden Züge« zu mildern, die sich aus der mit Kriegen verbundenen Entstehungsgeschichte des Deutschen Reiches ergeben hätten. Doch damals sei Deutschland dazu noch nicht in der Lage gewesen: »Erschöpfung und Gemütsleiden infolge verstörter Weltanschauung«

hätten es daran gehindert.[3] Jetzt biete sich eine neue Chance, sobald Hitler und sein Regime beseitigt seien: »die politische und ökonomische Zusammenarbeit der Nationen, die Welt sozial gebundener und verpflichteter Freiheit, das Commonwealth, die europäische Konföderation«.[4] Es war eine Idee, die Thomas Mann von nun an immer wieder beschwören sollte: keine Rückkehr zum alten Deutschtum im nationalen Rahmen, sondern ein vereintes Europa als geistige und sittliche Einheit, in dem Deutschland seinen angemessenen und geachteten Platz finden würde.

Zurück in Princeton musste er sich erneut auf seine Vorlesungen an der Universität konzentrieren; es war eine freudlose Tätigkeit, die er weitgehend seinem Mitarbeiter Hans Meisel überließ, die ihn aber auch zu der Überzeugung brachte, dass das Leben in dieser Universitätsstadt an der Ostküste keine dauerhafte Lösung für ihn sein würde. Zu den Professoren gab es trotz der gegenseitigen Wertschätzung keine engere Bindung, auch nicht zu Albert Einstein, der gleich um die Ecke wohnte, aber mit dem stets penibel auf äußere Korrektheit bedachten Schriftsteller nicht viel anzufangen wusste. Die Nähe zu den untereinander zerstrittenen Emigranten New Yorks und damit zur Politik war ebenfalls kein Grund, der ihn zum Bleiben hätte veranlassen können. Und auch das Klima in Princeton bekam ihm nicht: Die bittere Kälte im Winter und die feuchte Hitze im Sommer gaben beständig Anlass, seinen häufig angegriffenen Gesundheitszustand weiter zu destabilisieren. Kalifornien drängte sich zurück ins Bewusstsein. Das »lichte Erlebnis der californischen Landschaft« hatte es ihm schon während der Vortragsreise 1938 angetan. Jetzt wurde eine Übersiedlung ernsthaft erwogen, um der geschäftigen Atmosphäre in den neogotischen Gebäuden der strengen Universitätslandschaft Princetons den Rücken zu kehren.[5] Schon für den Sommerurlaub 1940 wurde eine Villa in Brentwood, nicht weit von Santa Monica und Beverly Hills entfernt, gebucht.

Katia Mann begab sich hier sogleich auf Haussuche und entdeckte ein Grundstück am San Remo Drive in Pacific Palisades, einige Meilen nördlich von Beverly Hills, das sich für einen angemessenen Preis erwerben ließ. Am 12. September 1940 wurde der Kaufvertrag geschlossen. Der Umzug nach Kalifornien im folgenden Jahr zeichnete sich ab.

Auch in Kalifornien war es allerdings nicht möglich, den Entwicklungen im fernen Europa völlig zu entrinnen. Am 28. Juli fand auf Anregung Erikas im Urlaubsquartier Thomas Manns ein Tee-Empfang für reiche Persönlichkeiten aus dem Milieu der nahen Filmmetropole Hollywood statt, bei dem eine stattliche Geldsumme für das Emergency Rescue Committee gesammelt wurde, das gefährdeten Schriftstellern die Flucht vor der Nazi-Herrschaft ermöglichte. Etwa zweitausend Flüchtlinge, unter ihnen Heinrich und Golo Mann, Anna Seghers, Hans Mehring, Lion Feuchtwanger, Alfred Döblin und Franz Werfel, konnten auf diese Weise vor dem beinahe sicheren Tod gerettet und in Sicherheit gebracht werden. Wenn Hans Sahl später aus Lissabon an Thomas Mann schrieb, sein Name sei zum »Inbegriff aller Hoffnungen auf Rettung und Hilfe geworden«, ist dies sicher nicht übertrieben.[6]

Kurz darauf reiste Erika über New York und Lissabon nach London, um sich gewissermaßen selbst an die Front zu begeben. Die »Schlacht um England«, mit der die deutsche Luftwaffe zur Vorbereitung einer Bodeninvasion die Luftherrschaft erringen wollte, war inzwischen in vollem Gange. Der Kampf stand auf des Messers Schneide. Thomas Mann schrieb deshalb am 12. August an Agnes Meyer, man müsse den Engländern helfen, wo immer es ginge: »Schickt ihnen destroyers! Ich gehe mit gutem Beispiel voran und schicke ihnen meine Tochter.«[7] Vermutlich wusste er gar nicht, wie Recht er mit dieser halb flapsigen, halb ironischen Bemerkung hatte. Denn Erika reiste nur vordergründig als Korrespondentin amerikanischer Zeitungen. Tatsächlich fuhr sie auf Einladung des britischen Informationsministers Duff Cooper, der sie gebeten hatte, ihn bei der Vorbereitung von Radioprogrammen zu beraten, die als Mittel der psychologischen Kriegführung von Großbritannien aus in Richtung Deutschland ausgestrahlt werden sollten.[8] Ein »junger englischer Lord, – Geheimpropagandist von Duff Cooper over here« – habe ihr »zahllose verständige Ratschläge erteilt« und ihr durch »unerschütterlichen, dabei intelligenten Optimismus das Herz gestärkt«, so dass ihr nichts passieren könne, erklärte sie ihrem Vater gegenüber und begründete ihre Reise nach England mit einem vertrauten Bild: Man könne »nicht sieben Jahre lang den Soldaten spielen, der, wie der Bürstenbinder in Tölz, auf den geheimen Marschbefehl wartet, um zu desertieren, wenn, schließlich, die Trompete bläst«.[9]

Schon wenig später war Thomas Mann auch selbst in die Kampagne eingespannt. Im Herbst 1940 trat die BBC an ihn heran, ob er bereit sei, über ihren Sender in regelmäßigen Abständen kurze Ansprachen an die Deutschen zu richten, in denen er Kriegsereignisse kommentieren und im Sinne seiner oft geäußerten Überzeugungen auf das deutsche Publikum einwirken solle. Man darf vermuten, dass die BBC nicht von allein auf den Gedanken verfallen war, ihn zu fragen. Erikas Kontakte zum britischen Informationsminister und vor allem zu dessen Parlamentarischem Staatssekretär Harold Nicolson, der auch Thomas Mann seit langem persönlich kannte, dürften den Ausschlag gegeben haben.[10] Am 14. Oktober, nur wenige Tage nach seiner Rückkehr aus Kalifornien, begann er mit der Arbeit. Die Ansprache wurde in deutscher Sprache verfasst und von Golo in die Maschine getippt, der erst am Tag zuvor aus Europa eingetroffen war, nachdem er mit Heinrich unter abenteuerlichen Umständen aus Südfrankreich zu Fuß über die Pyrenäen nach Barcelona und von dort nach Lissabon gelangt war, wo sie mit viel Mühe eine Schiffspassage nach Amerika erhalten hatten. Am 19. Oktober fuhr Thomas Mann von Princeton nach New York, um den Text einem Mitarbeiter der

BBC zu übergeben, der ihn nach London kabelte, wo er von einem deutschsprachigen Angestellten verlesen wurde. Die Übertragung erfolgte über den Langwellen-Sender der BBC, da Kurzwellenempfänger in Deutschland nicht zugelassen waren.

Seit März 1941, nach der Übersiedlung Thomas Manns an die Westküste, sprach er seine jeweilige Botschaft selbst in einem Studio der NBC in Los Angeles auf eine Platte, die dann auf dem Luftwege nach New York gesandt wurde. Dort wurde ihr Inhalt durch das Telefon auf eine andere Platte in London übertragen, die schließlich vor dem Mikrofon abgespielt wurde. Thomas Mann konnte sich mit dieser »wenn auch umständlicheren, so doch direkteren und darum sympathischeren Methode« mehr anfreunden als mit dem ursprünglichen Verfahren, denn auf diese Weise waren nicht nur seine Worte in Deutschland zu vernehmen, sondern man konnte auch seine Stimme hören. Er sagte monatliche Sendungen zu und erbat sich, nach ein paar Versuchen, eine Verlängerung der Sprechzeit von fünf auf acht Minuten. Finanzielle Interessen spielten dabei keine Rolle. Anders als bei sonstigen Auftritten, bei denen Thomas und vor allem Katia Mann stets sorgsam auf eine angemessene Entlohnung achteten, wurde das Honorar für die Sendungen auf Wunsch Thomas Manns von der BBC direkt dem British War Relief Fund überwiesen. Zur Begründung, warum er sich für die Sendungen überhaupt zur Verfügung stellte, erklärte er im Vorwort zu einer Sammlung der bis dahin ausgestrahlten 25 Kommentare im September 1942, es reize ihn, »einmal wieder in dem Bewußtsein deutsch zu schreiben, daß das Geschriebene in seiner angeborenen Gestalt, auf deutsch werde wirken dürfen«.[11]

Mit dieser Erklärung gab er indessen nur einen Teil seiner Motivlage wider, die in Wirklichkeit wesentlich komplizierter war. Natürlich spielte der Hintergrund des Kriegsverlaufs eine entscheidende Rolle. Der schnelle deutsche Sieg in Polen, die Besetzung Dänemarks und Norwegens, dann der Angriff auf die Niederlande, Belgien, Luxemburg und Frankreich, das unerwartet rasche Ende des französischen Widerstandes und das Trauma der britischen Expeditionsstreitkräfte bei Dünkirchen, schließlich die Luftschlacht um England und die beinahe tägliche Erwartung einer deutschen Invasion[12] – das alles war Grund genug, Großbritannien in jeder nur denkbaren Form zu unterstützen, wie Thomas Mann im August 1940 anlässlich der Abreise Erikas nach London an Agnes Meyer geschrieben hatte. Hinzu kam seine Überzeugung, die er bereits kurz nach der »Machtergreifung« Hitlers formuliert hatte: Es sei nunmehr schwer, »zwischen künstlerischen und politisch-sozialen Ereignissen eine scharfe Trennlinie auszumachen«, denn alle Kunst hänge »entweder stillschweigend oder ausdrücklich von politischen Problemen ab«.[13] Die Kunst dürfe deshalb im Kampf gegen den Nationalsozialismus nicht abseits stehen. Zwar sollte der Künstler nicht die Funktion des Feuilletonisten oder eines Reporters übernehmen. Doch er habe eine politische Verantwortung, der er nach seinen Möglichkeiten gerecht werden müsse.

Jetzt, da der Nationalsozialismus in vielen Teilen Europas unübersehbar auf dem Vormarsch war, konnte man noch weniger als damals passiv bleiben, sondern musste aktiv seinen Teil dazu beitragen, die Bedrohung abzuwenden. Hierzu zählte auch die Kommentatorentätigkeit Thomas Manns, mit der er seinen persönlichen Beitrag zur Beseitigung des nationalsozialistischen Regimes zu leisten suchte und die er deshalb auch – mit einer kurzen Unterbrechung – bis Kriegsende fortführte. Indem er seine Hörer in Deutschland immer wieder dazu aufrief, sich gegen Hitler zu erheben, drängte er auf eine deutsche Selbstbefreiung oder wollte wenigstens den Kampfeswillen für das Regime mindern, um den Alliierten den Sieg zu erleichtern.

Um von vornherein jeden Anschein des »Verrats« zu vermeiden, sprach er dabei bereits in den allerersten Worten seiner ersten Sendung im Oktober 1940 aus, was sein Credo für die folgenden Jahre sein würde: »Ein deutscher Schriftsteller spricht zu euch ... « Solange er lebe, und selbst als Bürger der neuen Welt, werde er »ein Deutscher sein«, der »unter dem Schicksal Deutschlands und all dem, was es nach dem Willen verbrecherischer Gewaltmenschen seit sieben Jahren, moralisch und physisch, der Welt zugefügt hat«, leide.[14] Die Überzeugung, dass dies kein gutes Ende nehmen werde, habe ihn immer wieder zu Warnungen veranlasst. Nun, da es im Kriege für das geschriebene Wort keine Möglichkeit mehr gebe, »den Wall zu durchdringen, den die Tyrannei um euch errichtet hat«, nutze er die Gelegenheit, die ihm von der BBC geboten werde, um »euch von Zeit zu Zeit über das zu berichten, was ich hier sehe, in Amerika, dem großen und freien Land, in dem ich eine Heimstatt gefunden habe«.[15] Thomas Mann trat somit, wie schon zuvor in zahllosen Interviews und Reden seit seiner Ankunft in Amerika, als Repräsentant des deutschen Geistes und als Vertreter des »wahren« Deutschlands in Erscheinung und präsentierte in seinen Sendungen eine deutsche Perspektive, aus der er, als Deutscher, seine Argumente vortrug.

Allerdings waren die Ansprachen anfänglich eher propagandistisch angelegt – und daher vermutlich wenig effektiv. Obwohl, wie dem Tagebuch zu entnehmen ist, eine Zensur durch die BBC oder gar durch das britische Informationsministerium nicht stattfand, zeichneten sich die Sendungen im Herbst und Winter 1940/41 durch eine allzu offen zur Schau getragene Amerika- und Englandfreundlichkeit aus, die in Deutschland nur wenige überzeugt haben dürfte. Erst seit März 1941, nachdem auch die BBC ihr Sendekonzept überdacht hatte, änderte sich der Stil, wenngleich die üblichen Invektiven, mit denen Thomas Mann immer wieder aufs Neue das NS-Regime und seine Vertreter bedachte, weiterhin zum Standardrepertoire seiner Ansprachen gehörten. Ob sie die Wirksamkeit seiner Argumente erhöhten, darf bezweifelt werden. Thomas Mann seinerseits bemerkte jedoch im September 1942, es lauschten »mehr Menschen, als man erwarten sollte, nicht nur in der Schweiz und in Schweden, sondern auch in Holland, im tschechischen ›Protektorat‹ und in Deutschland selbst, wie durch aufs sonderbarste chiffrierte Rückäußerungen aus diesen Ländern belegt ist«. Der »schlagendste Beweis«, dass dies der Fall sei – »ein zugleich erheiternder und degoutanter Beweis« –, sei die Tatsache, »daß mein Führer selbst in einer Bierkellerrede zu München unmißverständlich auf meine Allokutionen angespielt und mich als einen derer namhaft gemacht hat, die das deutsche Volk zur Revolution gegen ihn und sein System aufzuwiegeln versuchten«.[16]

Einen »Beweis« konnte man das indessen kaum nennen, so sehr Thomas Mann Befriedigung daraus schöpfte, dass »Bruder Hitler« gezwungen schien, von ihm Notiz zu nehmen.[17] Aber ging es überhaupt um Wirksamkeit? Das Wichtigste war, Zeichen zu setzen, beispielhaft voranzugehen. So nahm er zumeist einen aktuellen Anlass zum Ausgangspunkt seiner kommentierenden Bemerkungen, die er dann ins Allgemeine wendete und mit ethisch-moralischen Überlegungen verband. Er führte den Deutschen damit die Sinnlosigkeit des von ihnen geführten Krieges vor Augen und hob ihre Verantwortung vor der Geschichte hervor. Eine zentrale Figur war immer wieder Präsident Roosevelt, dessen Wiederwahl am 5. November 1940 von Thomas Mann nachdrücklich begrüßt wurde. In seiner zweiten Ansprache erklärte er dazu, im »Zeitalter der Massen, dem als solchem der Führergedanke zugehört«, sei es Amerika vorbehalten, »das glückliche Phänomen eines modernen Massenführers hervorzubringen, der das Gute und Geistige, das wirklich Zukünftige, Frieden und Freiheit will«. Roosevelt sei »der Repräsentant der kämpfenden Demokratie, der wahre Träger einer neuen, sozial gebundenen Freiheitsidee und der Staatsmann, der zwischen Frieden und appeasement wohl von jeher am klarsten unterschied«.[18]

Klaus Harpprecht meint, Thomas Mann »hätte besser daran getan, seine Sätze eine Spur nüchterner zu stimmen«. Die »kritischen Geister in Deutschland« hätten von ihm »kaum die pathetische Feier eines Idols« erwartet.[19] Das mag stimmen. Doch tatsächlich war Roosevelt Thomas Manns Idol – wohl das einzige, was er an Amerika wirklich verehrte. Nicht Demokratie und politische Freiheit beeindruckten ihn; imponierend war für ihn nur der unerschütterliche Widerstand, den der Präsident, dieser Präsident, Hitler entgegensetzte. Die Rundfunksendungen, aber auch die Tagebücher und Briefe, bieten eine endlose Kette von Belegen für diese These. Bereits vor der Wiederwahl notierte Thomas Mann in seinen persönlichen Aufzeichnungen, bei »Präsident Roosevelt«, wie er ihn stets respektvoll nannte, treffe »einmal das Führer- und Massenmotiv mit dem höheren und geistigen Interesse zusammen«.[20] In einem Brief an Bruno Frank und danach immer wieder sprach er sogar, keineswegs despektierlich, vom »Rollstuhl-Cäsar«, der ihm zunehmend besser gefalle.[21] Auch später war Roosevelt für ihn der lebende Beweis, dass nicht nur der Faschismus, sondern auch die Demokratie fähig war, einen Mann der Tat, »den großen Politiker des Guten«, hervorzubringen.[22] Im »altmodisch schwerfälligen Apparat der amerikanischen Demokratie« hingegen sah er nicht mehr als einen Hinderungsfaktor, der die Politik Roosevelts hemmte und zu gefährden drohte.[23]

Seit seiner Einladung ins Weiße Haus im Januar 1941 wurde Thomas Mann die Verteidigung der Politik und Persönlichkeit Roosevelts offenbar sogar zu einem emotionalen Anliegen. Wie stark seine Eindrücke bei dem Besuch waren, der auch eine Übernachtung im Blair House, dem Gästehaus des Präsidenten an der Pennsylvania Avenue, einschloss, zeigen die Tagebucheintragungen vom 14. Januar 1941: »Frühstück zuerst mit Mrs. Roosevelt, dann Hinzukunft des Präsidenten. Ergriffen von seiner Gegenwart. Lebhaftes Gespräch [...] Naivität,

Gläubigkeit, Schlauheit, Schauspielerei, Liebenswürdigkeit. Ermißt man Macht und Bedeutung, ist es sehr interessant an seiner Seite zu sitzen [...] Überreichte ihm den Privatdruck von ›War and democracy‹ mit der Widmung ›To F. D. R. President of the U. S. and of a coming better world‹.«[24] Als Roosevelt im April 1945 starb, rief Thomas Mann in seiner Sendung vom 19. April Hitler zu: »Schande genug, du stupider Völkermörder, daß *Der* gehen mußte und du noch lebst! Wie kommst du dazu, noch zu leben?«[25]

Tatsächlich fungierte Roosevelt in den Radiosendungen Thomas Manns nicht nur als Lichtgestalt, sondern bildete zugleich die dramaturgisch geschickt inszenierte Gegenfigur zu Hitler: das absolut Gute, das der amerikanische Präsident verkörperte, rang mit dem absolut Bösen des deutschen Diktators. Ob das Roosevelt-Bild in allen Punkten der Wirklichkeit entsprach, war dabei zweitrangig. Denn Thomas Mann ging es nicht darum, ein differenziertes, historisch korrektes Bild zu zeichnen. Ihm genügte für seine Zwecke die Stilisierung eines Idealbildes, in dem Roosevelt als gutwilliger, vom Streben nach dem Wohl der Menschheit getriebener Retter der Zivilisation erschien, der letztlich nicht nur die Welt, sondern auch die Deutschen von Hitler befreien würde.

Demgegenüber sprach er von den führenden Persönlichkeiten des NS-Regimes nur abfällig und voller Verachtung. Hitler war für ihn eine »hohle Null«[26], das personifizierte Böse[27], sein Regime eine »Diktatur des Gesindels«, die den deutschen Namen »zum Inbegriff [...] allen Schreckens, aller geilen Raubsucht, schandbarer Grausamkeit, erbarmungsloser Gewalt« gemacht habe.[28] »Seht euch die Galerie seiner Vertreter an«, erklärte er bereits im Juni 1941, »diese Ribbentrop, Himmler, Streicher, Ley, diesen Goebbels, ein weit aufgesperrtes Lügenmaul, den übel inspirierten Führer selbst und seinen fetten, putzsüchtigen Groß-, Erz-, und Reichs-Marschall des Großdeutschen Großraum-Reiches! Was für eine Menagerie! Das soll siegen, bleiben, dauern, der Welt den Fuß auf den Nacken setzen? [...] Wer kann es glauben?«[29] Schon deren Stillosigkeit und Banausentum empörten ihn: »Daß es eine Berührung gibt, die alles, auch das Edelste augenblicklich in Dreck verwandelt, das erleben wir heute: es ist der National-Sozialismus, dem diese ekle Gabe zuteil wurde [...] Alles Gute und wohl Gemeinte reißt er an sich, stiehlt es, verbiegt, verdreht, verdirbt und verschmutzt es [...] Alles, was er anfaßt – und er faßt alles an –, wird unweigerlich in seinen Händen zu Kot und Unflat. Ich habe es früh gesagt und sage es wieder: das Element der *Verhunzung* ist das stärkste und bezeichnendste in dieser schauderhaften Erscheinung.«[30] Mit dieser »Verhunzung« jedoch, nicht mit den großen und guten Leistungen, die der deutsche Geist der Menschheit geschenkt habe, so Thomas Mann, werde der deutsche Name nun für immer verbunden bleiben.

Vor diesem Hintergrund hielt er bereits 1941 die langfristige Entmachtung der Deutschen für nötig, denn »Deutsche Macht«, notierte er in seinem Tagebuch, sei »unmöglich und verabscheuungswürdig«.[31] Seinen Landsleuten rief er dagegen zu: »Deutsche, rettet euch! Rettet eure Seele, indem ihr euren Zwingherren, die nur an sich denken und nicht an euch, Glauben und Gehorsam aufkündigt! [...] ihr könnt, wenn ihr wollt, in kommenden Jahren das Elend noch verzehnfachen, das ihr aus Gehorsam und Leichtgläubigkeit schon angerichtet habt, aber schließlich wird es nach seiner ganzen Masse euer eigenes Elend sein, und wie es aussehen, wie es zugehen wird in Deutschland am Ende des Frevels, das mag man nicht ausdenken.«[32]

Daran, dass die Deutschen den Krieg jemals gewinnen könnten, glaubte Thomas Mann indessen von Anfang an nicht, auch wenn er zeitweilig im Sommer 1940, als die Luftschlacht um England ihren Höhepunkt erreichte und die USA, die sich mitten im Präsidentschaftswahlkampf befanden, mit dem Eingreifen zögerten, ein weiteres »München« – einen faulen Frieden der Westmächte mit dem nationalsozialistischen Deutschland –

befürchtete. Die von ihm in seinen Tagebüchern häufig geäußerte Befürchtung, der »Appeaser-Clique« sei »das Schlimmste zuzutrauen«, findet sich in seinen Rundfunkansprachen allerdings nicht. Während er am 25. Oktober 1940 für sich notierte, Amerikas Hilfe sei »lahm, schwunglos, konventionell und wird es, fürchte ich, bleiben«[33], behauptete er in seiner Sendung im gleichen Monat, »von dem alten Amerika, das glaubte für sich leben zu können, ohne sich um die Welt jenseits des Ozeans zu kümmern«, sei »wenig übrig geblieben«.[34] Diese Diskrepanz zwischen innerem Pessimismus und dem nach außen zur Schau gestellten Optimismus sollte während des gesamten Krieges nie ganz verschwinden. Allerdings wurde die Furcht vor einem möglichen Einknicken der Westmächte nach der Wiederwahl Roosevelts im November 1940 deutlich geringer. Und in der Öffentlichkeit ließ Thomas Mann an der Unausweichlichkeit der deutschen Niederlage ohnehin nie einen Zweifel aufkommen – selbst dann nicht, als die deutschen Siege 1940/41 das Gegenteil zu beweisen schienen.

Tatsächlich kündigte sich für Thomas Mann inmitten der deutschen Erfolge die Wende an, als der amerikanische Senat am 11. März 1941 ein Leih-Pacht-Abkommen (*lend-lease*) verabschiedete, das den USA die Möglichkeit bot, ihre Verbündeten in größtmöglichem Umfang mit Hilfslieferungen zu versorgen. Damit, erklärte Thomas Mann seinen deutschen Hörern, werde die Materialüberlegenheit der Alliierten ins Unermessliche steigen, da Deutschland den Ressourcen der USA nichts Gleichwertiges entgegenzusetzen habe.[35] Nach der Ausrufung des »Unbeschränkten Nationalen Notstandes« durch Präsident Roosevelt im Mai 1941, mit der praktisch die gesamte materielle Überlegenheit der USA in die Waagschale geworfen wurde, bemerkte er, zwar könne die »gewaltige Kampfmaschine«, die Deutschland in den vorhergehenden Jahren aufgebaut habe, vermutlich noch lange Widerstand leisten; der amerikanischen Übermacht müsse sie aber am Ende doch weichen.[36] Vernünftigerweise bleibe Deutschland nur der Weg, sich von Hitler und dessen »Traum der Weltunterjochung« zu befreien und sich in die »Gemeinschaft der freien Völker« einzureihen. Auf einen Frieden mit Hitler solle man nicht hoffen, denn dieser sei von Roosevelt kategorisch ausgeschlossen worden. Hitler stelle somit das »einzige Hindernis eines gerechten Friedens für alle« dar.[37]

Nach dem Zusammentreffen zwischen Präsident Roosevelt und dem britischen Premierminister Winston Churchill im August 1941 vor der Küste Neufundlands an Bord der Schiffe »Augusta« und »Prince of Wales« und der Unterzeichnung der »Atlantik-Charta« mit britisch-amerikanischen Grundsätzen für eine neue internationale Staatenordnung sah sich Thomas Mann zu noch deutlicheren Worten veranlasst. Wenn die Deutschen an der neuen Ordnung teilhaben wollten – mit Selbstbestimmungsrecht der Völker und freier Wahl der Regierungsform, Ablehnung territorialer Annexionen, Gewaltverzicht und weltweiter wirtschaftlicher Zusammenarbeit ohne Zollschranken –, müssten sie *rechtzeitig* handeln, um sich der anderen Nationen als würdig zu erweisen. »Deutsche laßt es nicht zum Äußersten kommen!«, erklärte Thomas Mann deshalb wörtlich. »Geht ihr mit Hitler durch dick und dünn bis ans Ende, so wächst eine Rache heran, vor der jedem graut, der es gut meint mit Deutschland. [...] Es wird für die Zukunft ein ungeheurer Unterschied sein, ob ihr Deutschen selbst den Mann des Schreckens, diesen Hitler, beseitigt oder ob es von außen geschehen muß. Nur wenn ihr euch selbst befreit, habt ihr ein Anrecht, Teil zu haben an der kommenden freien und gerechten Völkerordnung.«[38]

Nach dem deutschen Angriff auf die Sowjetunion, dem nachfolgenden Bündnis zwischen der UdSSR und Großbritannien und schließlich dem Kriegseintritt der USA nach dem japanischen Überfall auf Pearl Harbor im Dezember 1941 wurde die Dringlichkeit einer deutschen Selbstbefreiung von Hitler schließlich übermächtig. Nur eine »demokratische Revolution« von innen könne Deutschland vor dem Schicksal retten, das sich nun unaufhaltsam nähere, rief Thomas Mann seinen Hörern nach der Konferenz von Casablanca vom 14. bis 16. Januar 1943 zu, auf der Roosevelt und Churchill die bedingungslose Kapitulation Deutschlands gefordert hatten.[39] Doch sein Glaube, dass die Deutschen ihr Unrechtsregime selbst abwerfen könnten, schwand immer mehr, je länger der Krieg dauerte. Bereits im Juli 1942 hatte er resigniert festgestellt, »ein Volkskörper, der in das Eisen geschirrt und geschient wie der eure, bricht nicht zusammen, sondern steht schauerlich aufrecht, auch wenn unterm Eisen schon alles verfault ist«.[40] Dies galt auch dann noch, als der italienische König Viktor Emanuel III. am 25. Juli 1943 Mussolini verhaften ließ, Marshall Pietro Badoglio zum neuen Ministerpräsidenten ernannte und der italienische Faschismus lautlos und widerstandslos in sich zusammenbrach. Die Hoffnung jedoch, dass die Deutschen sich als »nicht dümmer, nicht allzuviel dümmer erweisen« würden als die Italiener und sich im letzten Augenblick des Gesindels entledigten, »das euch und der Menschheit so Schandbares angetan hat«, sollte sich rasch als Illusion erweisen. Danach war »alles verloren, Leben und Ehre«.[41] Dennoch rief Thomas Mann einen Monat später, in seiner August-Rede, nochmals dazu auf, es den Italienern gleichzutun, und schien auch im September wiederum an die Möglichkeit einer Erhebung zu glauben, als er den Widerstandsakt der »Weißen Rose« in München und Gerüchte über eine Meuterei auf den Kriegsschiffen *Tirpitz*, *Scharnhorst* und *Lützow* als Hoffnungsschimmer anführte.[42]

Seit Dezember 1943 finden sich in den Ansprachen allerdings keine derartigen Erwartungen, Hoffnungen und Illusionen mehr. Nüchtern riet Thomas Mann den Deutschen jetzt nur noch, die Niederlage über sich ergehen zu lassen: »Das Erlebnis, das allein Deutschland zur Vernunft bringen kann, das

Erlebnis der katastrophalen, unverlegbaren und handgreiflichen Niederlage, der Okkupation und zeitweiligen Entmündigung des Landes, der Vorkehrungen insgesamt, die notwendig sind, um jede weitere Aggressivität dauernd unmöglich zu machen – dies Erlebnis darf und wird euch Deutschen nicht erspart werden.«[43] Als Hitler sich am 31. Januar 1945 in einer Rede zum zwölfjährigen Bestehen des »Dritten Reiches« als Retter des Abendlandes gegen die westliche und östliche Seelenlosigkeit stilisierte, reagierte Thomas Mann empört: Die »befreiten« Deutschen, erklärte er, hätten eben nicht jenes Schicksal zu befürchten, das die von Deutschland eroberten Völker Europas durch den Terror der Gestapo zu erdulden gehabt hatten.[44]

Nachdem die Niederlage eingetreten war, forderte Thomas Mann seine Landsleute auf, sie als Leistung der Alliierten anzuerkennen und als Stunde der Rückkehr zur Menschlichkeit zu betrachten. Die Macht sei verspielt, aber Macht sei nicht alles, erklärte er, und nie sei deutsche Würde eine bloße Sache der Macht gewesen. Deutsch sei es einmal gewesen und möge es wieder werden, der Macht Achtung und Bewunderung abzugewinnen durch den menschlichen Beitrag, den freien Geist.[45] Zwar komme nun eine entbehrungsreiche Zeit auf Deutschland zu, aber auch Friede, Rechtssicherheit und ein langsam wiedererwachender Lebensgenuss. Die Verbrechen, die unter der Herrschaft der Nazis begangen worden seien, müssten gesühnt werden; dies bedeute jedoch nicht die Auslöschung des deutschen Volkes. An das Ende Deutschlands zu glauben, sei »törichter Kleinglaube«.[46]

Intern hielt sich Thomas Manns Mitleid mit den Deutschen, deren Schuld und Verstrickung nach der Aufdeckung ständig neuer Kriegsgräuel und Massenmorde allmählich immer deutlicher ins Bewusstsein rückte, durchaus in Grenzen. Im Tagebuch bedauerte er, dass eine umfassende Bestrafung der Kriegsverbrecher wohl ausbleiben werde. Man könne eben, notierte er am 4. Mai 1945, keine Million Menschen exekutieren, ohne die Methoden der Nazis nachzuahmen. Allerdings seien es »rund eine Million, die ausgemerzt werden müßten«.[47] Öffentlich widersprach er jedoch immer wieder den von der NS-Führung verbreiteten Gerüchten von der Versklavung oder gar Vernichtung des deutschen Volkes, die sich von der deutschen Propaganda zum Mythos von »Sieg oder Tod« verklären ließen.[48] Er selbst war überzeugt, dass die Siegermächte nichts Derartiges beabsichtigten, auch nicht die Sowjetunion.

Für Thomas Mann persönlich war die Abfassung der Texte, die er für die regelmäßigen Sendungen zu besorgen hatte, meist gegen Monatsende, zunehmend eine Last, obwohl die angriffslustigen Polemiken gegen Hitler und sein Regime auch ihr Gutes hatten: Sie befreiten ihn von nagenden Selbstzweifeln und den sonst so häufigen depressiven Anwandlungen, die bei ihm in diesen Jahren kaum auftraten. »Es ist nicht fein, Hitler zu hassen«, notierte er am 28. Januar 1941 – aber er tat es doch, und fühlte sich gut dabei. »Heute habe ich wieder einmal nach Deutschland gebroadcastet und bin ungewöhn[lich] ausfallend gegen Schicklgruber [Hitler] geworden«, schrieb er am Ende des gleichen Jahres an Heinrich. »Es tut doch wohl.«[49]

Was er inhaltlich mit seinen Sendungen, über den Wunsch zur Beseitigung Hitlers und seiner Schergen hinaus, zu vermitteln hoffte, ist leicht zu sagen: nichts. Natürlich ließ er sich teilweise auf amerikanische (und englische) Argumente und Parolen ein. Aber in Wahrheit war er ihnen gegenüber gleichgültig, wie er bereits 1937 gegenüber René Schickele erklärte, als er an einem Vortrag über »demokratischen Idealismus« arbeitete. Im Tagebuch notierte er dazu: »Demokratischer Idealismus. Glaube ich daran? Denke ich mich nicht nur hinein wie in eine Rolle?«[50] An Schickele schrieb er:

> »Treulich entwickle ich da die Gedankenwelt des demokratischen Idealismus – ich glaube, ziemlich richtig; studiert habe ich sie nie, aber die Dinge haben ja ihre innere Logik –, und es kommt eine

Art von politischer Sonntagspredigt zustande, bei der mir wohler wäre, wenn ich sie von einer Romanfigur halten lassen könnte, statt sie extemporischer und traumhafter Weise so ganz auf eigene Hand zu halten. Glaube ich denn daran? Weitgehend! Aber doch wohl nicht so, daß ich sie ganz im eigenen Namen halten dürfte. Unter uns gesagt, ist es eine Rolle, – mit der ich mich so weit identifiziere, wie ein guter Schauspieler sich mit der seinen identifiziert. Und warum spiele ich sie? Aus Haß auf den Faschismus und auf Hitler. Aber sollte man sich von solchem Idioten seine Gedanken und seine Rolle vorspielen lassen? Freiheit, Freiheit! In der Politik ist sie nicht zu finden, soviel dort davon die Rede ist.«[51]

Thomas Mann sei deshalb, meint Hermann Kurzke, bei dem Vortrag über Amerikas Philosophie ebenso wie später bei den Rundfunkreden nur »mit dem väterlichen Pflichtbewußtsein« bei der Sache gewesen, »nicht mit dem frei schweifenwollenden künstlerischen Mutterherzen«. Mehr noch: Er habe sich vom Sieg der Demokratie überzeugt gezeigt, »weil das damals nötig war«.[52] Tatsächlich äußerte sich Thomas Mann selbst damals ganz ähnlich, als er an Agnes Meyer schrieb: »Ins Politische bin ich einzig und allein durch die Umstände getrieben worden, sehr gegen meine Natur und meinen Willen.«[53] Gegenüber Karl Kerényi hatte er etliche Jahre zuvor bereits bemerkt: »Ich bin ein Mensch des Gleichgewichts. Ich lehne mich instinktiv nach links, wenn der Kahn rechts zu kentern droht, – und umgekehrt.«[54]

Die Aussagen fügen sich zusammen, doch sie ergeben kein gänzlich unpolitisches Bild. Thomas Mann war gewiss kein Demokrat, er teilte nicht die Ideale der amerikanischen Gesellschaft, mit denen er im Grunde wenig anzufangen wusste; er schätzte und verehrte Roosevelt, – nicht als Führer einer freiheitlichen, parlamentarischen Demokratie, sondern als mächtigen Autokraten, der als Einziger willens und in der Lage schien, Hitler zu beseitigen; er engagierte sich im Kampf gegen den Nationalsozialismus, aber nicht aus freien Stücken, sondern weil äußere Umstände seiner Künstlerseele den Kampf aufgezwungen hatten. Alle diese Feststellungen bedeuten indessen nicht, dass Thomas Mann in seinem Kampf gegen Hitler »unpolitisch« geblieben wäre. Wenigstens dieser Kampf *war* Politik. Das »väterliche Pflichtbewusstsein« lässt sich deshalb auch anders, positiv, deuten: als Wahrnehmung von Verantwortung im Angesicht einer Diktatur, bei der man nicht einfach wegsehen oder sich entschuldigen konnte. Natürlich wurde Thomas Mann zu seinem Engagement gedrängt; er trieb nicht, sondern wurde getrieben, gegen seine Natur und seinen Willen, doch er engagierte sich gleichwohl.

Exil im Exil

Die Polemik der Radioansprachen und der »Hass«, der darin zum Ausdruck kam, fanden auch in den USA nicht überall ungeteilten Beifall. Besonders Agnes Meyer, die meinte, Thomas Mann sei für die »Politik« zu schade, hätte es vorgezogen, wenn er sich weniger oder gar nicht geäußert und in größerer Ausschließlichkeit der Kunst zugewandt hätte. Als ihm die Weihnachtsbotschaft 1940 an seine deutschen Hörer zur strengen Predigt geriet, bei der er das »deutscheste aller Feste« zum Anlass nahm, seine Landsleute zu mahnen, sie seien »einem kümmerlichen Geschichtsschwindler und Falschsieger« aufgesessen, dem sie glaubten, »dass er der Mann der Jahrtausende sei, gekommen, sich an Christi Stelle zu setzen und die Heilands-Lehre der Menschenbrüderlichkeit unter Gott abzulösen durch die Lehre Körper und Seelen mordender Gewalt«[1], war ihre Reaktion offenbar derart zurückhaltend, dass er sich zu einer Rechtfertigung genötigt sah. »Sie werden mir zu solchen Aeusserungen nie gratulieren«, schrieb er ihr, »weil Sie es, wie ich wohl fühle, nicht gern sehen, dass ich mich innerlich und aeusserlich zu sehr engagiere. Sie haben insofern Recht, als ich zur Liebe geboren bin und nicht zum Hass. Dieser ist mir aufgezwungen worden und hilft mir nicht, ich selbst zu sein.« Sie möge ihm daher, fügte er hinzu, zum Neuen Jahr wünschen, »dass ich durch den Untergang des Grundschlechten vom Hass erlöst werden möge«.[2]

Doch der Kampf hatte gerade erst begonnen, und Thomas Mann war überzeugt, gar nicht die Möglichkeit zu besitzen,

»au dessus de la mêlée« – über dem Handgemenge – zu stehen, wie Agnes Meyer es von ihm wünschte. Denn diese mêlée, erklärte er ihr, sei »eine Entscheidungsschlacht der Menschheit, und alles entscheidet sich darin, *auch* das Schicksal meines Lebenswerkes«.[3] Andererseits wusste er selbst am besten, wie sehr die ständige Beschäftigung mit der Politik sowie der unablässige Strom von Besuchern, darunter zahllose Reporter, ihn seiner eigentlichen Bestimmung als Schriftsteller entfremdeten. Der seit dem Sommer 1940 beschlossene Umzug nach Pacific Palisades an der kalifornischen Pazifikküste, der am 15. März 1941 schließlich erfolgte, wurde deshalb mit Erleichterung begrüßt.[4] Nicht nur das Klima schien hier vorteilhafter als im Osten, sondern auch die größere räumliche Distanz zu den Ereignissen in Europa. Thomas Mann hoffte daher, jetzt den Abstand zu gewinnen, den er brauchte, um intensiver an seinem literarischen Werk arbeiten zu können. Die Arbeit am *Joseph* erforderte mehr Aufmerksamkeit und Konzentration, als er an der amerikanischen Ostküste hatte finden können. Und andere, kleinere Projekte, wie der *Krull*, wären wohl gänzlich liegen geblieben, wenn er keine Zäsur gesetzt hätte.

Wie wohltuend er die Stimmung in Kalifornien empfand, geht aus einem Brief an Erich von Kahler hervor, der ihm in Princeton von allen Emigranten am nächsten gestanden hatte: »Hier haben wir ein fast prächtiges, geräumiges Haus in einer Hügel-Landschaft bezogen, die der toscanischen auffallend ähnlich ist. Ich habe, was ich wollte, das Licht, die trockene, immer sich erfrischende Wärme, die gegen Princeton wohltuende Weiträumigkeit, die Steineichen-, Eukalyptus-, Cedern- und Palmen-Vegetation, die Ozean-Promenade, die man mit dem Wagen in wenigen Minuten erreicht, gute Freunde sind auch da, zunächst Walters und Franks, dazu die beiden ältesten Kinder.«[5]

Der Schriftstellerkollege Bruno Frank und seine Frau Liesl, die bereits in München Thomas Manns Nachbarn gewesen waren und es nun in Beverly Hills wieder sein würden, hatten ihn und Katia bei ihrer Ankunft am Bahnhof von Los Angeles abgeholt. Der Musiker Bruno Walter, von dem Thomas Mann sagte, er sei der »mir gemäßeste Dirigent«[6], lebte mit seiner Familie ebenfalls hier, schon seit 1933. Daneben gab es zahlreiche weitere Deutsche, die sich, aus der Heimat vertrieben und angelockt von Hollywood, in der europäischen Kolonie von Los Angeles angesiedelt hatten. Die Regisseure Ernst Lubitsch, Fritz Lang und Wilhelm (»William«) Dieterle zählten dazu, der Produzent Carl Laemmle, die Schriftsteller Alfred Neumann und Lion Feuchtwanger sowie die Autorin Vicky Baum und natürlich Bruder Heinrich, der Ende 1940 mit seiner Frau Nelly hier eingetroffen war. Der Komponist Arnold Schönberg wohnte nicht weit entfernt, in Brentwood, und Otto Klemperer, der vorher Musikalischer Leiter der Kroll-Oper in Berlin und Dirigent der Berliner Staatsoper gewesen war, leitete seit 1933 das Los Angeles Philharmonic Orchestra. Bertolt Brecht hatte sich nach verschiedenen Exilaufenthalten in skandinavischen Ländern und seiner Flucht aus Finnland über Wladiwostok 1941 in Santa Monica niedergelassen, und wenn seine Beziehungen zu Thomas Mann auch frostig blieben, so war er doch ein deutscher Geist in einer anderen, fremden Welt. Ähnliches galt für Alfred Döblin, den es 1940 über die Schweiz und Paris nach Los Angeles verschlagen hatte, und Emil Ludwig, den Verfasser populärer Biographien, der unter anderem ein nicht ganz unumstrittenes Werk über Goethe vorgelegt hatte. Mit Franz Werfel und Alma Mahler-Werfel, die gleichfalls in Beverly Hills wohnten, trafen sich die Manns dagegen öfters, auch bei Einladungen, die andere Emigranten gaben, obwohl Alma die »Saufgenossenschaft« mit Erich Maria Remarque vorzog, wie sie an Carl Zuckmayer schrieb; das sei »wirklich ein Kerl und eine Erholung auf die Manns, Ludwigs, Feuchtwänglers [...] etc. etc.!«[7]

Bei so viel deutscher Präsenz verwunderte es nicht, dass die Distanz zum aktuellen Geschehen in Europa sich auch hier, am anderen Ende des Globus, zunächst nicht einstellen wollte. Das Exil im Exil, das Thomas Mann sich gewünscht hatte, blieb vorerst ein schöner Traum. Zudem drohte plötzlich Gefahr von der gegenüberliegenden Seite: Am 7. Dezember 1941 bombardierten japanische Flugzeuge den amerikanischen Flottenstützpunkt Pearl Harbor auf Hawaii, und die Vereinigten Staaten befanden sich über Nacht im Krieg. Mit Isolationismus und Neutralität war es nun vorbei, zumal auch Deutschland und Italien den USA wenige Tage nach dem japanischen Überfall den Krieg erklärten. Aus dem Krieg in Europa war ein weltumspannender Konflikt, ein Weltkrieg, geworden. Der »Wanderprediger in politicis« schrieb und reiste daher, notgedrungen, erneut: Thomas Mann war auch in Pacific Palisades, mehr noch als in Princeton, damit beschäftigt, politische Vorträge und Radiosendungen auszuarbeiten und Interviews zu geben – aus »Haß auf den Faschismus und auf Hitler«, aber ebenso aus »einer Art Pflichtgefühl«, einem »eingeborenen Imperativ«.[8] An Hermann Hesse schrieb er dazu rückblickend am 8. April 1945: »Wir haben alle, unter argem Druck, eine Art Vereinfachung erfahren. [...] Ich glaube, nichts Lebendes kommt heute ums Politische herum. Die Weigerung ist auch Politik; man treibt damit die Politik der bösen Sache.«[9]

Jetzt, Ende 1941, redigierte Thomas Mann erst einmal den Text seines Vortrages »The War and the Future«, den er während seiner »lecture tour« im vorangegangenen Herbst, im Oktober und November 1941, gehalten hatte. Die Zeitschrift *Atlantic Monthly* in Boston wollte den Beitrag in ihrem Februar-Heft 1942 unter dem Titel »How to Win the Peace« drucken. Zwar ging es darin mehr um die philosophischen und moralischen Aspekte, weniger um die politischen Seiten des Kampfes gegen Hitler. Dennoch meinte Thomas Mann, dass sein politischer Exkurs lediglich »eine Art von höherer

Propaganda« darstelle und »einen polemisch-pädagogischen Charakter« habe.[10] Immerhin stellte er darin recht deutlich fest, »it was the fateful mistake of the German educated upper class to draw a sharp line of demarcation between spirit and life, between philosophy and art on the one hand and political reality on the other«.[11] Freilich: eben diese Grenze hatte in der Vergangenheit kaum jemand schärfer gezogen als er selbst. Doch nun, so meinte er, sei »das Politische« nicht länger, was es einmal gewesen sei: eine Angelegenheit von Experten. Heute sei es »a matter of ultimate values, of the foundations of civilization, of the very idea of mankind, of those universal ties for which we have the word *religio*, ›religion‹. We may call this ultimate tie ›God‹ or ›truth‹ or ›freedom‹ or ›right‹ – it is all the same. We may simply call it ›democracy‹.«[12]

Die Leser des Artikels – in Amerika – mochten sich danach fragen, welches Verständnis der Autor von »Demokratie« überhaupt besaß. Mit Volkssouveränität oder Wahlrecht hatte es jedenfalls nichts zu tun. Es war ein Verständnis, das sich aus anderen Quellen speiste: dem Idealismus, der Romantik, einem religiös begründeten, auf Gottesgnadentum basierenden Staats- und Gesellschaftsbild, bei dem die Begriffe beinahe zur Beliebigkeit verkamen. Auch in den folgenden Passagen, die sich mit der Entwicklung Deutschlands und Europas nach dem Krieg beschäftigten, wurde der Entwurf nicht viel klarer: Das Bismarck-Reich sei Geschichte, Deutschland werde zerfallen – Thomas Mann sprach ausdrücklich von »dismemberment«, also Zerstückelung –, und die Zukunft gehöre Amerika und Russland, wobei die Hoffnung der Welt von der »Anpassung der beiden« abhänge: sozialen Reformen, einer Wiederbelebung westlicher Demokratie und der Humanisierung des östlichen Kollektivismus. Deutschland jedoch werde mit Europa verschmelzen, und Europa sei im Begriff, im Konzept eines universellen Reiches auf Erden aufzugehen: »Indeed, Germany will be Europe, as all higher Germany has always been Europe, but Europe will not be Germany as Adolf the Prophet sees it. Even the term ›Europe‹ is already a provincialism today. The concept of the kingdom of the earth, the city of man, has been born and will not rest until it has assumed reality.«[13]

Klaus Harpprecht meint, dass Thomas Mann sich bei den Zeilen über das biblische Konzept des »Reiches auf Erden«, der »Stadt des Menschen«, von seinem Schwiegersohn, dem betagten Giuseppe Antonio Borgese, die Feder habe führen lassen; es ist nur eine Vermutung.[14] Vielleicht hatte auch die Arbeit am *Joseph* ihre Spuren hinterlassen, bei der das Ende des letzten Bandes, »Joseph der Ernährer«, in greifbare Nähe rückte. Wie auch immer: Der Text, gespickt mit philosophisch-religiösen Anspielungen, war wieder einmal ein Beleg für die Sprunghaftigkeit und Realitätsferne des politischen Denkens von Thomas Mann. Zustimmen mochte man immerhin seiner abschließenden Feststellung, dass die Katastrophe des Friedens von 1919 sich nicht wiederholen möge und werde: »Thank God there are indications today that this time more courage, imagination, and wisdom will reign.«[15]

Wohl aus Einsicht in die Begrenztheit seiner politischen Kenntnisse und Fähigkeiten hatte Thomas Mann im August 1941 bereits die Ehrenpräsidentschaft des »German-American Council for the Liberation from Nazism« abgelehnt, die ihm von prominenten Sozialdemokraten, unter ihnen der ehemalige Berliner Polizeipräsident Albert Grzesinski und der ehemalige Chefredakteur des *Vorwärts*, Friedrich Stampfer, angetragen worden war. Er wolle nicht »womöglich den Anschein erwecken«, erklärte er in einem Brief an Agnes Meyer, dass seinem »eigenen Kampf gegen das Hitler-Elend irgendwelcher politischer Ehrgeiz zugrunde« liege; er wolle also nicht die Rolle von Tomáš Masaryk spielen, der seit 1914 von London aus im Exil auf die Gründung des tschechoslowakischen Staates hingearbeitet und diesen dann nach dem Krieg mit Eduard Benesch verwirklicht hatte. Masaryk, so Thomas Mann, habe

»politischen Glauben an sein Volk« hegen können – »und eben den habe ich nicht«. Zwar ehre er Deutschland als »Fruchtboden«, auf dem große Männer »Bedeutendstes« zur allgemeinen Kultur beigetragen hätten, »aber als politisches Volk sind die Deutschen unmöglich, sind sie mir einfach gräßlich, und höchste Verlegenheit müßte es sein, in irgend einer Form vor der Welt politisch für sie einstehen zu müssen. Gott bewahre mich!«[16]

Psychologisch gesprochen, handelte es sich offenbar um eine Form von Übertragung, die Thomas Mann hier vornahm: Er unterstellte seinem Volk, was für ihn selbst am meisten zutraf – die völlige Unfähigkeit zur Politik. Jetzt, Ende 1941, wurde ihm diese noch einmal von ganz anderer Seite bestätigt, als Janet Flanner, eine der bekanntesten Journalistinnen ihrer Generation, in der Zeitschrift *The New Yorker* eine zweiteilige Reportage über ihn veröffentlichte. Der Titel konnte ihm gefallen: »Goethe in Hollywood«.[17] Der Rest erschien weniger schmeichelhaft – »langer und z. T. sehr peinlicher Profile-Artikel«, notierte er im Tagebuch.[18] Tatsächlich porträtierte der Beitrag ihn als »ein Monster der Höflichkeit«, das sich mit der »korrekten, aufrechten Salon-Förmlichkeit einer älteren teutonischen Generation« bewege, »bar jeden Interesses an Menschen aus Fleisch und Blut«, die ganze Aufmerksamkeit nur auf die eigene Person gerichtet. »The greatest study of Mann is Mann«, hatte Janet Flanner dazu in Abwandlung eines Wortes von Alexander Pope aus dem Jahre 1733 (»The proper study of mankind is man«) bemerkt – und damit den Nagel auf den Kopf getroffen.[19] Überhaupt hatte sie das Objekt ihrer Reportage, mit dem sie noch in Princeton ausführlich hatte sprechen können, gut beobachtet. Denn es stimmte, wenn sie schrieb, er präsentiere »eine freundliche, jedoch einschüchternde und überzivilisierte Fassade«, seine Manieren seien beispielhaft, und Fremde würden durch sein »Gleichmaß« beunruhigt. Und es war auch nicht falsch, wenn sie mit Blick auf sein Äußeres einen Pressephotographen zitierte, der gesagt hatte, Thomas Mann sehe aus wie ein »gut geschnittener altmodischer Spazierstock«.[20] Es waren Charakterisierungen, die zwar spöttisch, aber keineswegs verletzend gemeint waren, auch wenn Thomas Mann selbst sogleich grimmig erklärte: »Was für ein nichtsnutziges Machwerk! [...] Jedes zweite Factum ist ein Falsum.«[21] – Ein »›New Yorker‹-Malheur«.[22] – Dabei konnte er sich nicht einmal über die politischen Wertungen beschweren. Seine *Betrachtungen eines Unpolitischen* und die *Gedanken zum Kriege* wurden zwar ausführlich und kritisch reflektiert. Aber sie wurden fair kontrastiert durch seine vermeintliche Wandlung zum Demokraten und Antinationalisten, wie es dort hieß. Janet Flanner ging am Ende ihrer Reportage im zweiten Teil, der am 20. Dezember 1941 erschien, sogar so weit, unter Berufung auf »diplomatische Zirkel« zu behaupten, dass er in Washington als der »ideale Präsident des Vierten Reiches« im Gespräch sei.[23] Thomas Mann war danach wenigstens teilweise versöhnt: »... viel Dummes, Falsches, rücksichtslos Verklatschtes, [...] Politisches von 1914, und doch bleibt mir Würde.«[24]

Bei genauerer Lektüre konnte indessen kaum verborgen bleiben, dass es sich bei den Hinweisen auf die politische Rolle Thomas Manns, besonders die angesprochene Präsidentschaft eines »Vierten Reiches«, um nicht mehr als feuilletonistisch hingeworfene Zufallsbemerkungen handelte, die, wie viele andere Charakterisierungen in der Reportage, neben manch Wahrem eben auch viel Problematisches enthielten. Im Grunde porträtierte der Artikel Thomas Mann als eine weitgehend egozentrische, fast schon autistische Persönlichkeit, die gemäß ihrer schriftstellerischen Berufung lebte und mit der realen Welt außerhalb ihres künstlerischen Refugiums nur wenige Berührungspunkte aufwies, ja mit ihr lebendig kaum zu kommunizieren verstand. Die Briefe waren artifiziell, Kunstwerken gleich, die Vorträge ähnelten Kanzelpredigten, bis ins Detail präpariert und ohne Spielraum für das, was man in der modernen Welt einen »Diskurs« nennt, die Interviews ließen jegliche durchdachte Konkretheit vermissen. Eine Begabung zur Politik konnte man darin schwerlich erkennen.

Für diese Feststellung spricht nicht nur die konsequente Weigerung Thomas Manns, besonders in Kalifornien, sich auf politische Aktivitäten der Emigrantenzirkel einzulassen – ungeachtet aller Hilfsbereitschaft, die er im Einzelnen erkennen ließ –, sondern auch die Art und Weise, wie er sich zu politischen Tagesfragen äußerte. Selten war hinter den Kommentaren eine Taktik oder gar Strategie erkennbar – von einer Konzeption ganz zu schweigen. Zumeist handelte es sich um stimmungsabhängige Einfälle, die eine bemerkenswerte Variationsbreite aufwiesen und ganz von der Emotion des Augenblicks lebten, so dass Widersprüche, auch solche der eklatanteren Form, nicht ausbleiben konnten. Antiamerikanismus und Roosevelt-Verehrung gingen ebenso Hand in Hand wie Antikapitalismus und westliches Werteverständnis, Sowjetunion-Kritik und Kommunismus-Verteidigung, Demokratiebefürwortung und Demokratieskeptizismus. Wer versucht, in Thomas Manns politischen Aussagen eine Linie zu finden oder Kontinuität zu entdecken, muss zwangsläufig scheitern. Mit einer Ausnahme: Der Kampf gegen Hitler und den Nationalsozialismus ist eine durchgehende Konstante seiner Auffassungen, die von den zwanziger Jahren bis 1945 – und darüber hinaus – sein politisches Denken beherrschte und geradezu einen Fixpunkt darstellte, von dem aus alles andere gemessen wurde.

Ein Beispiel für die Fixierung Thomas Manns auf diesen Kampf war seine Reaktion auf die Bombardierung seiner Heimatstadt Lübeck am 4. April 1942. Als Meldungen aus dem Reich erkennen ließen, dass dabei auch das Haus seiner Großeltern in der Mengstraße – das »Buddenbrook-Haus« – zerstört worden sei, äußerte er nicht Bedauern, wie man es hätte erwarten können, sondern verglich die Bombardierung deutscher Städte mit den Angriffen der Luftwaffe auf Coventry und Rotterdam, in Spanien und Polen, um daran die Frage anzuschließen: »Hat Deutschland geglaubt, es werde für die Untaten, die sein Vorsprung in der Barbarei ihm gestattete, niemals zu zahlen haben? [...] Beim jüngsten britischen Raid über Hitlerland hat das alte Lübeck zu leiden gehabt. Das geht mich an, [...] und lieb ist es mir nicht zu denken, daß die Marienkirche, das herrliche Renaissance-Rathaus oder das Haus der Schiffergesellschaft sollten Schaden gelitten haben. Aber ich denke an Coventry und habe nichts einzuwenden gegen die Lehre, daß alles bezahlt werden muß.«[25] Nach dem ersten so genannten »1000-Bomber-Angriff« auf Köln am 30. Mai 1942 mit verheerenden Verwüstungen vermerkte er im Tagebuch ganz ähnlich: »Erschütternd, aber die Sühne beginnt. Guernika, Rotterdam, London – dachten die Unglücklichen, sie könnten es immer alleine treiben?«[26]

Tatsächlich wurde der Krieg von Thomas Mann als »Sühne für frühere schwere Verschuldung« begriffen, nicht als Kampf um die Verwirklichung einer besseren Welt, zur Durchsetzung von Freiheit und Demokratie. Diese schienen ihm sogar gleichgültig, wenn er weiter schrieb, der Krieg »wäre nicht nötig gewesen. Die ›Weltrevolution‹ fürchte ich nicht. Ich wäre dem Kommunismus loyal u. würde mich seiner Diktatur, wenn er die Alternative gegen den Nazismus wäre, bereitwillig, beinahe mit Freude unterwerfen.«[27] Auch hier darf man die Worte nicht auf die Goldwaage legen. Sie waren rasch hingeworfen, zudem noch unter dem Eindruck eines Streits der Kinder »über den Krieg, die Russen, Tapferkeit, Civilisation u. dergl. mehr«. Die Stimmung, in der Thomas Mann sich danach befand, kann man sich vorstellen. Dennoch erscheint es schwer verständlich, dass er sich auch hier wieder zu einem Bekenntnis zur Diktatur, zu welcher auch immer, hinreißen ließ. Politische Nüchternheit, politisches Denken überhaupt, zählte offenbar nicht zu seinen besseren Eigenschaften. Die Beliebigkeit seiner politischen Argumente ist auch im Nachhinein erstaunlich. Man möchte meinen – und dies wäre das einzige, was sich in diesem Zusammenhang zu seinen Gunsten anführen ließe –, dass er sich in seiner neuen Umgebung nun kaum noch ernsthaft mit Politik beschäftigte, diese nur am Rande zur Kenntnis nahm und sich im Übrigen in der Weise in seinem »Exil im Exil« einrichtete, wie er es sich schon in Princeton ausgemalt hatte.

Die Entwicklung des *Joseph* scheint diese Vermutung zu bestätigen. Das vierbändige Werk stand im Sommer 1942 kurz vor dem Abschluss, und Thomas Mann ließ sich kaum noch von der Niederschrift der letzten Kapitel des dritten Bandes ablenken. Selbst der Jahresvortrag, den er im November 1942 in der Library of Congress zu halten hatte, um sein Gehalt zu rechtfertigen, das er als Berater der amerikanischen Kongressbibliothek bezog, war kaum mehr als eine Nacherzählung des *Joseph*. Von Politik war darin nur am Rande die Rede, und was er dazu mitzuteilen hatte, sagte wiederum mehr über ihn selbst und seine persönliche Entwicklung aus als über die Politik. Wie anders hätte man seinen Hinweis auf Josephs Wendung vom »Ich aus übermütiger Absolutheit zurück ins Kollektive, Gemeinsame« verstehen sollen? Wie anders seine Feststellung, der »Gegensatz von Künstlertum und Bürgerlichkeit, von Vereinzelung und Gemeinschaft, Individuum und Kollektiv« hebe sich »im Märchen auf, wie er sich nach unserer Hoffnung [...] aufheben soll in der Demokratie der Zukunft«? Das war einer Festrede vielleicht angemessen, wie der Beifall des Publikums im überfüllten Vortragssaal der Library bewies. Eine ernstzunehmende politische Aussage war es nicht.[28]

Die Selbstbezogenheit der politischen Äußerungen Thomas Manns sowie deren innere Widersprüchlichkeit wurde in einer Besprechung seiner ersten 25 Rundfunksendungen im Februar 1943 auch von dem Theologen Reinhold Niebuhr kritisiert. Die Texte waren von Bermann Fischer 1942 in seinem Verlag in Stockholm als Buch herausgebracht worden und in einer englischen Ausgabe zugleich bei Knopf in New York erschienen.[29] In seiner Rezension in der Zeitschrift *The Nation* bemängelte Niebuhr, der zuvor bereits »einen ungewöhnlich schönen und klugen Bericht«[30] über Thomas Manns Aufsatzband *Order of the Day* geschrieben hatte, den mangelnden Gehalt und Propagandacharakter der Reden sowie deren politische Naivität. Die Tatsache, dass Niebuhr diese »höchst abfällige, teilweise sogar boshafte Besprechung« verfasst habe und die Ansprachen »langweilig, arrogant, propagandistisch falsch, ohne Gefühl für das tragische Dilemma des deutschen Volkes etc. etc.« finde, führte Thomas Mann allerdings nicht auf sachliche Einwände zurück, sondern auf die Tatsache, dass er es versäumt habe, Niebuhr für die vorherige positive Rezension zu danken, der damit »ohne jedes Zeichen meiner Erkenntlichkeit« geblieben sei.[31] Dass Niebuhr mit seiner Kritik inhaltlich recht haben könnte, kam ihm offenbar gar nicht erst in den Sinn. Immerhin gestand er ein, dass es ein Fehler gewesen sei, das Buch mit den »politisch gebundenen Dienstleistungen« zusammenzustellen, vor allem »in der unvermeidlich denaturierenden englischen Übersetzung«. Denn im Deutschen nehme sich »alles heller und unterhaltender aus, und selbst das Allzu-Persönliche erscheint mehr im Licht eines polemischen Lyrismus, der auch etwas mit deutscher Tradition zu tun hat«.[32]

Wirklich bedeutend war dieses »Malheur«, wie Thomas Mann es nannte, indessen nicht, denn es betraf ein Thema, das mit seiner Existenz in diesen Wochen und Monaten nur am Rande zu tun hatte. Viel wichtiger war die Tatsache, dass er den *Joseph* am 4. Januar 1943 endlich abgeschlossen hatte. Unmittelbar vor dem Lunch schrieb er an diesem Tag die letzten Zeilen von *Joseph der Ernährer* und damit von *Joseph und seine Brüder*. Die Eintragung im Tagebuch nach Beendigung der Arbeit lässt erahnen, welche Mühe und Konzentration bis zuletzt nötig gewesen waren, um dieses Werk zu vollbringen: »Ich war erregt und traurig. Aber so ist es getan, schlecht und recht. Ich sehe darin weit mehr ein Monument meines Lebens, als ein solches der Kunst und des Gedankens, ein Monument der *Beharrlichkeit*. – K. war gerührt.«[33]

Selbst der Abschluss des *Joseph*, der ihn so viele Jahre begleitet hatte, führte allerdings nicht dazu, dass Thomas Mann sich nun in größerem Umfang als bisher politischen Dingen zugewandt hätte. Die bedeutenden politischen Tagesereignisse im Januar 1943 – vor allem der Beginn der sowjetischen Offensive zur Eroberung Stalingrads und die amerikanisch-britische Konferenz von Casablanca, auf der Präsident Roosevelt und Premierminister Churchill die »bedingungslose Kapitulation« Deutschlands verlangten – wurden von ihm nur bedingt zur Kenntnis genommen. Er bedauerte, »daß in Casablanca weder ein russischer noch ein chinesischer Vertreter zugegen war«, und behauptete – unter Berufung auf den Volksmund –, »der Kronprinz von Italien und Señor Franco seien dabei gewesen«. Aus dem »demokratischen Frieden« werde deshalb nicht viel werden; es werde »ein katholisch-faschistischer Friede« sein, bei dem »die angelsächsischen Okkupationsarmeen [...] wohl hauptsächlich dazu dienen, die fälligen Revolutionen in Deutschland, Frankreich, Italien und Spanien hintanzuhalten«.[34]

Es war bemerkenswert, wie viele politische Merkwürdigkeiten man innerhalb so weniger Zeilen zu Papier bringen konnte. Nichts von dem, was Thomas Mann erklärte oder den westlichen Alliierten unterstellte, entsprach den Tatsachen. Aber darauf kam es offenbar nicht an. Was sich in der Welt abspielte, interessierte ihn nicht wirklich. Die politischen Bemerkungen des Unpolitischen besaßen die Qualität gepflegter Vorurteile. Längst gab es anderes, was im Begriff war, die Stelle des *Joseph* in seinem Kopf einzunehmen: Am 18. Januar hatte er mit der Niederschrift des *Moses* begonnen – einem Beitrag für ein Sammelwerk über die Zehn Gebote. Und dahinter lauerte bereits ein anderes, weit bedeutenderes Thema, das er am

14. März 1943 erstmals im Tagebuch erwähnte: »Gedanken an den alten Novellenplan ›Dr. Faust‹. Umschau nach Lektüre.«[35]

Noch nicht einmal zehn Wochen waren vergangen, seit Thomas Mann den *Joseph* abgeschlossen hatte, und schon wartete der *Doktor Faustus.* Das Exil im Exil zahlte sich offenbar aus. Die schriftstellerische Arbeit hatte in Kalifornien gegenüber Princeton in einem Maße an Konzentration und Produktivität gewonnen, wie es kaum zu erhoffen gewesen war. Natürlich ging dies – was gewiss kein Schaden war – zu Lasten des politischen Engagements. Thomas Mann entfloh damit wenigstens teilweise den irritierenden Widersprüchen seiner Argumentation – etwa wenn er auf einer Versammlung der Nobelpreisträger in New York Ende 1942 in einer von Erika verlesenen kurzen Ansprache eine »Amerikanisierung der Welt« befürwortete[36], wenig später nach einem Einspruch von Pearl S. Buck gegen die Formulierung in der Zeitschrift *Fortune* erklärte, das Wort sei »keine glückliche Wahl« gewesen, obschon es »eine unaufhaltsame Entwicklung« anzeige,[37] und kurz darauf an den österreichischen Schriftsteller Jonas Lesser nach London schrieb: »Man wird sich die zukünftige Welt doch wohl mehr oder weniger kommunistisch vorstellen müssen. Für Deutschland scheint mir das der einzige Ausweg zu sein, und es wird ihn wahrscheinlich beschreiten.«[38] Seiner wahren Einstellung am nächsten kam allerdings wohl eine Aussage in einem Brief an Hermann Kesten, in dem er kurz nach dem Selbstmord Stefan Zweigs in Brasilien im Herbst 1942 gestand: »Ich fühle mich an die untergehende Welt nur sehr teilweise gebunden und könnte in jeder leben, nur nicht unter Hitler.«[39] Mit anderen Worten: Die Welt um ihn herum interessierte ihn eigentlich nicht – vorausgesetzt, sie wurde nicht vom Nationalsozialismus beherrscht.

So war es auch nur folgerichtig, dass er sich 1943/44 der Bitte Ernst Reuters verschloss, einen Appell an die Deutschen in aller Welt zu richten, damit die vereinzelt zu schwachen

Stimmen durch ein gemeinsames Auftreten jene Kraft gewännen, die notwendig sei, »um die Eisschollen in Bewegung zu bringen, deren reißender Strom die verhaßte Barbarei mit sich fortreißen wird«. Der ehemalige Kommunist und jetzige Sozialdemokrat Reuter, der in den zwanziger Jahren das Berliner Verkehrswesen neu organisiert hatte, dann Bürgermeister von Magdeburg geworden war und inzwischen eine Lehrtätigkeit in Ankara ausübte, die Staatschef Atatürk ihm nach seiner Flucht aus Deutschland angeboten hatte, setzte große Hoffnungen in Thomas Mann. Denn seine Stimme, schrieb er ihm am 17. März 1943, dringe durch den Äther überall hin; es sei »die Stimme des geistigen, freien, menschlichen Deutschlands«.[40] Doch Thomas Mann lehnte ab. Er hatte den nur mit »Dr. Thomas Mann, Amerika« adressierten Brief erst im Mai erhalten und antwortete nach einiger Bedenkzeit höflich, aber bestimmt mit der Feststellung, ein Appell, wie Reuter ihn vorschlage, sei zwecklos. In seinen monatlichen Radiosendungen durch die BBC habe er es »seit langem aufgegeben, die Menschen in Deutschland zur Abschüttelung des Nazijoches, ›bevor es zu spät ist‹, zu ermahnen«. Seine Hoffnung sei und bleibe, »daß die Deutschen, sobald die physische Möglichkeit dazu gegeben sei, eine Revolution wirklich reinigender Art ins Werk setzen würden, die das Land befähige, den Anschluß an die kommende Welt- und Völkerordnung zu finden«.[41]

Reuter las die Antwort mit dem »Gefühl einer gewissen Enttäuschung« und schrieb im September erneut, sogar zweimal an zwei aufeinander folgenden Tagen. Da die Deutschen nicht für sich sprechen könnten, müssten die Exilierten für Deutschland sprechen. »Wir sind glücklich«, erklärte er vereinnahmend, »Sie auf unserer Seite zu wissen. Wie froh werden wir sein, wenn Sie uns auch bei der bevorstehenden großen Aufgabe der Wiedererneuerung die Hilfe Ihres moralischen und geistigen Gewichtes leihen werden.«[42] Doch genau das beabsichtigte Thomas Mann keinesfalls. Da Reuter seine höfliche

Absage offenbar missverstanden oder bewusst umgedeutet hatte, schrieb er am 29. April 1944 ungewöhnlich schroff zurück, er »widerstrebe aus Gründen des Gewissens und des Taktes einem gewissen deutschen Emigranten-Patriotismus, der sich mitten im Kriege [...] gleichsam mit ausgebreiteten Armen vor Deutschland stellt und verkündet, daß diesem Lande auf keinen Fall etwas geschehen darf«. Aus der Haltung »gewisser politisch aktiver Emigranten« spreche »nicht das geringste Gefühl dafür, was Deutschland den anderen Nationen zugefügt hat und immer noch fortfährt, zuzufügen«. Erst wenn aus dem Krieg »ein gereiftes, gereinigtes und zur Sühne williges Deutschland« hervorgehe, »das dem sündhaften und weltfeindlichen Superioritätswahn abgeschworen hat, der es in diese Katastrophe trieb«, sei er bereit, sein moralisches und geistiges Gewicht diesem Lande wieder zur Verfügung zu stellen.[43]

Diese Haltung passte zu Thomas Manns Linie, die er in seinem kalifornischen Exil durchaus konsequent verfolgte. So weigerte er sich ebenfalls, eine Solidaritätsadresse seiner Kollegen in der deutschen Emigrantenkolonie von Los Angeles zu unterzeichnen, mit der die Initiative des zuvor in der Sowjetunion von deutschen Exil-Kommunisten gegründeten Nationalkomitees Freies Deutschland und des aus Gefangenen in der UdSSR, unter ihnen Generalfeldmarschall Paulus und General von Seydlitz, bestehenden Bundes Deutscher Offiziere (BDO), zum Widerstand gegen die nationalsozialistische Diktatur und zum Sturz des NS-Regimes aufzurufen, unterstützt wurde. Zwar hatte Thomas Mann in einer Erklärung für die sowjetische Nachrichtenagentur TASS das Manifest des Nationalkomitees und des BDO vorsichtig begrüßt, indem er erklärt hatte, nur eine »echte und aufrichtige Umkehr« könne »Deutschland von den Mächten des Übels säubern« und »das deutsche Volk [...] rehabilitieren«. Aber der Versuch von Bertolt Brecht und Lion Feuchtwanger, das Manifest zu nutzen, um die deutschen Emigranten dazu zu bewegen, sich für »eine starke deutsche Demokratie« auszusprechen, behagte ihm nicht. Auch wenn er am 1. August 1943 an einem Treffen der in Kalifornien lebenden Exil-Schriftsteller bei Salka und Berthold Viertel teilnahm, lehnte er das dort geforderte politische Engagement ab, das für ihn mit »Werbeverpflichtungen« verbunden gewesen wäre. Im Tagebuch bemerkte er dazu am folgenden Tag: »Gestörter Morgen, Beunruhigung durch die gestrigen Ergebnisse, wiederholtes Telephonat mit Frank, Beschluß der Ablehnung, Telephon mit Feuchtwanger, da Viertel nicht zu erreichen. Irritation und Verdruß.«[44] Zur Begründung schrieb er an Agnes Meyer, er habe »eine Dummheit vermieden, indem ich von einer Bewegung zurücktrat (und sie dadurch abstoppte), die hier von einer Gruppe deutscher Schriftsteller inauguriert worden war«. Er glaube nicht an die Spontaneität der Gründung des Kriegsgefangenenkomitees in der Sowjetunion, sondern halte sie für einen »russischen politischen Schachzug«, der in keine »erfreuliche Aktionsrichtung« deute. Im Übrigen komme es »uns Emigranten nicht zu, Amerika Ratschläge wegen der Behandlung unseres Landes nach dem schweren und noch fernen Siege zu geben«.[45] Es kam ihnen nicht zu, aber – möchte man hinzufügen – er wollte es auch nicht. Nichts sollte das Exil im Exil stören, jedenfalls nichts, was sich zu einem unkontrollierbaren politischen Abenteuer auswachsen konnte. Distanz zur Politik blieb Thomas Manns oberste Maxime in Kalifornien.

Deutschland und die Deutschen

Als der *Joseph* endlich vorlag und Hitler noch immer nicht gestürzt war, beschloss Thomas Mann, wie er am 6. Mai 1943 Bruno Walter mitteilte, »dem Kriege *noch* einen Roman lang Zeit zu geben, sodass Bermann nachher mit 4 unbekannten Büchern von mir durchs Brandenburger Thor einziehen kann«.[1] Das Resultat dieser Entscheidung, es wurde schon gesagt, war der *Doktor Faustus.* Die Arbeit ging zügig voran – mit Recherchen und Vorüberlegungen zunächst, ab dem 23. Mai 1943 dann mit der Niederschrift, die viel Zeit und noch mehr Aufmerksamkeit in Anspruch nahm. Bis zum 2. August lagen bereits sieben Kapitel vor, das große achte mit Wendell Kretzschmars Vorträgen verzögerte sich aufgrund verschiedener Nebenarbeiten bis zum 22. September. Vor allem die monatlichen Radiosendungen *Deutsche Hörer!* bedeuteten unwillkommene Ablenkungen, da sie mit der literarischen Produktion regelmäßig kollidierten. Andere politische Aufgaben – Komitees, Appelle, Interviews – waren deshalb auf ein Minimum zu beschränken oder hatten ganz zurückzutreten. Die Absagen, die Thomas Mann in dieser Hinsicht im Verlauf des Jahres 1943 aussprach, ließen sich, bei aller Enttäuschung, die er damit auslöste, nicht vermeiden. Sogar den Vortrag vor der Library of Congress, der im Oktober 1943 wieder auf dem Programm stand, hätte er gerne umgangen, nachdem er die ersten siebzig Seiten des neuen Romans in einem »stürmischen Anlauf« geschrieben hatte und dann von einem »bösen Müdigkeitsrückschlag« erfasst worden war.[2] Doch Archibald MacLeish und Agnes Meyer erhoben berechtigten Einspruch: Es sei nicht fair. Thomas Mann kam um den *einen* Auftritt, zu dem ihn seine offizielle, gut dotierte Position bei der Library jährlich verpflichtete, nicht herum.

Der Text für die Rede scheint rasch und ohne viel Nachdenken dahin geschrieben. Die ursprüngliche Fassung liegt nicht vor. Die redaktionellen Eingriffe durch MacLeish und Agnes Meyer, die den Text ins Englische übersetzte, dürften jedoch nicht unbeträchtlich gewesen sein; Agnes Meyer wäre ein literarischer Vortrag ohnehin lieber gewesen. Thomas Mann allerdings meinte, man müsse frühzeitig, noch bevor der Krieg zu Ende gehe, die Frage nach Schuld und Verantwortung stellen. Unter dem Titel »Schicksal und Aufgabe« ging er deshalb der Frage nach, ob das deutsche Volk kollektiv für die Verbrechen des NS-Regimes verantwortlich sei. »Wie war es möglich«, fragte er, dass Deutschland in den Zustand geraten sei, »in dem wir es heute sehen? Wie weit ist das deutsche Volk in seiner Gesamtheit verantwortlich zu machen für die Untaten der Nazis?«[3] Deutschland – dies sei ein großer Name, ein Wort, »mit dem sich hundert trauliche und ehrwürdige, liebliche und stolze Assoziationen verbinden«. Doch nun sei dieses Wort »ein Name des Schreckens und tödlicher Wildnis«. Lese er, dass irgendein Unseliger »nach Deutschland gebracht« worden sei, wie kürzlich der französische Schriftsteller Romain Rolland, von dem es heiße, er befinde sich in einem deutschen Konzentrationslager, so laufe es ihm kalt über den Rücken: »Nach Deutschland gebracht« zu werden, das sei »das Äußerste«.[4]

Thomas Mann klagte, das deutsche Volk sei »betört und zu Untaten verführt worden, die zum Himmel schreien«. Dafür werde es büßen; die Moral oder, wenn man so wolle, die göttliche Gerechtigkeit verlangten es. Dennoch sei ihm eher danach zumute, hier »von Unglück und Verirrung und historischem Fluch zu reden als von Verbrechen.« Denn der deutsche Geist sei »sozial und politisch wesentlich uninteressiert«. Was ihn von anderen europäischen »Nationalgeistern und -typen« unterscheide, sei »seine typische und grundgegebene nationale Natur«, das »ungesellschaftlich Ur-Poetische«. Damit, meinte Thomas Mann, lasse sich die »Verirrung« erklären. Dadurch sei sie aber auch auflösbar, wenn nur die internationale Gemeinschaft bereit sei, einen Zustand herbeizuführen, in dem »der deutsche Universalismus in seinen alten Ehrenstand zurückfinden« könne und sich »des frevelhaften Gedankens der Welteroberung für immer entschlagen und wieder als Welt-Sympathie, Welt-Offenheit und geistige Bereicherung der Welt bewähren« werde.[5] Mit anderen Worten: Thomas Mann hielt die Fehler, die 1918 gemacht worden waren, als die »Weltdemokratie«, die damals im Besitz unumschränkter Macht gewesen sei, es an allem habe fehlen lassen, was dem Unglück hätte vorbeugen können, für korrigierbar. Deutschland war nicht unrettbar verloren, sondern durch eine gemeinsame Anstrengung der Deutschen mit den voraussichtlichen Siegermächten auf den rechten Weg zurückzuführen.

Dabei ging es nach Auffassung Thomas Manns zugleich um einen Ausgleich des Gegensatzes zwischen Russland und seinen Verbündeten sowie, allgemeiner gesprochen, um einen »Ausgleich von Sozialismus und Demokratie«, auf dem alle Hoffnung der Welt beruhe. Im Schrecken der bürgerlichen Welt vor dem Wort Kommunismus sehe er, so Thomas Mann, »etwas Abergläubiges und Kindisches«, »die Grundtorheit unserer Epoche«. Tatsächlich sei der Kommunismus älter als Marx und das 19. Jahrhundert, und ihm gehöre die Zukunft, da »die Welt, die nach uns kommt, in der unsere Kinder und Enkel leben werden und die langsam ihre Umrisse zu enthüllen beginnt, schwerlich ohne kommunistische Züge vorzustellen ist: das heißt, ohne die Grundidee des gemeinsamen Besitz- und Genussrechtes an den Gütern der Erde, ohne fortschreitende

Einebnung der Klassenunterschiede, ohne das Recht auf Arbeit und die Pflicht zur Arbeit für alle«.[6]

Es waren Ausführungen, die befremdlich klangen. Auch Agnes Meyer war einerseits verstört, andererseits empört über manche Passagen, die ein mehr als eigenartiges Verständnis von Demokratie und Kommunismus erkennen ließen – etwa indem Thomas Mann erklärte, Demokratie verstehe er »nicht hauptsächlich als einen Anspruch und ein Sichgleichstellen von *unten*, sondern als Güte, Gerechtigkeit und Sympathie von *oben*«.[7] Jeder Amerikaner, so Agnes Meyer, würde in einer solchen Auffassung, nach der Demokratie wie eine »milde Gabe von oben nach unten« gereicht werde, den »anhaltenden Effekt deutscher Subjektivität« sehen. Im Übrigen erwarteten seine Zuhörer von ihm keine Diskussion über das Wesen und den Charakter des Kommunismus, sondern Hinweise, wie Deutschland in die menschliche Gesellschaft zurückkehren könne.[8] Es war eine Zurechtweisung, die für Thomas Mann ungewohnt gewesen sein muss, wie man seiner Tagebucheintragung vom 12. September 1943 entnehmen kann, in der es heißt: »Nach Tisch unverschämter und tief verstimmender Brief von der Meyer über den Vortrag.«[9] In seiner Antwort einen Tag später gab er sich dagegen eher resigniert: »Entschieden will ich Ihre Worte noch weiter in mir nachwirken lassen. Komme ich zu dem Ergebnis, dass ich wirklich die Aufgabe verpatzt habe, so muss ich mich eben krankmelden und die Reise aufgeben.«[10]

Tatsächlich war der Vortrag misslungen, und Thomas Mann ahnte es zumindest. In einem Brief an Golo schrieb Agnes Meyer später, womöglich habe dem Vater noch niemand gesagt, dass einer seiner Vorträge einfach nicht gut genug sei: »Es ist keine dankbare Rolle, einem Genius aufrichtig zu begegnen.«[11] Immerhin weigerte sie sich, die ursprünglichen Abschnitte, die vom Kommunismus handelten, zu übersetzen, weil sie ein »zu großes Mißverständnis der Demokratie« offenbarten, und sie wies ihn darauf hin, dass sein Versuch, eine innere Verwandtschaft zwischen dem amerikanischen Konzept der demokratischen Gemeinschaft und dem Ideal des Kommunismus aufzuzeigen, nichts als ein Spiel mit Worten sei, weil Demokratie und Kommunismus diametral entgegengesetzte Herrschaftsordnungen bedeuteten.[12]

Thomas Mann musste sich die Vorwürfe und Belehrungen gefallen lassen. Sie erinnerten ihn daran – auch wenn er dies kaum zugegeben hätte –, dass er weder ein tieferes Verständnis von Politik noch eine klare Vorstellung demokratischer Spielregeln besaß. Allerdings akzeptierte er sehr weitgehend ihre Korrekturen an seinem Essay, äußerte ihr gegenüber dafür sogar seine Dankbarkeit. In einem nachfolgenden Brief, in dem er sie mit »Liebe Gräfin Tolstoi« titulierte, konnte er es sich jedoch nicht verkneifen, in recht eindeutiger Weise auf die »bewundernswerte Frau und ihren Kummer« hinzuweisen, »daß Leo, der große Künstler, der so schöne Romane schreiben konnte, außerdem so deprimierendes Zeug über Politik und Religion schreiben mußte«. »Nun«, fügte er hinzu, »bis zur Religion habe ich es ja noch garnicht gebracht, und auch mit der Politik wird noch alles gut werden, glauben Sie mir!«[13]

Auf jeden Fall hielt Thomas Mann den Vortrag, der in der englischen Fassung den Titel »The War and the Future« trug, am 13. Oktober 1943 zunächst in der Library of Congress in Washington und anschließend auch noch in mehreren anderen amerikanischen Städten. Zwischendurch folgte er am 4. November 1943 der Bitte des Theologen Paul Tillich und des Sozialisten Paul Hagen, in New York über die Gründung eines »Komitees für ein demokratisches Deutschland« zu beraten. Wie wenig er von der Idee hielt, war ihm anzumerken. War es die Unlust, sich weiter auf Kosten des *Doktor Faustus* der Politik zu widmen? Oder behagte ihm der Gedanke nicht, sich mit höchst unterschiedlichen Emigranten, darunter auch manche Linke, selbst wenn sie keine Kommunisten waren, auf ein gemeinsames Unternehmen einzulassen, bei dem letztlich sein Name in den Schlagzeilen erscheinen würde? Wie auch immer, er beharrte darauf, das Projekt zunächst vom amerikanischen Außenministerium prüfen zu lassen. Erst danach wolle er über seine Beteiligung entscheiden.

In einem Brief an den Assistant Secretary of State Adolf Berle erläuterte er das Vorhaben und bat um Auskunft, wie die amerikanische Regierung dazu stehe. In einem persönlichen Gespräch mit Berle über das »Politicum« beim Lunch im Army and Navy Club am 25. November ergänzte er, dass er beantragt habe, amerikanischer Staatsbürger zu werden, und den Rest seines Lebens in den USA zu verbringen gedenke. Er musste also vorsichtig sein, um seine Einbürgerung nicht zu gefährden. Berle riet Thomas Mann deshalb, sich von kontroversen Debatten über Deutschland fern zu halten und zu bedenken, dass sein Name der bedeutendste unter den Deutschen außerhalb des Landes sei.[14]

Thomas Mann, der offenbar auf eine solche Auskunft gehofft hatte, sprach daraufhin in seinem Tagebuch von einem »glücklich negativen Ausgang« des Gesprächs und unterrichtete am nächsten Tag Tillich und Hagen, dass er sich an dem Komitee nicht zu beteiligen gedenke.[15] Professor Tillich habe ihm daraufhin erklärt, berichtete er Agnes Meyer, dass er damit »Deutschland das Todesurteil« gesprochen habe.[16] Reinhold Niebuhrs Versuch, wenige Tage später, ihn doch noch umzustimmen, blieb erfolglos. Das »Council for a Democratic Germany« musste unter Führung Niebuhrs und Tillichs ohne Beteiligung Thomas Mann gegründet werden. Heinrich Mann jedoch unterzeichnete das Manifest, ebenso Bertolt Brecht und Lion Feuchtwanger.

Die Verweigerung Thomas Manns löste unter den Emigranten erneut Enttäuschung und Verärgerung aus. Der Schriftsteller Otto Zoff notierte am 14. Dezember 1943 in seinem Tagebuch: »Zuerst ergreift er bei jeder nur möglichen Gelegenheit das politische Wort und tritt als der politische Hauptopponent der Nazis auf – und sobald es sich um mehr als Worte handelt, kneift er.«[17] Bertolt Brecht, der bei der Versammlung der »Herren« in New York zugegen war, als Thomas Mann seine Teilnahme absagte, reagierte nicht weniger verärgert.[18] Wie Thomas Mann an Agnes Meyer schrieb, habe er zunächst ein »höhnisch verbittertes Gesicht«[19] gemacht und anschließend gegenüber Paul Tillich erklärt, er fürchte, dass Thomas Mann, der »mehr als irgend ein anderer von uns das Ohr Amerikas« habe, die »Zweifel an der Existenz bedeutender demokratischer Kräfte in Deutschland vermehren« könne – was umso bedauerlicher sei, als seiner Meinung nach nicht nur die Zukunft Deutschlands, sondern auch diejenige Europas davon abhinge, dass man diesen Kräften zum Sieg verhalf.[20]

Natürlich war diese Argumentation nicht von der Hand zu weisen. Doch Thomas Mann blieb bei seiner Auffassung, dass es für die Bildung eines Komitees, das sich mit dem befreiten Deutschland beschäftigen solle, noch zu früh sei. Man müsse zunächst die militärische Niederlage Deutschlands abwarten, schrieb er am 10. Dezember 1943 an Brecht, und es den Deutschen selbst erlauben, »abzurechnen mit den Verderbern, so gründlich, so erbarmungslos, wie die Welt es von unserem unrevolutionären Volk kaum zu erhoffen wagt«. Erst danach sei auch für die Emigranten draußen »der Augenblick gekommen [...] zu bezeugen: Deutschland ist frei, Deutschland hat sich wahrhaft gereinigt, Deutschland muß leben.«[21]

Für Thomas Mann selbst war dieser Moment noch fern. Sorgsam registrierte er die militärischen Fortschritte der Alliierten, die er detailliert im Tagebuch bilanzierte. Allerdings war das Tempo, in dem die alliierten Armeen vorrückten, nicht dazu angetan, Hoffnung auf einen schnellen Sieg aufkommen zu lassen. Die lange erwartete zweite Front in Westeuropa war immer noch nicht errichtet. Erfolge gab es nur auf Nebenschauplätzen, weitab der Grenzen des Deutschen Reiches. So richtete sich Thomas Mann auf ein endgültiges Exil in Amerika ein und war hocherfreut, als nach den Weihnachtsfeiertagen 1943 die Aufforderung eintraf, er möge sich mit Katia zur Einbürgerungsprüfung einfinden, die zu den Voraussetzungen für die Erlangung der amerikanischen Staatsbürgerschaft gehörte.

Die Prüfung fand am 4. Januar 1944 in Los Angeles statt. Max Horkheimer und seine Frau stellten sich Thomas und Katia Mann als Zeugen für das Bürgerexamen zur Verfügung. Die Prüfung verlief freundlich, aber langwierig. Die Prüferin machte sich ein Vergnügen daraus, mit dem berühmten Schriftsteller zu plaudern und ihm anschließend ein Exemplar der *Buddenbrooks* mit der Bitte um eine Widmung zu überreichen. Auch der vorsitzende Richter bat um ein Autogramm. Nach der Prozedur, die beinahe fünf Stunden in Anspruch nahm, sollte es jedoch noch mehr als ein halbes Jahr dauern, bis Thomas und Katia Mann am 23. Juni 1944 im New Federal Building von Los Angeles den Eid auf die amerikanische Verfassung ablegen konnten. »Merkwürdiger Tag im Gange dieser 11 jährigen Aufzeichnungen«, notierte Thomas Mann danach im Tagebuch: »Nach einigen Umständlichkeiten (Fehlen der Court-card) Eintritt in den vollbesetzten Saal. Anweisungen, durch Beamte erteilt, Ansprache des Judge, Eidesleistung. Unterzeichnung der Einbürgerungspapiere. / So denn also amerikanische Bürger.«[22]

Inzwischen hatte er am 29. Mai 1944 seine vorerst letzte Radiosendung für die BBC auf Platte gesprochen. In den Programmen zuvor war viel von »Reue«, »Sühne«, »Buße« die Rede gewesen. Zunehmend hatte er die Deutschen angeklagt und ihnen die Konsequenzen ihres Tuns aufgezeigt, falls sie sich nicht von Hitler befreiten. Auch jetzt erklärte er mit Blick auf die Bibel, »die Schrift lehrt uns nicht, wie man der Schuld und Schande entgeht, wenn man Böses ohne Widerstand walten läßt«. »Schuld will Sühne«, rief er seinen deutschen Hörern zu. Aber zugleich: »Die freien Völker werden, will's Gott, was auch sie an Schuld auf sich nehmen mußten, durch die Errichtung eines Friedens sühnen, der alle für viele Generationen vor den moralischen Schrecken des Krieges bewahrt.«[23] Nun wollte er die Sendung erst einmal ruhen lassen, bis mehr Klarheit über die weitere militärische Entwicklung bestand. Es sei im Augenblick kaum noch möglich, die Deutschen zu beeinflussen oder an sie zu appellieren, sich vom Nazi-Regime zu befreien, hatte er der BBC eine Woche zuvor mitgeteilt, und sie seien dazu wohl auch physisch nicht mehr in der Lage.[24]

Tatsächlich war die Aussetzung der Sendung nicht nur eine Folge des stagnierenden Kriegsverlaufs, sondern auch ein Ergebnis der Last, die Thomas Mann wegen der damit verbundenen regelmäßigen Verpflichtung verspürte und von der er sich befreien wollte. Er zog es aber auch deshalb vor zu schweigen, weil er im Begriff war, seine Haltung gegenüber den Deutschen grundsätzlich zu überdenken. Er hatte kein Verständnis dafür, dass sie sich auch jetzt, vier Jahre nach Kriegsbeginn, noch immer nicht von Hitler lossagten, ja dass sie noch nicht einmal einen ernsthaften Versuch in dieser Richtung unternahmen. Das erschien ihm unverzeihlich. Nach dem 20. Juli 1944 hoffte er zwar tagelang auf einen Erfolg des Aufstandes. Als dieser misslang, war seine Enttäuschung jedoch umso größer. Sein »dégoût an allem Deutschen« wachse »gerade jetzt ins Unermessliche«, schrieb er danach an Erich von Kahler: »Sie haben nichts gelernt, verstehen nichts, bereuen nichts, haben nicht das geringste Gefühl dafür, daß ihnen Heroismus, nach allem, was sie angerichtet, nicht zukommt, und daß der heilige deutsche Boden längst nicht mehr heilig, sondern von Unrecht und äußerster Niedertracht über und über geschändet ist. Aber dumm und kritiklos werden sie ihn neben Hitler und Himmler noch monatelang mit dem ›Fanatismus‹ verteidigen, den man sie gelehrt hat.«[25]

Erika Mann dachte ähnlich, argumentierte aber noch schärfer, als sie in einem Offenen Brief in der New Yorker Emigrantenzeitschrift *Aufbau* erklärte, der These »von der Verschiedenartigkeit der Nazis und der Deutschen« werde »täglich von den Tatsachen aufs blutigste widersprochen«. Bis zum Kriegsausbruch habe man noch an ein »anderes« Deutschland glauben mögen, indem man sich einredete, dass »eine Majorität ›guter‹, wenngleich verblüffend inaktiver Deutscher von den Nazis niedergehalten sei«. Inzwischen gelte die Behauptung »Schuld ist Hitler! Die Gestapo ist schuld!« längst nicht mehr. Die Deutschen kämpften »wie die Löwen« an allen Fronten und betreuten daheim in »grauenvoller Einhelligkeit« die Kriegsmaschine des »Führers«. Es sei deshalb, bemerkte sie, »ich muß es aussprechen, ein Jammer und eine Schande und denkbar ungeeignet, Zeugnis abzulegen für ein besseres Deutschland. Die Welt wäre glücklich, es geboren und sich bewähren zu sehn. Die Welt kämpft und wartet.«[26]

Inzwischen hatte am 6. Juni 1944 die alliierte Invasion in der Normandie begonnen, die erwarten ließ, dass das Ende des Krieges nun doch näher rückte. Thomas Mann schrieb in dieser Zeit weiter zäh am *Doktor Faustus*. Jeden Monat wurden ein bis zwei Kapitel zu Ende gebracht. Für die Tagespolitik blieb daher wenig Zeit. Am meisten beschäftigte ihn noch der Wahlkampf in den USA und die Wiederwahl Präsident Roosevelts, ohne den er sich die amerikanische Politik nicht vorstellen mochte. Während des Parteitages, auf dem Roosevelt ein weiteres Mal als Präsidentschaftskandidat der Demokratischen Partei nominiert wurde, sandte er sogar ein Telegramm an die Leitung der Convention, um die Kandidatur von Henry Wallace, eines russlandfreundlichen Puritaners aus dem Mittleren Westen, für das Amt des Vizepräsidenten zu befürworten. Doch Roosevelt zog es vor, Harry S. Truman für diese Stelle vorzusehen. Der nüchterne Senator aus Missouri, ebenfalls im Mittleren Westen gelegen, war bekannt dafür, dass er nur mäßigen Ehrgeiz besaß; er würde Roosevelt politisch nicht gefährlich werden. Wallace aber musste sich mit dem Amt des Landwirtschaftsministers zufrieden geben, sehr zur Enttäuschung von Thomas Mann, der sich jedoch damit trösten konnte, dass Roosevelt mit großer Mehrheit wiedergewählt wurde.

Währenddessen schritt die Arbeit am *Doktor Faustus* langsam weiter voran. Zu Weihnachten 1944 bemühte sich Thomas Mann, das Schlüsselkapitel des Buches mit dem »Teufelsgespräch« abzuschließen, doch im Januar schlug er sich immer noch »von Tag zu Tag durch das Gestrüpp« des Dialog-Kapitels XXV – »eines Monstrums, voll gestopft mit Medizin, Musik-Philosophie und Theologie«.[27] Ende Oktober hatte er erneut versucht, sich den üblichen Jahresvortrag in der Library of Congress vom Hals zu schaffen – diesmal sogar mit dem Angebot, künftig auf sein Gehalt zu verzichten –, und war damit auch jetzt wieder gescheitert. Er hatte lediglich einen Aufschub bis Ende Mai erhalten, weil Archibald MacLeish die Idee gefiel, die Rede mit der Feier des 70. Geburtstages von Thomas Mann zu verbinden. Als Thema wurde »Deutschland und die Deutschen« oder »Deutschland und die Welt« ins Auge gefasst.

Bevor sich Thomas Mann dem Text für den Vortrag zuwenden konnte, wurde er am 5. Februar 1945 von der Zeitschrift *Free World* gebeten, einen Artikel über den bevorstehenden Zusammenbruch des Reiches zu schreiben, der sich nach Beginn des sowjetischen Offensive an der Oder und dem damit verbundenen Sturm auf Berlin sowie dem raschen Vorrücken der Amerikaner und Briten im Westen nun immer deutlicher abzeichnete. Der Titel des Essays – »The End« – sagte alles. Er zweifle, schrieb Thomas Mann darin, ob angesichts eines Maßes von Verblendung, Mangel an Sinn für das Schlechte, wie dies Volk ihn mit seinem »Glauben« bewiesen habe, Mitleid am Platze sei. Der »Riesenrausch« des Nationalismus müsse bezahlt werden: »Unmöglich von den mißhandelten Völkern Europas, von der Welt zu verlangen, daß sie einen reinlichen Trennungsstrich ziehen zwischen dem ›Nazismus‹ und dem deutschen Volk...«[28]

Danach ging Thomas Mann in seinem Gedankengang aber noch einen wichtigen Schritt weiter und schrieb einen Satz, der ihm in der Folge viel Ärger bereiten sollte: »Gibt es Deutschland als geschichtliche Gestalt, als kollektive Persönlichkeit, dann gibt es auch dies: Verantwortung – ganz unabhängig von dem immer prekären Begriff der ›Schuld‹.«[29] Er sprach also nicht ausdrücklich von »Kollektivschuld«, wohl aber von »kollektiver Verantwortung«, die er zum Begriff der »Schuld«, in welcher Relativierung auch immer, in Beziehung setzte. Damit war die Diskussion um eine »Kollektivschuld« des deutschen Volkes an den Verbrechen des nationalsozialistischen Regimes eröffnet, und Thomas Mann befand sich von Anfang an im Zentrum dieser Debatte.

Er führte seinen Satz auch sogleich weiter aus und untermauerte ihn mit zahlreichen Beispielen, indem er erklärte: »Die Welt ist durch fünf Jahre eines von Deutschland entfachten, leidens- und opfervollen Krieges gegangen, und in diesem Kriege hatten die Gegner Deutschlands es vom ersten Tage an mit der ganzen deutschen Erfindungsgabe, Tapferkeit, Intelligenz, Gehorsamsliebe, militärischen Tüchtigkeit, kurz, mit der gesamten deutschen Volkskraft zu tun, die als solche hinter dem Regime stand und seine Schlachten schlug, nicht mit Hitler und Himmler, die gar nichts wären, wenn nicht deutsche Manneskraft und blinde Mannentreue bis zum heutigen Tage mit unseligem Löwenmut für diese Schurken stritte und fiele.«[30] Und, so ließe sich ergänzen, wer sich in dieser Weise verhalten hatte und immer noch verhielt, hatte sich schuldig gemacht und tat es noch.

Auch auf die Einzigartigkeit der deutschen Verbrechen wies Thomas Mann in diesem Artikel hin, der an eher unscheinbarer Stelle erschien und viel seltener zitiert wird als mancher andere, aber dennoch einen zentralen Platz in der Veranschaulichung des politischen Denkens von Thomas Mann am Ende der nationalsozialistischen Herrschaft verdient: Den Deutschen, erklärte er darin weiter, sei es vorbehalten gewesen, »eine Revolution nie gesehener Art zu veranstalten: ohne Idee, gegen die Idee, gegen alles Höhere, Bessere, Anständige, gegen Freiheit, Wahrheit, Recht«. Es sei »menschlich nie etwas Ähnliches vorgekommen«. Dabei habe es ungeheuren Jubel der Massen gegeben, »die glauben, dies wirklich gewollt zu haben, während sie nur mit verrückter Schlauheit betrogen wurden, was sie sich vorläufig nicht eingestehen können, – und das sichere Wissen aller Besseren, daß alles einem furchtbaren Verderben entgegensteuert«.[31]

Doch nun sei die »nationale Katastrophe« da, die das nationalsozialistische Regime vom ersten Tage an in sich getragen habe: ein »Ruin nie gesehenen Ausmaßes, allumfassend, ein moralischer, geistiger, militärischer, ökonomischer Bankrott ohnegleichen«.[32] Und wie werde es wohl sein, einer Nation anzugehören, die das alles angerichtet habe? Und was werde ein deutscher Schriftsteller künftig noch sein? Denn, so Thomas Mann: »Den Hintergrund jedes Satzes, den wir in unserer Sprache fügen, bildet ein gebrochenes, an sich selber und seiner Geschichte irregemachtes, ein seelisch abgebranntes Volk, das, Berichten zufolge, daran verzweifelt, sich selbst zu regieren und es noch für das Beste hält, zur Kolonie fremder Mächte zu werden; ein Volk, das mit sich selbst eingeschlossen wird leben müssen, wie die Juden des Warschauer Ghettos, weil ein ringsum furchtbar aufgelaufener Haß ihm nicht erlauben wird, aus seinen Grenzen herauszukommen, – ein Volk, das sich nicht sehen lassen kann …«[33]

Der Artikel war ein »Nekrolog auf den National-Sozialismus«, den Thomas Mann selbst für gelungen hielt und der in den USA ein weites Echo fand. Er wurde von mehreren Zeitungen und auch vom *Reader's Digest* nachgedruckt und häufig im Radio zitiert. Andererseits erhoben vor allem Emigranten heftig Einspruch. So erklärte der Strafrechtler und Journalist Hans von Hentig, der sich besonders gegen den Hinweis auf das Warschauer Ghetto und die Behauptung, die Deutschen hielten es nun für das beste, eine Kolonie der Sieger zu werden, verwahrte, Thomas Mann sei »ein Künstler und kein Politiker«, er sehe die Dinge heute genauso falsch wie 1914.[34] Thomas Mann beklagte deshalb gegenüber Agnes Meyer die »Verrücktheit des deutschen Emigrantenpatriotismus« und sprach »von der Wut, die man erregt, wenn man sich zu der Wahrheit bekennt, daß der ›National-Sozialismus‹ [...] jahrhundertelange Wurzeln in der deutschen Lebensgeschichte hat«.[35]

Es war das passende Vorspiel zur Niederschrift des Manuskripts »Deutschland und die Deutschen« für seinen Vortrag in der Library of Congress Ende Mai, der aus den *Betrachtungen eines Unpolitischen* und seinem alten Essay »Vom kommenden Sieg der Demokratie« eine Synthese bilden sollte. Thomas Mann meinte, dass es sich auch hierbei wieder um ein »précaires Thema« handele, da man es damit keinem recht machen könne und er es sich möglicherweise jetzt endgültig mit den Deutschen verderbe – falls da noch etwas zu verderben sei. Allerdings könne er sich über die deutsche Frage »nicht dauernd in Schweigen hüllen«, sondern müsse »irgendwann einmal mit einem Bekenntnis darüber hervortreten«, da schon der Verdacht geäußert worden sei, dass er sich vor der heiklen Aufgabe »in die Krankheit geflüchtet« habe.[36]

Tatsächlich unternimmt Thomas Mann in »Deutschland und die Deutschen« den Versuch, den Nationalsozialismus zu erklären, indem er ihn der Geschichte der deutschen Innerlichkeit zuweist und ihn aus der deutschen Neigung zur subjektiven Innenschau, die für die Reformation und die romantische Bewegung in Deutschland kennzeichnend gewesen sei, ableitet. Warum dies alles nicht zum Guten, sondern zum Bösen und zur Katastrophe geführt habe, sei dennoch schwer zu verstehen, meinte Thomas Mann: »Verbrechen sind geschehen, denen keine Psychologie zur Entschuldigung verhilft.«[37] Die Geschichte der deutschen Innerlichkeit sei jedenfalls »eine melancholische Geschichte«, die vor allem eines deutlich mache: »daß es nicht zwei Deutschland gibt, ein böses und ein gutes, sondern nur eines, dem sein Bestes durch Teufelslist zum Bösen ausschlug. Das böse Deutschland, das ist das fehlgegangene gute, das gute im Unglück, in Schuld und Untergang. Darum ist es für einen deutsch geborenen Geist auch so unmöglich, das böse, schuldbeladene Deutschland ganz zu verleugnen und zu erklären: ›Ich bin das gute, edle, das gerechte Deutschland im weißen Kleid, das böse überlasse ich euch zur Ausrottung‹.«[38]

Die Rede, die das Unerklärliche erklären wollte, zeigte einmal mehr die Ratlosigkeit Thomas Manns bei seinem Versuch, den Nationalsozialismus aus der deutschen Geschichte herzuleiten. Während er in seinen kürzeren, weniger ambitionierten Beiträgen, wie zuletzt in »The End«, in der Lage gewesen war, eine klare Position gegenüber dem Nationalsozialismus und seinen Verbrechen zu formulieren, kehrte er mit seiner Festrede in der Library of Congress zum Geist der *Betrachtungen eines Unpolitischen* zurück und verwies Schuld und Verantwortung in das Reich religiös verbrämter Unverbindlichkeit. Es ist deshalb kein Zufall – worauf Joachim Fest zu Recht hinweist –, dass ganze Passagen aus den *Betrachtungen* in die Rede *Deutschland und die Deutschen* eingefügt wurden, wobei Thomas Mann lediglich die Vorzeichen vertauschte und die Zusammenhänge abwandelte.[39] Am Ende steht schließlich ein beinahe religiöses Bedürfnis zur Selbstkritik (»ich habe es auch in mir, ich habe es alles am eigenen Leibe erfahren«); das »deutsche Unglück« wird in einem religiösen Sinne universalistisch umdeutet: »Zuletzt ist das deutsche Unglück nur das Paradigma der Tragik des Menschseins überhaupt. Der Gnade, deren Deutschland so dringend bedarf, bedürfen wir alle.«[40] Die Parallelen zum *Doktor Faustus* sind unverkennbar; nicht einmal die Vorstellung der Gnade am Schluss durfte fehlen.

Verhältnis zur »inneren Emigration«

Der 1. April 1945, Ostersonntag, begann in Kalifornien kühl und dunkel. Thomas Mann las an diesem Tag in der Zeitschrift *The Nation* einen Bericht über »das beständige Eintreffen von Nazi-Agenten in Madrid, z. T. nach Argentinien weiter gehend«. Die »Häupter« des Nazi-Regimes versammelten sich in Berchtesgaden und den »umliegenden Alpenfestungen«, um dort das Kriegsende abzuwarten oder weiterzukämpfen. Das deutsche Radio meldete den Beginn der »Werwolf-Freiheitsbewegung«. Dennoch mache die Eroberung Deutschlands »sehr rasche Fortschritte«, notierte Thomas Mann am 3. April. Die Städte fielen »wie reife Pflaumen« – Kassel, Münster, bald wohl Bremen. Wiener Neustadt war von den Russen genommen, ebenso der Semmering und die Vorstädte von Wien selbst. »Das deutsche Volk – bittere Enttäuschung.«[1]

Die Arbeit am *Doktor Faustus* ging in diesen Tagen nur mühsam voran. Thomas Mann fürchtete, das »Mißraten des Romans« könne »wohl keinem Zweifel mehr unterliegen«. Trotzdem werde er ihn zu Ende führen. Zur Unlust beim Schreiben kamen »Zerstreutheit und der Druck der Ereignisse« sowie eine »sieghafte Hoffnungslosigkeit«, die mit den Nachrichten aus dem Reich zusammenhingen. Der Oberkommandierende der westlichen Invasionstruppen, General Eisenhower, werde zwar demnächst das Ende des »organisierten Widerstandes« erklären, hieß es, und man werde einen offiziellen Waffenstillstandstag haben. Doch der Kampf schien damit noch lange nicht vorüber: Thomas Mann machte sich »Gedanken über den kommenden Untergrundkrieg in Deutschland und die Dauer-Widerspenstigkeit der Nation, mit der es nie zum Frieden kommen wird«. Hitler und seine »Gang«, vermutete er, würden sich mit 150 Mann in den Bergen verschanzen. Es werde also weiter gehen – »und wahrscheinlich nicht gut«. Die Werwölfe sollten, deutschen Radiomeldungen zufolge, »schon brav gemordet« haben.[2]

Dann, am 12. April, traf überraschend die Nachricht vom Tod Präsident Roosevelts ein, der zwar seit längerem an einer schweren Krankheit gelitten hatte, aber nun plötzlich an einem Gehirnschlag verstorben war: »Die Erschütterung ist groß«, vermerkte Thomas Mann dazu im Tagebuch: »Große Arbeitsverwirrung, da nun über ihn zu schreiben. Leidend.«[3] Er lehnte eine improvisierte Äußerung im Rundfunk ab, sandte jedoch ein längeres Telegramm an Mrs. Roosevelt und verfasste einen Nachruf, der im *Aufbau* erschien. Offenbar in Verkennung der Tatsache, dass sich Amerikaner in der Tradition von Thomas Jefferson lieber auf die römische Republik als auf das römische Kaisertum beriefen, – oder doch absichtlich? – verglich er Roosevelt darin mit Cäsar, der den römischen Gedanken zur »Konzeption eines universellen Reichsbürgertums« erweitert habe, während der amerikanische Präsident – auch er ein »Aristokrat« und »Kind des Reichtums« – »die abendländische Kulturidee [...] in einer Weltzivilisation mit der Atmosphäre des religiösen und sozialen Humanismus« habe aufgehen sehen. Er sei stolz, so Thomas Mann, unter Roosevelts Ägide ein *civis Romanus* geworden zu sein, und dass hier, »noch unter dem frischen Shoc der Emigration, des Exils«, einer war, der zum ersten Mal alles verstand: »Man vergißt das nicht.«[4]

In der inzwischen wiederaufgenommenen Radiosendung *Deutsche Hörer!* vom 19. April widmete er sich ebenfalls ganz dem toten Präsidenten. Dass nach der faschistischen Diktatur auch die Demokratie sich als fähig erwiesen habe, einen Mann der Tat hervorzubringen, einen »Starken, Zähen und Schlauen, [...] den großen *Politiker des Guten*«, das sei »ihre Rettung, die Rettung des Menschen und seiner Freiheit« gewesen. Roosevelt war »der geborene und bewußte Gegenspieler des abgründig bösen, aber damit auch abgründig dummen und weltblinden Diabolismus«. Sein Tod bedeutete einen Verlust, dessen Folgen noch gar nicht absehbar waren, da er »sein Werk verlassen mußte, bevor es vollendet ist«.[5]

Zwei Wochen später sollte auch Hitlers Leben zu Ende sein. Bis dahin mehrten sich bereits die Nachrichten über Einzelheiten der nationalsozialistischen Verbrechen. Im Konzentrationslager Buchenwald ließ General Patton die Bürger von Weimar an den Krematorien und Leichenbergen vorübermarschieren, damit sie die Augen nicht länger vor den schrecklichen Tatsachen verschließen konnten. Die »Funde überträfen jede Erwartung«, hielt Thomas Mann dazu am 19. April in seinem Tagebuch fest.[6] Golo dagegen, der als Offizier mit der US-Armee nach Luxemburg vorgerückt und auch schon im Rheinland gewesen war, berichtete in ersten Eindrücken von den »befreiten« Deutschen, die ihm erzählt hätten, die Schuldigen hätten sich verflüchtigt, es seien ohnehin nie viele gewesen (»Sehen Sie, ich bin Katholik«), und nun müssten die Unschuldigen für die Schuldigen bezahlen.[7]

Am 10. Mai, zwei Tage nach der deutschen Kapitulation, sprach Thomas Mann erneut, vorerst zum letzten Mal, zu seinen deutschen Hörern. Die Stunde sei groß, erklärte er – nicht nur für die Siegermächte, sondern auch für Deutschland. Der Drache sei zur Strecke gebracht, »das wüste und krankhafte Ungeheuer, Nationalsozialismus genannt, verröchelt und Deutschland von dem Fluch wenigstens befreit, [...] das Land Hitlers zu heißen«. Freilich, wenn Deutschland sich selbst hätte befreien können, wäre es besser gewesen. Doch die Befreiung habe von außen kommen müssen, und die Deutschen sollten sie nun »als Leistung anerkennen, sie nicht nur als das Ergebnis mechanischer Übermacht an Menschen und Material erklären und nicht sagen: ›Zehn gegen einen, das gilt nicht‹«.[8]

Was Erika und Klaus aus Deutschland berichteten, ließ allerdings nicht auf Einsicht schließen. Erika, die inzwischen bereits wieder nach Kalifornien zurückgekehrt war, betonte – wie zuvor Golo –, wie wenig Leute zugaben, dass sie Nazis gewesen waren. Klaus, der als Sonderberichterstatter für die amerikanische Militärzeitung *Stars and Stripes* von Italien über den Brenner nach Bayern gelangt war, riet seinem Vater dringend ab, nach Deutschland zurückzukehren oder dort gar eine politische Rolle spielen zu wollen. Alle Bemühungen, die Deutschen »zu verbessern«, wären hoffnungslos: »Am Schluß würde man dir noch das wohlverdiente, unvermeidliche Elend des Landes vorwerfen. Höchstwahrscheinlich würdest du ermordet werden...«[9]

Andererseits gab es durchaus Zeichen eines Neubeginns. So brachte Bermann in Stockholm eine Sondernummer der *Neuen Rundschau* zu Thomas Manns 70. Geburtstag heraus, die als Wiederauferstehung der Zeitschrift in Freiheit zu verstehen war. Zwar musste das erste Heft noch im neutralen Schweden produziert werden. Die Übersiedlung der Zeitschrift nach Deutschland schien jedoch nur eine Frage der Zeit. Auch Thomas Mann erreichten bald Aufforderungen, sich wieder nach Deutschland zu begeben, wie Klaus ahnungsvoll befürchtet hatte. Den Anfang machten offenbar Mitarbeiter des sowjetisch kontrollierten *Berliner Rundfunks*, die ihn bereits im Juli in einem »Hörspiel« zur Rückkehr aufforderten. Doch Thomas Mann lehnte höflich ab – »gently turned down the Berlin invitation«, wie *Time Magazine* am 3. August berichtete; in russische Dienste wollte er nun doch nicht treten.[10] Am 31. Juli erreichte ihn dann ein sehr positiver Beitrag des *Neuen Hannoverschen Kurier*, der dort am 13. Juli erschienen war und in dem es über ihn hieß: »Er war – wenn dieser Superlativ ausnahmsweise einmal gestattet ist – einer der Verbotensten, aber dafür haben wir ihn auch am wenigsten vergessen. [...] Schließlich wurde er, der deutsche Nobelpreisträger, weil er für ein besseres Deutschland seine Stimme erhob, als Landesverräter in Acht und Bann getan. – Wir lasen seine Bücher trotzdem. [...] Wir haben Thomas Mann nicht vergessen, wie er selbst Deutschland nicht vergessen hat. Immer wieder kam (auf der gleichfalls verbotenen Ätherwelle) seine Stimme zu uns, warnend, mahnend, aufrufend, bitter anklagend und das Ende prophezeiend, das nun über uns gekommen ist. In der Tiefe unserer Not hoffen wir ein wenig auch auf ihn.«[11] Doch auch diese leise Mahnung ließ Thomas Mann unbeeindruckt. Im Tagebuch sprach er lediglich von einem »gut geschriebenen Artikel aus der Hannover'schen Zeitung [...] des Inhalts, daß man ›mich nicht vergessen habe‹.[12] Und er reagierte nicht wesentlich anders, als die im sowjetischen Sektor Berlins erscheinende *Berliner Zeitung* am 1. September eine Resolution des Komitees »Opfer des Faschismus« veröffentlichte, die an Thomas Mann mit den Worten appellierte: »You are one of the greatest and ablest sons of the German people. We believe you now have a historic work to accomplish in Germany. We need your help. You belong to us.«[13] Aus Santa Monica teilte er dazu der United Press am gleichen Tag mit, dass er nicht die Absicht habe, nach Deutschland zurückzukehren, um dort zu leben; er könne sich lediglich vorstellen, dorthin zu reisen, wenn die Bestimmungen dies erlaubten.[14] Thomas Mann dachte offenbar nicht daran, sich politisch vereinnahmen zu lassen, gleichgültig von welcher Seite die Aufforderungen zur Rückkehr kamen.

Nur mit Einschränkungen galt dies für den Offenen Brief eines früheren Kollegen aus der Sektion für Dichtkunst der Preußischen Akademie der Künste (und von 1928 bis 1930 deren Präsident), Walter von Molo, der am 4. August zunächst in der *Hessischen Post* erschien und anschließend von anderen Zeitungen vielfach nachgedruckt wurde. Molo, Verfasser nationalistisch gestimmter Romane und Biographien, hatte sich 1933 nach anfänglichen Sympathien für das neue Regime bald auf seinen Hof in Oberbayern zurückgezogen. Aber er war weder aus der Akademie ausgetreten, noch hatte er zu publizieren aufgehört, und sein Buch *Geschichte einer Seele* über Heinrich von Kleist war 1938 ohne Probleme in Deutschland erschienen. Dennoch rechnete er sich zur »inneren Emigration«, deren Vertreter das Regime zwar nicht aktiv bekämpft, aber auch nicht aktiv unterstützt hatten. Jetzt appellierte er an Thomas Mann mit den Worten:

> »Bitte, kommen Sie bald, sehen Sie in die von Gram durchfurchten Gesichter, sehen Sie das unsagbare Leid in den Augen der vielen, die nicht die Glorifizierung unserer Schattenseiten mitgemacht haben, die nicht die Heimat verlassen konnten, weil es sich hier um viele Millionen Menschen handelte, für die kein anderer Platz gewesen wäre als daheim, in dem allmählich gewordenen großen Konzentrationslager, in dem es bald nurmehr Bewachende und Bewachte verschiedener Grade gab. Bitte, kommen Sie bald und geben sie den zertretenen Herzen Trost durch Menschlichkeit und den aufrichtenden Glauben zurück, daß es Gerechtigkeit gibt ...«[15]

Anlass für den Brief von Molos war Thomas Manns Rundfunkbotschaft vom 8. Mai 1945 gewesen, in der er die Konzentrationslager beschrieben und über den Anteil der Deutschen an den nationalsozialistischen Verbrechen gesprochen hatte.[16] Der Text der Ansprache wurde am 18. Mai unter dem Titel »Thomas Mann über die deutsche Schuld« von der *Bayerischen Landeszeitung* – einem Nachrichtenblatt der amerikanischen Armee – nachgedruckt.[17] Dort dürfte auch von Molo ihn zu Gesicht bekommen haben. In der Sendung hatte Thomas Mann wörtlich erklärt:

> »Der dickwandige Folterkeller, zu dem der Hitlerismus Deutschland gemacht hat, ist aufgebrochen, und offen liegt unsere Schmach vor den Augen der Welt, den fremden Kommissionen, denen diese unglaubwürdigen Bilder nun vorgeführt werden und die zu Hause

melden, dies übertreffe an Scheußlichkeiten alles, was Menschen sich vorstellen können. ›Unsere Schmach‹, deutscher Leser und Hörer! Denn alles Deutsche, alles was deutsch spricht, deutsch schreibt, auf deutsch gelebt hat, ist von dieser entehrenden Bloßstellung mitbetroffen. Es war nicht eine kleine Zahl von Verbrechern, es waren Hunderttausende einer so genannten deutschen Elite, Männer, Jungen und entmenschte Weiber, die unter dem Einfluß verrückter Lehren in kranker Lust diese Untaten begangen haben.«[18]

Die Menschheit schaudere sich vor Deutschland, hatte er weiter bemerkt. Deutschland stehe jetzt da »als Abscheu der Menschheit und Beispiel des Bösen«. Die Befreier hätten »das zerbrochene Land besetzt« und müssten es »auf Jahre hinaus noch verwalten«.[19]

Thomas Mann bekannte sich damit nicht nur ausdrücklich zur deutschen Schuld, sondern auch, da die Deutschen sich nicht aus eigener Kraft befreit hätten, zur Notwendigkeit einer längerfristigen Besatzungsherrschaft der Siegermächte. Die Macht sei verspielt, hatte er zum Schluss noch einmal betont. Aber Macht sei nicht alles, sie sei nicht einmal die Hauptsache, und deutsche Größe sei nie eine Sache der Macht gewesen. »Deutsch war es einmal, und möge es wieder sein: Der Macht Achtung abzugewinnen durch den menschlichen Beitrag zum freien Geist.«[20]

Für Walter von Molo und die Angehörigen der »inneren Emigration« waren solche Worte nur schwer hinzunehmen. Sie fühlten sich dadurch herabgesetzt, weil Thomas Mann eine Pauschalverurteilung aussprach und nicht zwischen den eigentlichen Tätern und denjenigen, die lediglich im Land der Täter weitergelebt hatten, unterschied. Tatsächlich, so von Molo, habe das deutsche Volk »im innersten Kern nichts gemein mit den Missetaten und Verbrechen, den schmachvollen Greueln und Lügen, den furchtbaren Verirrungen Kranker«. Davon solle sich Thomas Mann selbst überzeugen. »Kommen Sie bald«, rief er ihm deshalb zu, »wie ein guter Arzt, der nicht nur die Wirkung sieht, sondern die Ursache der Krankheit sucht und diese vornehmlich zu beheben bemüht ist, der allerdings auch weiß, daß chirurgische Eingriffe nötig sind«.[21]

Thomas Mann nahm den Satz in sein Tagebuch auf. Zwar dachte er offenbar keine Sekunde daran, der Aufforderung zu folgen. Mit der Antwort ließ er sich aber Zeit. Die Begründung der Absage wollte wohl überlegt sein. Erst am 7. September begann er mit dem Antwortentwurf, der ebenfalls in der Form eines Offenen Briefes, sozusagen als programmatische Stellungnahme, veröffentlicht werden sollte. Es müsse ihn ja freuen, erklärte er darin schließlich, dass Deutschland ihn wiederhaben wolle – »nicht nur meine Bücher, sondern mich selbst als Mensch und Person«. Doch die Appelle hätten »etwas Beunruhigendes, Bedrückendes«. In der »fast heillosen Lage, in die unser unglückliches Volk sich gebracht hat«, scheine es ihm zweifelhaft, »ob ein schon alter Mann [...] direkt, persönlich, im Fleische noch viel dazu beitragen kann, die Menschen [...] dort aus ihrer tiefen Gebeugtheit aufzurichten«.[22] Alter und Gebrechen waren gewichtige Argumente, die sich gegen eine Rückkehr ins Feld führen ließen. Aber Thomas Mann schreckte auch nicht vor den politischen Gründen zurück, die ihn davon abhielten, von Molos Bitte zu folgen. Ob denn, hielt er ihm entgegen, »diese zwölf Jahre und ihre Ergebnisse [...] von der Tafel zu wischen« seien, und ob man so tun könne, »als seien sie nicht gewesen«? Thomas Mann erinnerte an die Ereignisse 1933 in München, die zu seinem Fernbleiben aus Deutschland geführt hatten, an das Wanderleben von Land zu Land, schließlich die Ansiedlung zunächst in der Schweiz und dann in Amerika. Nun sei er amerikanischer Bürger, und lange vor Deutschlands schrecklicher Niederlage habe er öffentlich und privat erklärt, dass er nicht die Absicht hätte, Amerika je wieder den Rücken zu kehren: »Geradeheraus: ich sehe nicht, warum ich die Vorteile meines seltsamen Loses nicht genießen sollte, nachdem ich seine Nachteile bis zur Hefe gekostet. Ich sehe das namentlich darum nicht, weil ich den Dienst nicht sehe, den ich dem deutschen Volke leisten – und den ich ihm nicht auch vom Lande California aus leisten könnte. Daß alles kam, wie es gekommen ist, ist nicht meine Veranstaltung. Wie ganz und gar nicht ist es das! Es ist ein Ergebnis des Charakters und Schicksal des deutschen Volkes – eines Volkes, merkwürdig genug, tragisch-interessant genug, daß man manches von ihm hinnimmt, sich manches von ihm gefallen lässt. Aber dann soll man die Resultate auch anerkennen und nicht das Ganze in ein banales ›Kehre zurück, alles ist vergeben!‹ ausgehen lassen wollen.«[23]

Einer direkten Auseinandersetzung mit den Daheimgebliebenen, den Repräsentanten der »inneren Emigration«, wich er allerdings in seinem Brief an von Molo noch aus, auch wenn er sich den Hinweis nicht ersparte, dass er ebenfalls persönliche Bedenken hege – gegen »Sie alle, die Sie dem ›charismatischen Führer‹ (entsetzlich, entsetzlich, die betrunkene Bildung!) Treue schworen und unter Goebbels Kultur betrieben«. Er vergesse nicht, »dass Sie später viel Schlimmeres durchgemacht haben, dem ich entging; aber das haben Sie nicht gekannt: das Herzasthma des Exils, die Entwurzelung, die nervösen Schrekken der Heimatlosigkeit«.[24] Anders gesagt: Man möge sich die Aufrechnung sparen.

Thomas Mann brauchte mehr als eine Woche, um sein Antwortschreiben zu verfassen. Wie sehr er in dieser Zeit mit sich rang, geht aus dem Tagebuch hervor, in dem sich wiederholt ähnliche Eintragungen finden: »Schrieb vormittags und nachmittags an dem Brief nach Deutschland.« – »Weiter an dem Brief nach Deutschland.« – »Geniertes Herumexperimentieren mit dem zur Hälfte verfehlten Brief nach Deutschland.« – »Schloß den Brief nach Deutschland aufs neue ab.«[25] Erst dann war er zufrieden und sandte den Text unter dem Titel »Warum ich nicht nach Deutschland zurückgehe« zur Veröffentlichung an den New Yorker *Aufbau* und zahlreiche deutsche Zeitungen.[26]

Der Brief war vordergründig an Walter von Molo gerichtet. In Wirklichkeit zielte er jedoch auf das deutsche Volk, dem Thomas Mann inzwischen mehr als zwiespältig gegenüberstand, da er diejenigen verurteilte – wahrlich nicht wenige –, die unter der Diktatur »in scheinbaren Ehren ihren Geschäften« nachgegangen waren, wie es in Kapitel XLVI. des *Doktor Faustus* heißt.[27] Millionen Deutsche hatten damit das diktatorische Regime, gewollt oder ungewollt, durch ihre Arbeit unterstützt. Dies galt nicht zuletzt für Schriftstellerkollegen, die während der NS-Zeit weiter geschrieben und publiziert hatten, als wäre nichts geschehen. Bereits in einer der ersten Radiosendungen für die BBC hatte Thomas Mann deshalb seinen Hörern zugerufen: »Grenzenlos und unverzeihlich ist euer Glaube, will sagen: eure Leichtgläubigkeit.«[28] Jetzt, 1945, bezog er sich mit seiner Feststellung, dass »alles, was deutsch spricht, deutsch schreibt, auf deutsch gelebt hat«, von einer »entehrenden Bloßstellung« mitbetroffen sei, allerdings selbst ausdrücklich in den Schuldvorwurf ein.[29] Obwohl er in den Jahren der Diktatur ein ständiger Mahner und Ankläger von außen gewesen war, demonstrierte er nun keine ablehnende Distanz, sondern Zugehörigkeit. Nur so ist auch die Formulierung in seinem Vortrag »Deutschland und die Deutschen« zu verstehen, in der es hieß: »Man hat zu tun mit dem deutschen Schicksal und deutscher Schuld, wenn man als Deutscher geboren ist. Die kritische Distanzierung davon sollte nicht als Untreue gedeutet werden. Wahrheiten, die man über sein Volk zu sagen versucht, können nur das Produkt der Selbstprüfung sein.«[30]

Die Verwahrung gegen den Vorwurf der »Untreue« schien notwendig, da unter denjenigen, die während der NS-Zeit in Deutschland geblieben waren, ein tiefes Misstrauen gegenüber den Emigranten herrschte, das seit Kriegsende eher noch größer geworden war. Besonders wenn sie in einer Uniform der

Siegermächte in die Heimat zurückkehrten, wie es unter anderem bei Hans Habe, Hans Wallenberg, Alfred Döblin, Peter de Mendelssohn und Carl Zuckmayer der Fall war, schlug ihnen Skepsis, Abneigung und oftmals blanker Hass entgegen.[31] Thomas Mann trug keine fremde Uniform. Doch da er immer wieder in scharfem Ton seine Abscheu vor dem nationalsozialistischen Regime kundgetan und dabei auch dem deutschen Volk schwere Vorwürfe nicht erspart hatte, galt er vielen ebenfalls als Nestbeschmutzer, Handlanger der Alliierten, ja sogar als Verräter, der seinem Volk während des Krieges mit seinen Rundfunkansprachen über den Sender der BBC in den Rücken gefallen sei.[32]

Als der Schriftsteller Frank Thieß am 18. August 1945, wenige Tage nach dem Offenen Brief Walter von Molos, in der *Münchner Zeitung* unter dem Titel »Die innere Emigration« den Appell Molos an Thomas Mann zur Rückkehr unterstützte, aber zugleich ein Plädoyer für die in Deutschland Verbliebenen hielt, konnte er sich daher des Beifalls der Mehrheit der deutschen Öffentlichkeit gewiss sein. Thieß, ein Romancier und Verfasser historischer Essays, dessen 1941 erschienenes Buch *Das Reich der Dämonen* über das Oströmische Reich wegen der darin enthaltenen Kritik an totalitären Regimes von den Nationalsozialisten verboten worden war und der sich deswegen der »inneren Emigration« zurechnete, erklärte in dem Artikel:

> »Wir erwarten dafür keine Belohnung, daß wir Deutschland nicht verließen. Es war für uns natürlich, daß wir bei ihm blieben. Aber es würde uns sehr unnatürlich erscheinen, wenn die Söhne, welche um es so ehrlich und tief gelitten haben, wie ein Thomas Mann, heute nicht den Weg zu ihm fänden und erst einmal abwarten wollten, ob sein Elend zum Tode oder zu neuem Leben führt. Ich denke, nichts ist schlimmer für sie, als wenn diese Rückkehr zu spät erfolgt und sie dann vielleicht nicht mehr die Sprache ihrer Mutter verstehen würden.«[33]

Es war bemerkenswert, ausgerechnet Thomas Mann vorzuhalten, er werde eines Tages womöglich seine Muttersprache nicht mehr verstehen, oder ihm zu unterstellen, er wolle – opportunistisch – vielleicht erst einmal abwarten, ob Deutschland wieder auf die Beine kam. Ganz offenkundig hatte sich hier einer im Ton vergriffen. Dass dies Absicht war, bewies die Kritik von Thieß an den Rundfunkbotschaften Thomas Manns. Diesen wohl bedeutendsten Versuch, eine deutsche Stimme von außen in das Reich hineinzutragen, um wichtige Wahrheiten zu verkünden – unabhängig davon, ob dies im Einzelnen immer mit dem richtigen Ton geschehen war –, tat er mit der verächtlichen Bemerkung ab, die Tauben hätten sie ohnehin nicht vernommen, »während wir Wissenden uns ihnen stets um einige Längen voraus fühlten«.[34]

»Wir Wissenden«: Thieß machte sich damit zum Sprecher der »inneren Emigration«, von der Thomas Mann übrigens, vermutlich als einer der ersten, bereits 1933 gesprochen hatte. Jetzt rechneten sich dazu so unterschiedliche Männer wie Kasimir Edschmid, Hermann Keyserling, Walter von Molo, Erich Kästner und Werner Bergengruen, aber auch »betont nationale Schriftsteller«, wie Hans Grimm und Ernst Wichert.[35] Nicht alle von ihnen hatten sich im eigentlichen Sinne schuldig gemacht, aber frei von Schuld waren sie deswegen noch lange nicht. Nicht zuletzt galt dies für Frank Thieß selbst, der zwar zu seinen Gunsten anführen konnte, dass einige seiner Bücher 1933 »am Schandpfahl« verbrannt worden seien und dass er nach dem Verbot seiner Publikation zur Geschichte des oströmischen Reiches 1941 mit einer Biographie über Enrico Caruso, die er von 1942 bis 1946 verfasst hatte, der Politik gewissermaßen entsagt hatte. Aber das galt, bei näherer Betrachtung, nur für die letzten Jahre der nationalsozialistischen Herrschaft. 1933 hatte er in einem Interview mit dem *Hannoverschen Tageblatt* Hitlers »Machtergreifung« ausdrücklich begrüßt und dessen Werk als eine »erlösende Tat« bezeichnet.[36] Vielleicht begegnete er den wirklichen Emigranten gerade aus diesem Grunde mit einer »nervösen Aggressivität«, wie Klaus Harpprecht bemerkt hat.[37]

Nach dem Ende des NS-Regimes – und dies war für seine jetzige Rolle noch wichtiger als die Vergangenheit – hatte er sich ungeachtet seiner ambivalenten Haltung zum »Dritten Reich« nicht nur zu einem Opfer des Nationalsozialismus stilisiert (was er schwerlich war), sondern auch den Umstand seiner Nicht-Emigration idealisiert. Das Miterleben von Brand, Hunger und Bomben, behauptete er, habe ihn an Wissen und Erleben reicher gemacht, als wenn er »aus den Logen und Parterreplätzen des Auslands« der deutschen Tragödie zugeschaut hätte – ein erneuter Seitenhieb auf Thomas Mann und dessen »Logenplatz« in Kalifornien.[38] Dieser erboste sich, aber beließ es bei unterdrücktem Protest, ohne sich öffentlich zu wehren: »Nahe daran, eine Replik auf den Thieß'schen Artikel zu beginnen. Stattdessen doch etwas am Roman. […] Die Angriffe, Falschheiten und Dummheiten arbeiten tagsüber in mir und ermüden mich wie schwere Arbeit.«[39]

Eine Rückkehr nach Deutschland kam nun erst recht nicht mehr in Frage. In seinem Brief an von Molo knapp zwei Wochen zuvor hatte er sich am Ende immerhin noch eine letzte Hintertür, und vielleicht sogar mehr als das, offen gehalten, indem er zum Schluss geschrieben hatte: »… der Traum, den Boden des alten Kontinents noch einmal unter meinen Füßen zu fühlen, ist, der großen Verwöhnung zum Trotz, die Amerika heißt, weder meinen Tagen, noch meinen Nächten fremd, und wenn die Stunde kommt, wenn ich lebe und die Transportverhältnisse sowohl wie eine löbliche Behörde es erlauben, so will ich hinüberfahren. Bin ich aber einmal dort, so ahnt mir, daß Scheu und Verfremdung, diese Produkte bloßer zwölf Jahre, nicht standhalten werden gegen eine Anziehungskraft, die längere Erinnerungen, tausendjährige, auf ihrer Seite hat. Auf Wiedersehen also, so Gott will.«[40]

Wäre Thomas Mann ohne die Anwürfe von Thieß also vielleicht doch gefahren? Unbedingt wahrscheinlich ist es nicht, da er sich mit seiner entschiedenen Gegnerschaft zum Nationalsozialismus und vor allem mit seiner Hervorhebung der Mitverantwortung des deutschen Volkes für Hitler und die nationalsozialistischen Verbrechen so viel Hass unter seinen früheren Mitbürgern zugezogen hatte, dass es kaum noch eine Möglichkeit der Verständigung gab. Wie genau er selbst diesen Zusammenhang erkannt hatte, zeigt eine Passage aus einem Brief an Paul Amann vom Dezember 1945. Europa sei »ein Alptraum«, erklärte er darin, – er benutzte das englische Wort »nightmare« –

> »und wer mir wohl will, warnt vor jedem Gedanken an ›Heimkehr‹. Wir müssen bedenken, daß die Leute dort langsam, Jahr für Jahr, in ihren durchaus wilden und abenteuerlichen, bettelhaften und cynischen Zustand hineingeglitten und daran gewöhnt sind. Wir, plötzlich zurückverpflanzt, würden die Rolle des greenhorns dort in einer viel lächerlicheren Weise spielen, als hier, und wahrscheinlich in einem halben Jahr kaputt sein. Die Schwierigkeiten der Verständigung sind enorm, das zeigt mir jede Berührung. Die drüben und drinnen glauben nämlich, sie hätten gar viel erlebt und wir Drükkeberger nichts, während genau umgekehrt wir uns den Wind haben um die Nase wehen lassen und jene die 12 Jahre gerade *nicht* erlebt haben: sie halten 1933 und wollen fortfahren, wo sie damals aufgehört haben.«[41]

Thomas Mann war also sichtlich bemüht, das Problem der Verständigung auf eine höhere, politische Ebene zu verpflanzen, doch in Wirklichkeit war es viel persönlicher, viel menschlicher, als er es selbst wohl wahrhaben wollte. Denn unter denjenigen, die sich der »inneren Emigration« zurechneten, gab es nicht wenige, die seine Rückkehr nach Deutschland überhaupt nicht wünschten. Zu ihnen zählte auch Erich Kästner, der im Januar 1946 schrieb, der Kennerschaft und Vorliebe Thomas Manns für die »Gestaltung differenzierter Künstlernaturen, kränklicher, überfeinerter Charaktere« entspreche »seit je eine physische Labilität des Autors selber«. Die Athleten und Heroen seien »ihm immer ein wenig verdächtig« gewesen, »und er ist selber keines von beiden. Wer kam nur zuerst auf die Idee, ihn über den Ozean zwischen unsere Trümmer zu rufen?«[42]

Auch Kästner, der nach 1945 gerne von sich behauptete, »zwölf Jahre verboten« gewesen zu sein, hatte nach 1933 fleißig weiter produziert und dabei sogar noch bestens verdient. Als Verfasser, teilweise unter Pseudonym, von Komödien und Filmdrehbüchern, darunter die UfA-Produktion *Münchhausen* 1943, war er, persönlich durchaus sympathisch, einer der Großen im Unterhaltungsgeschäft des »Dritten Reiches« gewesen, auch wenn er selbst von dieser Zeit als einem »Martyrium« sprach – eben ein Mann des Humors. Thomas Mann konnte darüber allerdings nicht lachen. Er nannte Kästners Artikel »das Unverschämteste, was die Deutschen sich gegen mich geleistet haben, und ein klassisches Stück sächsischer ›Heemdicke‹. ›Nach D. kehre ich nicht zurück‹, schrieb mir die liebe Annette Kolb im Jahre 33. Es ist bei uns ein geflügeltes Wort geworden.«[43]

Nicht weniger ärgerlich als Kästners Einwurf war ein Offener Brief des Schriftstellers Manfred Hausmann im Bremer *Weser-Kurier* vom Mai 1947, in dem er Thomas Mann beschuldigte, sich 1933 in einem Schreiben an den damaligen Innenminister Frick mit eindringlichen Worten bemüht zu haben, die Erlaubnis zur Rückkehr ins nationalsozialistische Deutschland zu erhalten. Der Brief sei nicht beantwortet worden, deshalb – folgerte Hausmann – habe Thomas Mann »gegen seinen Willen das Dritte Reich meiden« müssen: »Damals wäre er also gern ins Hitlersche Deutschland zurückgekehrt. Aber er durfte es nicht.«[44] Es war eine glatte Verleumdung, die durch die Veröffentlichung des Mannschen Briefes an Frick sofort widerlegt wurde.[45] Die »innere Emigration«, zu der auch Hausmann sich rechnete, wurde Thomas Mann dadurch indessen nicht sympathischer. »Diese ganze ›Innere Emigration‹ kann mir, offen gestanden, gestohlen werden«, hatte er dazu bereits ein Jahr zuvor bemerkt. »Alle haben sie mitgemacht, alle profitiert, alle an den Bestand des Scheußlichen geglaubt, das sie nie wirklich als scheußlich empfunden und verabscheut haben. Und jetzt spielen sie die Helden und Märtyrer, die bei Deutschland blieben und mit ihm litten, während wir uns aus den bequemen Logen des Auslands etc. Es ist eine beträchtliche Unverschämtheit.«[46]

Das Urteil war hart – zu hart. Denn natürlich gab es unter den zahlreichen Vertretern der »inneren Emigration« nicht wenige, die den Kriterien, die etwa Walter von Molo oder auch Frank Thieß zu ihren Gunsten ins Feld führten, durchaus entsprachen. Diejenigen allerdings, mit denen Thomas Mann zu tun bekam, gehörten in der Regel nicht dazu. Das lag jedoch nicht nur an der »inneren Emigration«, sondern auch an Thomas Mann selbst, der es in seinen politischen Aussagen über Deutschland und die Deutschen unter dem Nationalsozialismus an Schärfe nie hatte fehlen lassen. Und auch wenn er damit meistens im Recht gewesen war, gab es nur wenige, die damals bereits die Souveränität besaßen, das Recht nicht nur als Recht zu erkennen, sondern es auch zu akzeptieren.

Schuld und Verantwortung

»Dies Volk hat sich etwas angerichtet! Aber es versteht nichts, sieht nichts ein, ist sich keiner Schuld bewußt.«[1] Mit dieser halb anklagenden, halb resignierenden Tagebucheintragung begann am 26. März 1945 eines der düstersten Kapitel der Beschäftigung Thomas Manns mit den Deutschen. Zwar war er selbst inzwischen längst Amerikaner. Aber das wollte nicht viel besagen; er war es nur auf dem Papier. Das Schicksal Deutschlands blieb sein Thema bis zuletzt. Jetzt, da sich das Ende des »Dritten Reiches« näherte, ging es vor allem um das, was später »Vergangenheitsbewältigung« genannt werden sollte: die deutsche Schuld und Verantwortung in der Verstrickung mit dem Nationalsozialismus.

Muss man »euch Deutschen sagen, daß, was ihr heute leidet, [...] daß es alles aus dem Nationalsozialismus kommt?«, hatte er dazu bereits in seiner Rundfunkrede vom 30. Oktober 1943 gefragt – um sogleich hinzuzufügen: »Der trug es in sich von Anfang an; nie konnte etwas anderes aus ihm kommen. Das wollte gesehen sein 1932 und 33. Daß Deutschland es nicht sah, als noch Zeit zu sehen war, ist seine schwere Schuld.«[2] Dem nationalsozialistischen Regime zur Macht verholfen, seine zerstörerischen Absichten nicht rechtzeitig erkannt und damit seine Schandtaten überhaupt erst ermöglicht zu haben, ihm danach mit grenzenlosem Gehorsam gefolgt zu sein, leichtgläubig und passiv weggeschaut und keinen Widerstand geleistet, vielmehr alles getan zu haben, um sein Fortbestehen zu ermöglichen, bis äußere Mächte das Regime zum Einsturz brachten – darin, in diesem allgemeinen Verhalten, nicht in individuellem Versagen, bestand nach Thomas Manns Auffassung die deutsche Schuld.

In diese weite, allgemeine Definition von »Schuld« bezog er sich ausdrücklich auch selbst ein. Noch in seiner letzten Rundfunkansprache vom November 1945, als er erneut auf die »furchtbare nationale Gesamtschuld« zu sprechen kam, wies er darauf hin, »daß alles, was deutsch heißt«, darin eingeschlossen sei.[3] Unverständlich – und unverzeihlich – schien ihm dagegen, dass das Bewusstsein einer solchen Schuld unter den Deutschen insgesamt, vor allem denjenigen, die im Reich gelebt hatten, erstaunlich wenig ausgeprägt war. Tatsächlich fügten sich viele ja nur murrend in das unabwendbare Schicksal der Besatzungsherrschaft, da sie sich an dem, was geschehen war, nur selten persönlich beteiligt gefühlt hatten. Eine »Kollektivschuld« wurde nahezu einhellig bestritten. Bedauert wurde zumeist nur das Leid, das man selbst erfahren hatte.

Dabei hätte es viel zu bedauern gegeben. Als die nationalsozialistische Gewaltherrschaft im Mai 1945 zu Ende ging, waren mindestens 55 Millionen Menschen, unter ihnen 25 Millionen Zivilisten, durch Terror und Krieg ums Leben gekommen. Insgesamt über 15 Millionen hatte man aus politischen, religiösen und rassischen Gründen in Konzentrations- und Vernichtungslager verschleppt. Nicht weniger als elf Millionen Menschen, davon fünf bis sechs Millionen Juden, waren darin ermordet worden. Das menschliche Leid, aber auch die materiellen Zerstörungen, die das NS-Regime angerichtet hatte, waren in der Geschichte ohne Beispiel. Kein historischer Vergleich, vom Untergang Karthagos bis zum Dreißigjährigen Krieg oder den stalinistischen »Säuberungen« in der Sowjetunion, erschien angemessen, dem industrialisierten Massenmord des nationalsozialistischen Deutschland einen Maßstab oder eine

Perspektive zu geben. Das Verbrechen war in jeder Hinsicht einzigartig.

Fragen drängten sich auf: Warum waren die Deutschen einem Verführer wie Hitler so willig gefolgt? Weshalb hatten sie sich einem politischen Verbrecher ausgeliefert, der an seinen Absichten nie einen Zweifel gelassen hatte, und waren dabei selber schuldig geworden? Weshalb waren ausgerechnet in der »zivilisierten« Mitte Europas keine ausreichenden Gegenkräfte erwachsen, um der nationalsozialistischen Herausforderung erfolgreich zu begegnen? Die Gewaltherrschaft des totalitären Regimes, dazu das Erlebnis des Krieges und die millionenfache Begegnung mit dem Tod, vor allem jedoch die Realität der Konzentrations- und Vernichtungslager von Dachau und Sachsenhausen bis Auschwitz und Treblinka machten es unmöglich, die Frage nach Ursachen und Schuld nicht zu stellen. Dabei wurden Erklärungen nicht nur von Politikern und Historikern erwartet, sondern gerade auch von Künstlern und Intellektuellen. Wenn es je eine »reine« Kunst gegeben hatte, so hatte sie spätestens mit dem Nationalsozialismus ihre Unschuld verloren. In einem Bereich, in dem Wissen von Gewissen nicht zu trennen war, hingen Glaubwürdigkeit und Wirksamkeit unmittelbar zusammen. Beides war durch die politisch-ideologische Instrumentalisierung der Kultur im Nationalsozialismus grundlegend in Frage gestellt.

Natürlich wurde das Spannungsverhältnis zwischen einer spezifisch deutschen Schuld und objektiven historischen Gegebenheiten, die über Jahrhunderte hinweg mit schicksalhafter Zwangsläufigkeit Faschismus und Nationalsozialismus hervorgebracht haben sollten, unter den Intellektuellen nach 1945 weithin diskutiert. »Schuldbekenntnisse« waren jedoch zumeist nur von jenen zu vernehmen, die nach 1933 ins Exil getrieben oder als Gegner des Nationalsozialismus in Zuchthäuser oder Konzentrationslager verschleppt worden waren. Während sie bedauerten, nicht rechtzeitig mehr getan zu haben, um das

Unheil aufzuhalten, zogen die »Mitläufer« und Vertreter der »inneren Emigration« es in der Regel vor, zu schweigen oder abzuwiegeln. Selbst der Appell des prominenten Heidelberger Philosophen Karl Jaspers, nicht erst den Urteilsspruch der Alliierten abzuwarten, sondern sich in aller Offenheit selbst anzuklagen, fand nicht die erhoffte Resonanz, auch wenn sich in jenen Jahren zahlreiche Bücher, Broschüren und Aufsätze mit der »deutschen Schuld« befassten.[4]

Die meisten Erklärungen führten den Nationalsozialismus auf ein Gesamtgeschick oder zumindest – entsprechend der von William Montgomery McGovern formulierten angloamerikanischen These *From Luther to Hitler* – auf den Verlauf der deutschen Geschichte seit den gescheiterten Bauernaufständen des frühen 16. Jahrhunderts zurück.[5] Für den Publizisten, Politiker und Pädagogen Friedrich Wilhelm Foerster schuf dagegen die »Verpreußung« Deutschlands seit Friedrich II. jene Voraussetzungen des Militarismus und des Obrigkeitsstaates, ohne die der Nationalsozialismus nicht denkbar gewesen sei, während Fritz Harzendorf, Herausgeber und Chefredakteur der *Neuen Württembergischen Zeitung*, den »deutschen Irrweg« erst mit dem preußischen Hegemoniestreben innerhalb des wilhelminischen Reiches beginnen sah.[6] Als geistige Wegbereiter des Nationalsozialismus wurden sowohl die Philosophen des deutschen Idealismus, wie Kant, Fichte und Hegel, als auch die Vertreter des Irrationalismus, wie Schelling, Schopenhauer, Nietzsche und Heidegger, genannt. Kant wurde sein »martialisches« Konzept der absoluten Pflichterfüllung angelastet, Fichte und Hegel ihr angebliches Versäumnis, zwischen Macht und Recht zu unterscheiden. Damit habe, so Paul Wilhelm Wenger 1947, ein direkter Weg zu den Blut- und Eisen-Taktiken Bismarcks und schließlich zu Hitler geführt.[7] In ähnlicher Weise nannte auch Alfred Martin ein Jahr später Hegel einen »elitären Etatisten«, der sich über jedes Naturrecht, jedes Völkerrecht, ja über alles Übernationale in Recht und Moral, wie es vom klassischen Altertum über das christliche Mittelalter bis zum philantropischen 18. Jahrhundert normgebend gewesen sei, hinweggesetzt habe.[8]

Entlastend für die Deutschen wirkten demgegenüber Erklärungen von Philosophen, Historikern und Ökonomen, die das Phänomen des Nationalsozialismus auf die Entwicklung der modernen Gesellschaft und damit auf die weltweite »Vermassung« oder »Verpöbelung« des Menschen zurückführten, die der spanische Philosoph José Ortega y Gasset 1930 beschrieben hatte.[9] So bemerkte Wilhelm Röpke, das totalitäre Regime des Nationalsozialismus, das keinerlei Achtung »vor der Freiheit und den Rechten des Individuums« besessen habe, sei erst möglich geworden, nachdem sich jene präkollektivistischen »Einheitsdeutschen« herausgebildet hätten, die als »proletarisierte« Massenwesen geradezu zwangsläufig der Demagogie der nationalsozialistischen Propaganda hätten verfallen müssen, als diese ihnen die Eroberung der Welt versprach.[10] Der Historiker Friedrich Meinecke hielt in diesem Zusammenhang bereits die Mobilisierung der Unterschichten in der Französischen Revolution am Ende des 18. Jahrhunderts für den Beginn der »Vermassung«, mit der, so Meinecke unter Bezug auf Jacob Burckhardt, ein falsches Streben »nach dem unerreichbaren Menschenglück der Massen« eingesetzt habe, das als typisches Symptom einer »verfallenden Kultur« nur auf »Erwerb, Macht und Wohlleben« ausgerichtet gewesen sei. Dies habe zu einem Prozess geführt, den man erst Demokratisierung, dann Sozialisierung und Nationalisierung und schließlich Bolschewisierung oder Faschisierung genannt habe.[11] Eine »spezifisch deutsche Schuld« vermochte Meinecke darin ebenso wenig zu erkennen wie Gerhard Ritter, der 1948 den Faschismus ebenfalls als Ausdruck jenes »modernen Massenmenschentums« und »proletarischen Nationalgefühls« sah, das sich überall in der Welt verbreite und in seiner Neigung zur »totalitären Diktatur« selbst den Demokratien des Westens gefährlich werden könne. Die Neigung der »Vansittartisten« (in Anspielung auf Sir Robert Vansittart und sein Buch *Bones of Contention*), alles Böse in der jüngsten Geschichte den Deutschen anzulasten, sei deshalb zurückzuweisen.[12]

Thomas Mann konnte mit solchen Erklärungen wenig anfangen. Sein Zugang zu Hitler und der Frage von Schuld und Verantwortung war weder historisch noch politisch begründet, sondern literarisch-subjektiv, durchsetzt mit religiös-philosophischen Ableitungen und psychologischen Spekulationen. Das heißt nicht, dass sein Urteil über das NS-Regime und die Rolle der Deutschen weniger differenziert gewesen wäre als die Meinung von Historikern, Ökonomen oder Philosophen – oder weniger richtig. Aber er blieb auch in seiner analytischen Beschäftigung mit dem nationalsozialistischen Deutschland im Grunde jener unpolitische Betrachter, der er immer gewesen war und immer bleiben sollte, so eingehend und so oft er sich auch zu politischen Fragen äußerte.

Sicher ist, dass das Urteil Thomas Manns über das Verhältnis zwischen den Deutschen und dem nationalsozialistischen Regime sich 1944 maßgeblich änderte. Bis dahin hatte er in seinen Reden und Schriften und besonders auch in den Rundfunkansprachen zwischen dem »bösen« und dem »guten« Deutschland, zwischen dem »deutschen Volk« und seinen »Verführern« unterschieden – beispielsweise in der Botschaft *An die Deutschlehrer Amerikas* 1941, in der er betonte, es sei »töricht«, »das politisch entstellte Gesicht, das Deutschland augenblicklich der Welt zeigt, mit seinem wahren und ewigen Antlitz zu verwechseln«.[13] Diese Unterscheidung hielt er bis 1944 in seinen öffentlichen Äußerungen stets aufrecht, auch wenn er im Geheimen seit langem anderer Auffassung war, wie eine Tagebucheintragung aus dem Jahre 1937 zeigt: »Nein, Hitler ist kein Zufall, kein illegitimes Unglück, keine Entgleisung. [...] Er ist ein echtes deutsches Phänomen.«[14]

Ein Schlüsselerlebnis, das seinem Denken eine neue Richtung wies, war schließlich die Lektüre des Buches *Germany,*

Jekyll and Hyde von Sebastian Haffner, das er im Frühjahr 1940 las. Im Tagebuch nannte er den Band am 15. Mai »ausgezeichnet« und kam wenige Tage später noch einmal darauf zurück, als er notierte: »Diskussion, wieder einmal, über den ›Unterschied zwischen Deutschland und Hitler‹.«[15] Sebastian Haffner, Pseudonym des deutschen Schriftstellers Raimund Pretzel, der 1938 nach England emigriert war, hatte *Germany, Jekyll and Hyde* Anfang 1940 im Verlag Secker and Warburg in London veröffentlicht und darin die Janusköpfigkeit Deutschlands beschrieben. Es gebe, erklärte er, nicht *zwei* Deutschlands, sondern nur *eines*, aber mit zwei gegensätzlichen Gesichtern: eben Jekyll und Hyde.[16] Es war ein überzeugendes Bild, das Thomas Mann, wie es scheint, sofort einleuchtete. Jedenfalls bemerkte er kurz darauf, sich die Argumentation Haffners aneignend, gegenüber Agnes Meyer, dass sich das Leben nicht in ›gut‹ und ›böse‹ auseinanderlegen lasse, »sondern meistens gut und böse auf einmal ist und plötzlich das Böse aus dem Guten als gräßliche Fratze hervortreten läßt.«[17]

Wie sehr Thomas Mann danach unter dem Eindruck der Einsichten und Analysen Haffners gestanden haben muss, zeigt die Tatsache, dass er deren Denkrichtung Jahre später in seinem Vortrag vor der Library of Congress über *Deutschland und die Deutschen* im Mai 1945 großenteils übernahm. Selbst der Titel »Germany and the Germans« stammt offenbar von Haffner, der die Formulierung im Vorwort von *Germany, Jekyll and Hyde* verwendet, wo Thomas Mann sie zweifellos gelesen hat. Die Rede, über die hier an anderer Stelle bereits einiges gesagt worden ist, war für Thomas Manns Erklärung des Nationalsozialismus von grundlegender Bedeutung. Allerdings ist sie nicht allein auf Haffner zurückzuführen. Vielmehr entsprachen die darin verwendeten Argumentationsmuster durchaus auch einer im damaligen öffentlichen Diskurs veränderten Einstellung gegenüber Deutschland, die sich nach dem Kriegsverlauf und den immer unübersehbarer werdenden deutschen

Verbrechen in Richtung einer generellen Verurteilung der politischen Kultur des Reiches bewegte.[18]

Thomas Mann schilderte in seinem Vortrag nun zunächst »die komplexe Welt deutscher Psychologie«, indem er auf »die Vereinigung von Weltbedürftigkeit und Provinzialismus im deutschen Wesen«, auf die deutsche »Weltfremdheit«, ja »Unweltlichkeit« hinwies und dem deutschen Seelenbild eine »Art von spießbürgerlichem Universalismus«, einen »Kosmopolitismus in der Nachtmütze sozusagen«, attestierte.[19] Dem habe, meinte er, »immer etwas Skurril-Spukhaftes und Heimlich-Unheimliches, etwas von stiller Dämonie angehaftet«, wie man am Beispiel seiner Vaterstadt Lübeck erkennen könne, wo bei aller Modernisierung im Bismarck-Reich etwas von der »Hysterie des ausgehenden Mittelalters, etwas von latenter seelischer Epidemie« hängen geblieben sei. Kurz, ein »altertümlich-neurotischer Untergrund« sei dort spürbar gewesen, der »eine geheime Verbindung des deutschen Gemütes mit dem Dämonischen« suggerierte.[20]

Natürlich kam Thomas Mann an dieser Stelle auf Goethes Faust zu sprechen, den er selber gerade im *Doktor Faustus* neu deutete, indem er nicht nur die Musik und das Leben des »genialen Tonsetzers Adrian Leverkühn«, sondern auch die Geschichte seiner Zeit dämonisierte – in Parallele zum Schicksal des deutschen Volkes unter dem Nationalsozialismus: Während Adrian sich dem Teufel verschrieb und wahnsinnig wurde, verfielen die Deutschen dem »Verführer« Hitler, der sie erst in den moralischen und dann in den politischen Abgrund trieb. Im Mittelpunkt stand dabei die »faustische Natur«, aus der Thomas Mann wiederum die Unfähigkeit der Deutschen ableitete, ihr Schicksal in demokratischer Ordnung zu gestalten.[21]

So hieß es denn auch in *Deutschland und die Deutschen*, dass dort, wo der Hochmut des Intellekts sich mit seelischer Altertümlichkeit und Gebundenheit paare, der Teufel sei. Und der Teufel, Luthers Teufel, erklärte Thomas Mann, wolle ihm »als eine sehr deutsche Figur« erscheinen. Es sei »etwas dem deutschen Wesen eigentümlich Naheliegendes«, dass Faust ein Bündnis mit dem Teufel eingehe, sich diesem verschreibe, um »unter Drangabe des Seelenheils für eine Frist alle Schätze und Macht der Welt zu gewinnen«[22], – wobei Thomas Mann es seinen Zuhörern überließ, selbst die Schlussfolgerung zu ziehen, dass die Deutschen nun in ihrer Gesamtheit einen Pakt mit dem Teufel geschlossen hatten – gewissermaßen in Fortführung des historisch-logischen, traditionellen deutschen Weges, der immer wieder neu beschritten wurde und im Verhalten der Deutschen gegenüber Hitler und dem Nationalsozialismus nur seine aktuellste Ausprägung erfuhr.

Erklären lasse sich das deutsche Verhalten jedoch nicht mit Goethe allein, meinte Thomas Mann. Dazu bedürfe es noch des Studiums Luthers, von dem die »deutsche idealistische Philosophie, die Verfeinerung der Psychologie durch die pietistische Gewissensprüfung, endlich die Selbstüberwindung der christlichen Moral aus Moral, aus äußerster Wahrheitsstrenge« stamme. Luther sei damit ein »Freiheitsheld« gewesen – »aber in deutschem Stil«, denn er habe nichts von Freiheit verstanden, jedenfalls nichts von der politischen Freiheit des Staatsbürgers, die ihn kalt gelassen hätte. Auf Luther gehe damit »das kerndeutsche Auseinanderfallen von *nationalem Impuls* und dem Ideal politischer *Freiheit*« zurück. Deutschland habe nie eine Revolution gehabt, in der es gelungen sei, so Thomas Mann, »den Begriff der Nation mit dem der Freiheit zu vereinigen«.[23] Daher fehle auch das französische Gefühl für die Nation, und der missverstandene Begriff der Freiheit, der nur nach außen, auf den Schutz des eigenen Deutschseins gerichtet sei, der eine innere Unfreiheit impliziere, habe Deutschland anfällig für die Idee des »Völkischen« im Sinne der nationalsozialistischen Ideologie gemacht. So sei, bemerkte Thomas Mann, die deutsche Freiheitsidee, die dem Barbarischen immer nahe oder, wie im Hitlerismus, ganz ungeschminkt zur Barbarei geworden sei, gänzlich verkommen.[24]

Diese Grundhaltung der Deutschen war für Thomas Mann auch eine Erklärung für »ein gewisses Unverhältnis des deutschen Gemüts zur Politik«. Nach seiner Auffassung war den Deutschen der offensichtlich notwendige Kompromiss, »das Höhere, die Idee, das Menschheitlich-Anständige und Sittliche« mit dem »Lebensnützlich-Bösen und allzu Irdischen« zu verbinden, offenbar fremd; er erscheine dem Deutschen als Heuchelei. Der Deutsche sei nicht dazu berufen, mit dem Leben fertig zu werden, und erweise seine Unberufenheit zur Politik, indem er sie »auf eine plump ehrliche Weise« missverstehe. »Von Natur durchaus nicht böse, sondern fürs Geistige und Ideelle angelegt«, halte er »die Politik für nichts als Lüge, Mord, Betrug und Gewalt, für etwas vollkommen und einseitig Dreckhaftes«. Und er betreibe sie, wenn er aus weltlichem Ehrgeiz sich ihr verschreibe, nach dieser Philosophie. Das heißt: »Der Deutsche, als Politiker, glaubt sich so benehmen zu müssen, daß der Menschheit Hören und Sehen vergeht – dies eben hält er für Politik. Sie ist ihm das Böse, – so meint er denn um ihretwillen recht zum Teufel werden zu sollen.«[25]

In diesen großen Zusammenhängen nun sah Thomas Mann den eigentlichen Schlüssel zum Verständnis des Verhältnisses der Deutschen zum Nationalsozialismus. Die gute Anlage des Kosmopolitismus war durch eine Art dialektischen Umschlag ins Böse verkehrt zum nationalsozialistischen Hegemonieanspruch in Europa und der Welt geworden. Innerlichkeit, Romantik und philosophischer Idealismus hatten zum Missbrauch durch eine völkische Ideologie geradezu eingeladen, die zur Barbarei und zu schrecklichen Verbrechen führen musste. Das »Volk der romantischen Gegenrevolution« hatte sich unter Hitler durch die unheilige Paarung »robuster Zeitgemäßheit, leistungsfähiger Fortgeschrittenheit und Vergangenheitstraum« zur Bedrohung der Menschheit entwickelt. Und der »romantische Todeskeim« war auf »kläglichem Massenniveau« eine unauflösliche Verbindung zwischen verübten Verbrechen und eigenem Untergang eingegangen.

Der Nationalsozialismus war also nach Meinung Thomas Manns nichts, was dem deutschen Wesen fremd gewesen sei, ihm von außen erst hatte aufgezwungen werden müssen, sondern eine Entwicklung, die sich mehr oder weniger folgerichtig aus der deutschen Geistesgeschichte herleitete und ihren Ursprung in der Romantik besaß.[26] In seiner *Botschaft an das deutsche Volk* vom Mai 1947 unterstrich er diese Gedanken noch einmal mit der Bemerkung, der Nationalsozialismus habe »gewisse Wurzeln im geistigen Charakter und in der Tradition der Deutschen«, sei also aus den Anlagen und dem Wesen der Deutschen hervorgegangen.[27]

Das war eine Auffassung, der man auch bei den Siegermächten zuneigte, die sich nun in ihrer Besatzungspolitik mit den Deutschen auseinanderzusetzen hatten. Verbreitet glaubte man vor allem in den USA und Großbritannien, dass der Nationalsozialismus nur der Kulminationspunkt einer langen Entwicklung gewesen war. Schon die wilhelminischen Deutschen vor dem Ersten Weltkrieg, mit Monokel und Pickelhaube, waren hier als typische Repräsentanten eines autoritären Obrigkeitsstaates erschienen: antidemokratisch, militaristisch und gefährlich. Durch das Schicksal der Weimarer Republik und den Aufstieg des Nationalsozialismus war diese Einschätzung nur noch bestätigt worden, so dass es während des Zweiten Weltkrieges nahe gelegen hatte, allen Deutschen einen aggressiven Charakter zu unterstellen und sie kollektiv für schuldig zu erklären.

In den USA setzten sich deshalb vor allem Finanzminister Henry Morgenthau und dessen Unterstaatssekretär Harry Dexter White, aber auch Bernard Baruch und Sumner Welles, zwei enge Berater Präsident Roosevelts, gemeinsam für eine »Karthago-Lösung« ein, um die vermeintlich nicht resozialisierbaren Deutschen als Machtfaktor der internationalen Politik dauerhaft auszuschalten. Eine zweite Gruppe um Außenminister Edward R. Stettinius, Kriegsminister Henry Stimson, dessen Unterstaatssekretär und späteren Hohen Kommissar der USA in der Bundesrepublik, John J. McCloy, sowie den Oberkommandierenden der alliierten Streitkräfte in Europa, General Dwight D. Eisenhower, stimmte der Kollektivschuldthese zwar im Prinzip zu, empfahl jedoch eine Politik der »Umerziehung« (*re-education*), um zumindest langfristig eine Wiedereingliederung der Deutschen in die Staatengemeinschaft zu ermöglichen.

Auf britischer Seite reichte die Unterstützung für die Kollektivschuldthese zeitweilig bis hinauf zu Premierminister Winston Churchill und Außenminister Anthony Eden, die ein Fortwirken der militaristischen und autoritären Traditionen Preußens ebenso befürchteten wie eine Neuauflage der Hegemoniebestrebungen des Reiches nach 1871. Sir Robert Vansittart, Edens diplomatischer Chefberater von 1935 bis 1937, befand sich deshalb in guter Gesellschaft, als er die Deutschen 1945 in seinem schon erwähnten Buch *Bones of Contention* als »unzivilisierte Hunnen« bezeichnete (in Anlehnung an die »Hunnenrede« Kaiser Wilhelms II. vom 27. Juli 1900) und sich wie Morgenthau für einen Karthago-Frieden einsetzte.[28] Eden und auch Churchill neigten zwar zu dieser Zeit unter dem Eindruck der sowjetischen Politik in Osteuropa bereits zu einer gemäßigten und pragmatischen Politik gegenüber Deutschland, aber es sollte noch bis 1946/47 dauern, ehe in London die Befürworter eines Umerziehungskurses und bald darauf auch eines deutschen Wiederaufbaus unter antikommunistischen Vorzeichen die Oberhand gewannen.[29]

Die Grundgedanken dieser Haltung gegenüber den Deutschen fanden ihren Niederschlag unter anderem in der Direktive JCS 1067 der Vereinigten Stabschefs der amerikanischen Streitkräfte vom 26. April 1945, die vom neuen Präsidenten

Harry S. Truman am 11. Mai genehmigt wurde und als Grundlage der amerikanischen Besatzungspolitik in Deutschland diente. Der amerikanische Militärgouverneur in Deutschland wurde darin angewiesen, die Deutschen mit unnachgiebiger Härte zu behandeln: »Es muß den Deutschen klar gemacht werden, daß Deutschlands rücksichtslose Kriegführung und der fanatische Widerstand der Nazis die deutsche Wirtschaft zerstört und Chaos und Leiden unvermeidlich gemacht haben, und daß sie nicht der Verantwortung für das entgehen können, was sie selbst auf sich geladen haben. [...] Deutschland wird nicht besetzt zum Zwecke seiner Befreiung, sondern als besiegter Feindstaat.«[30]

Thomas Mann konnte diese Haltung der Alliierten nachvollziehen. Immer wieder wies er seine Landsleute darauf hin, dass sie die Konsequenzen ihres Tuns tragen müssten. Dazu gehörte seiner Meinung nach auch, den Vorwurf einer kollektiven Verantwortlichkeit zu akzeptieren. Es sei von anderen Völkern zu viel verlangt, erklärte er, zwischen Nazitum und dem deutschen Volk säuberlich zu unterscheiden: Wenn es Deutschland als »geschichtliche Gestalt, als eine kollektive Persönlichkeit mit Charakter und Schicksal« gebe, dann sei der Nationalsozialismus »nichts anderes als die Form, in die ein Volk, das deutsche, sich vor zwölf Jahren gebracht hat, um den verwegensten, mit den umfassendsten, grausamsten und tückischsten Mitteln ins Werk gesetzten Versuch der Weltunterjochung und -versklavung zu unternehmen, den die Geschichte kennt – einen Versuch, der um ein Haar geglückt wäre«. So müsse die Welt es sehen, auch wenn breite Massen des deutschen Volkes es nicht so empfinden könnten.[31]

Die deutsche Teilung

Als Josef Stalin, Harry S. Truman und Winston Churchill sich am 17. Juli 1945 im Großen Saal des Schlosses Cecilienhof zu Potsdam versammelten, um hier über die Nachkriegsordnung zu beraten, gingen die Vorstellungen, wie diese Ordnung aussehen sollte, weit auseinander. Jahrelang, schon seit der Teheraner Konferenz der »Großen Drei« im Dezember 1943, war eine Teilung Deutschlands als Voraussetzung einer europäischen Neuordnung im Gespräch gewesen. Auch Thomas Mann neigte zunächst, am Ende des Krieges, einer solchen Radikallösung zu und bemerkte dazu am 29. April 1945 in einem Brief an Karl Retzlaw, dass »eine Reichsreform im Sinne der Auflockerung und Dezentralisation für Deutschland und für die Welt das Beste wäre, auch der ›germanischen Freiheit‹ am besten entspricht und sich aus den neuen Verhältnissen sehr natürlich ergeben mag«. Es sei »nur zu klar«, erklärte er, »daß mit dem Unheiligen deutschen Reich preußischer Nation, diesem zentralisierten Macht- und Kriegsreich, ein Ende gemacht werden muß«.[1]

Als das Schlusskommuniqué der Potsdamer Konferenz veröffentlicht wurde, demzufolge die Alliierten beschlossen hatten, die deutschen Gebiete östlich der Oder-Neiße-Linie unter polnische bzw. sowjetische Verwaltung zu stellen, die deutsche Bevölkerung auf geordnete Weise »umzusiedeln« und gleichzeitig Deutschlands industrielle Basis drastisch zu reduzieren, reagierte er jedoch schockiert und empört: »In den Blättern das Potsdamer Dokument. Erschüttert, trotz allem, von den Verfügungen über Deutschland. Die unsinnige Vergrößerung Polens bis zur Oder. Die Massen-Dislozierungen ins verengerte Land, in an orderly and decent way. Die Reduzierung auf einen Agrarstaat (bei Abtrennung der Haupt-Agrargebiete) mit etwas harmloser Industrie für den Selbstgebrauch. [...] Nichts davon noch überraschend, aber als definitiver Plan doch chockant.«[2] Er glaube nicht an die Möglichkeit, »ein entwickeltes Industrievolk auf den Stand von Bauern u. Hirten zurückzuschrauben«, schrieb er dazu später an Frank Kingdon, der ihn zur Teilnahme an einem »Committee on Germany« eingeladen hatte. Die Abtretung der agrarischen Ostgebiete bei gleichzeitiger Umsiedlung der Bevölkerung und teilweiser Entindustrialisierung sei »sinnwidrig« – ebenso die Entnazifizierung, die darin bestehe, »daß ein Briefträger, der eines Tages der Partei beitrat, keine Briefe mehr austragen darf«. Was Deutschland von westlicher Demokratie zu sehen bekomme, halte er deshalb für »beschämend und unerzieherisch«.[3]

Was Thomas Mann nicht registrierte oder nicht sehen wollte, war die Tatsache, dass die eigentlich weitreichenden Vorschläge für eine Zerstückelung und dauerhafte Niederhaltung Deutschlands, die er auch selbst kurz zuvor noch unterstützt hatte, in Potsdam bereits wieder vom Tisch waren. Der amerikanische Präsident Roosevelt, der stets eine harte Linie gegenüber Deutschland eingenommen hatte, war inzwischen tot, und sein Nachfolger Harry S. Truman begegnete Stalin mit bedeutend größerer Skepsis als sein Amtsvorgänger und fürchtete eine Fortsetzung der sowjetischen Expansion mehr als ein Wiedererstarken Deutschlands. Auch der britische Premierminister Churchill und sein Außenminister Anthony Eden waren in Potsdam von der Sorge geleitet, ihr Land könne mit einer übermächtigen Sowjetunion auf dem europäischen Kontinent allein gelassen werden, wenn die USA sich, wie nach dem Ersten Weltkrieg, schon bald wieder aus Europa zurückziehen würden. Man einigte sich daher in Potsdam auf die Erhaltung der wirtschaftlichen Einheit Deutschlands sowie auf die Errichtung von Zentralverwaltungen bei gleichzeitiger strikter Kontrolle der inneren Entwicklung – ein Kompromiss, der allerdings nicht viel wert war, wenn die absehbaren Konflikte zwischen den Siegermächten weiter zunahmen und eine gemeinsame Deutschlandpolitik nicht mehr möglich war. Dann, so stand zu befürchten, würde die Teilung durch die Hintertür doch noch Wirklichkeit werden.

Tatsächlich schuf die Sowjetunion in ihrer Besatzungszone schon bald vollendete Tatsachen, die nach westlicher Auffassung mit dem Geist der »Anti-Hitler-Koalition« nicht vereinbar waren. Dazu gehörten ab September 1945 eine Bodenreform, die Verstaatlichung der Schwer- und Schlüsselindustrien, die Umgestaltung des Bildungswesens sowie schließlich im April 1946 die Zwangsvereinigung von SPD und KPD zur SED, mit der ein grundlegender politischer Systemwandel in Ostdeutschland eingeleitet wurde. Zwar blieb das im Frühsommer 1945 etablierte Mehrparteiensystem formal erhalten; de facto wurde jedoch eine Einparteiherrschaft errichtet, in der die in der SED zusammengeschlossenen Arbeiterparteien nach Tradition kommunistischer Kaderpolitik alle Schlüsselpositionen besetzten.[4]

Diese später als »Sowjetisierung« bezeichnete Umgestaltung Ostdeutschlands fügte sich nahtlos in das Gesamtbild der fortschreitenden Errichtung eines sowjetischen Imperiums in Osteuropa ein. Deutschland war innerhalb weniger Monate vom Modellfall alliierter Kooperationsfähigkeit zum Testfall für den sich anbahnenden Ost-West-Konflikt geworden. George F. Kennan, seit Juli 1944 Gesandter an der amerikanischen Botschaft in Moskau, hatte diese Entwicklung lange vorausgesehen. In einem Brief an Charles Bohlen, US-Diplomat wie Kennan selbst und Mitglied der amerikanischen Delegation in Jalta, schlug er bereits im Januar 1945 vor, die Kooperation mit der Sowjetunion aufzugeben und Europa zwischen Sowjets und Amerikanern aufzuteilen.[5] Im Sommer 1945 bemerkte er dazu ergänzend, die in Potsdam getroffenen Vereinbarungen zur Vier-Mächte-Kontrolle seien »abwegig und undurchführbar«. Die Amerikaner seien in Deutschland »Konkurrenten der Russen«. Wo es um wirklich wichtige Dinge gehe, solle man daher »keinerlei Zugeständnisse« machen. Wörtlich erklärte Kennan:

> »Die Idee, Deutschland gemeinsam mit den Russen regieren zu wollen, ist ein Wahn. Ein ebensolcher Wahn ist es, zu glauben, die Russen und wir könnten uns eines schönen Tages höflich zurückziehen, und aus dem Vakuum werde ein gesundes und friedliches, stabiles und freundliches Deutschland steigen. Wir haben keine andere Wahl, als unseren Teil von Deutschland, den Teil, für den wir und die Briten die Verantwortung übernommen haben, zu einer Form von Unabhängigkeit zu führen, die so befriedigend, so gesichert, so überlegen ist, daß der Osten sie nicht gefährden kann...«[6]

In amerikanischen Regierungskreisen fand Kennans unbequeme Stimme allerdings zunächst wenig Gehör. Insbesondere Außenminister James F. Byrnes zögerte lange, auf Kollisionskurs zu gehen. Noch im Januar 1946, als Präsident Truman in einem Brief an seinen Außenminister bereits erklärte, er habe es satt, »die Sowjets in Watte zu packen«[7], setzte Byrnes seine Bemühungen um Kompromisse mit Moskau fort, wurde dafür nun aber schon mit Appeasement-Vorwürfen überhäuft. Offenbar waren die Zweifel am sowjetischen »good will« inzwischen auch in den USA größer geworden. Gegenüber seinem französischen Amtskollegen Georges Bidault erklärte Byrnes daher vor Beginn der Pariser Außenministerkonferenz im Mai 1946 ebenso resigniert wie einsichtig, die amerikanische Öffentlichkeit sei »nicht länger bereit, [den Sowjets] Zugeständnisse in wichtigen Fragen zu machen«.[8] Bidault reagierte überraschend hart: Er riet Byrnes, Festigkeit gegenüber

Moskau zu zeigen; sonst werde man bald »die Kosaken auf der Place de la Concorde« haben.[9]

Bidault seinerseits verfolgte im nationalen Interesse Frankreichs gegenüber Deutschland und der Sowjetunion einen gleichermaßen strikten Kurs: Man wollte die Russen nicht am Rhein – schon gar nicht in Paris. Aber man wünschte auch kein starkes Deutschland, das zwar ein Bollwerk gegen ein weiteres sowjetisches Vordringen nach Westeuropa darstellen würde, sich aber auch leicht zu einer neuen Bedrohung Frankreichs entwickeln konnte. Die Lösung bestand für Bidault darin, Frankreich zu stärken. So erklärte er auf der Moskauer Außenministerkonferenz der Vier Mächte im März 1947, Frankreich sei bereit, Millionen von Deutschen aufzunehmen, wenn auch andere dazu bereit seien.[10] Mit einer solchen »gelenkten Auswanderung großen Stils aus Deutschland« konnte auch Thomas Mann sich einverstanden erklären, wie er noch im gleichen Monat an Klaus schrieb: »Sehr mutig und ingeniös. Die Calamität der ›20 millions de trop‹ wäre damit gelöst. Ein so sonderbares Volk [wie das deutsche] sollte nicht so zahlreich sein. Außerdem wäre es ein Schritt weiter zur Schaffung eines entnationalisierten europäischen Typs, einer Synthese europäischer Tradition, die das griechische Bildungselement in der römischen Machtwelt abgeben könnte.«[11]

Diese Hoffnung auf eine kulturelle und politische Europäisierung der Deutschen ist vor dem Hintergrund der zunehmenden Besorgnis zu sehen, dass die Erinnerung an die Schrecken des Nationalsozialismus schon bald verblassen und durch Rückbesinnung auf deutschnationale Traditionen verdrängt werden könne. Selbst die Besatzungsmächte seien nicht gegen die Versuchung gefeit, meinte Thomas Mann, in den Deutschen vorrangig einen Bündnispartner im Konflikt mit der Sowjetunion zu sehen und dabei die Erfahrungen der Vergangenheit zurückzustellen. So sprach er bereits im Januar 1946 in einem Brief an seinen Schweizer Bekannten Otto Basler davon, dass in Deutschland jetzt überall ein »Pro-Germanismus« ausgebrochen sei. Gegen Hitler gekämpft zu haben, bedeute schon keinen Vorzug mehr – eher das Gegenteil. Und das Schlimmste sei, »daß unsere Okkupationstruppen von der deutschen Unschuldspropaganda völlig korrumpiert werden und schon zu einem hohen Prozentsatz der Meinung sind, der Krieg gegen Hitler-Deutschland sei ein großer Fehler gewesen«.[12] Schreckensnachrichten aus Deutschland nährten seine Schreckensvisionen: Studenten hätten in Göttingen demonstrativ den Hörsaal verlassen, weil der Professor »etwas gegen das Naziregime gesagt« habe, und die Mauern seien »längst schon wieder mit Hakenkreuzen beschmiert«. In einem Brief an Agnes Meyer klagte er im Januar 1946: »Deutsche Demokratie! Mein Glaube daran und an die ›reeducation‹ steht auf schwachen Füßen.«[13]

Der Hinweis auf die Umerziehungspolitik der Alliierten – die *re-education* – machte schon früh deutlich, dass Thomas Mann sich davon nicht viel versprach. Die Siegermächte hätten das Land zwar besetzt, meinte er, aber sie könnten nicht den Geist beeinflussen, wie es notwendig war: »Das deutsche Volk kann nicht von außen umerzogen werden. Jede wirksame Unterstützung muß von innen heraus wachsen«, lautete seine Einsicht, die er am 23. Mai 1947 als Presseerklärung von London aus verbreiten ließ.[14] Auch die Nürnberger Prozesse gegen die Kriegsverbrecher des NS-Regimes deutete er in diesem Sinne, wenn er davon sprach, »die Peinlichkeit könnte akut und skandalös werden, wenn man nun zu sog. fairen Prozessen gegen die gefangenen Schächer schritte, Prozesse mit dem üblichen forensischen Zeremoniell von Zeugen, Verteidigung usw.« Das sei »in keinem Sinne ratsam«. Es würde völlig genügen, meinte er, »das grauenhafte Sündenregister des Nazi-Regimes, covering nicht nur die Kriegsjahre sondern seine ganze Lebenszeit und selbst die Zeit, bevor es zur Macht kam, in einer Sprache, die das Gewissen der Menschheit zu rühren weiß, zur Verlesung zu bringen und den führenden Mitgliedern und Dienern dieses Regimes, die überlebt haben, den Tod anzukündigen. Nichts weiter.«[15] In einer zweiten Stellungnahme gegenüber der Nachrichtenagentur United Press erklärte Thomas Mann am 24. November 1945, es sei »sehr möglich«, dass der Nürnberger Prozess »als Heuchelei, Rechtskomödie und bloße Anwendung des vae victis« erscheinen werde, wenn die Konsequenzen sich lange verzögerten. Gleichzeitig bejahe er den Prozess, »denn irgend wann wird trotz allem Wirklichkeit werden, was dem Geiste schon Wirklichkeit ist, und dann wird die Menschheit dennoch in dem, was jetzt in der zerstörten altdeutschen Stadt geschieht, ein Vorspiel dieser neuen Wirklichkeit sehen.«[16]

Die Hoffnung auf eine bessere Zukunft, die sich in diesem Schluss spiegelte, war allerdings vorerst durch die Wirklichkeit in Deutschland noch nicht gedeckt, wie Thomas Mann meinte, als er für den Frühling und Sommer 1947 zunächst eine Reise nach Deutschland plante und sie dann doch nicht antrat, weil alle ihm abrieten: »Erika ist Feuer und Flamme dagegen, ebenso unsere ganze Freundschaft hier und im Osten, auch die amerikanische.«[17] Allen Ernstes befürchtete er Anschläge auf sein Leben. Wenn er überhaupt einmal wieder nach Deutschland reisen würde, sei dies wohl nur unter amerikanischem Militärschutz möglich: »Daß man ohne die alliierten Bayonette in Deutschland seines Lebens nicht sicher wäre, geht aus vielen Nachrichten hervor.«[18]

Wie Erika, die sich durch ein besonders radikales, negatives Deutschlandbild auszeichnete, glaubte Thomas Mann an eine Wiederbelebung des Nationalismus. So schrieb er am 27. März 1947 in einem Brief an seinen Bruder Viktor: »Wiedererstarken und Neu-Organisation des Nazitums, Untergrund-Verschwörung, Feme-Stimmung, der alte Dünkel, der alte Hass – man hört und sieht zu viel davon.«[19] Ein Grund für diese Besorgnis war die Einschätzung, dass den Deutschen seiner Meinung nach immer noch die Einsicht fehlte, »daß all die Leiden und Nöte die letzte und notwendige Konsequenz eines Zusammenbruchs sind, wie die Weltgeschichte ihn noch nicht gesehen hat, daß nicht etwa die Demokratie und die Okkupationstruppen schuld an ihrem Elend sind, sondern sie selbst«. Allerdings trügen auch die Beschlüsse von Jalta und Potsdam zu dieser Situation »in hohem Grade« bei, da der notwendige Güteraustausch zwischen den Zonen nicht stattfinde. Besonders sei »zu bedauern, daß die russische und französische Zone noch unzulänglich daran teilnehmen«.[20]

Woran das liegen mochte, erörterte Thomas Mann nicht. Wohl nahm er zur Kenntnis, dass sich zwischen Ost und West ein Kalter Krieg entwickelte. Aber die Schuld daran verteilte er gleichmäßig auf die Schultern beider Seiten, um im gleichen Atemzug in ganz naivem Sinne zur Überwindung der Teilung aufzurufen – ohne natürlich wiederum zu sagen, wie dies möglich sein könnte. Tatsächlich rechnete man nicht nur in Washington, sondern auch in London, wo man lange an der Gemeinsamkeit der alliierten Deutschlandpolitik festgehalten hatte, spätestens seit Anfang 1946 nicht nur mit der Möglichkeit einer deutschen Teilung, sondern stellte sich in den internen Überlegungen auch bereits ganz unverhohlen darauf ein. Vor allem die britischen Stabschefs plädierten für eine grundsätzliche Revision der westlichen Deutschlandpolitik. In einem Memorandum vom 5. April 1946 forderten sie unmissverständlich, die britische Politik gegenüber Deutschland müsse langfristig »in vollem Umfang der Tatsache Rechnung tragen, daß Rußland ein sehr viel gefährlicherer potentieller Feind ist als Deutschland«. Die britische Deutschlandpolitik könne deshalb »nicht allein unter dem Gesichtspunkt gestaltet werden, ein Wiederaufleben der Bedrohung durch Deutschland zu verhindern.«[21]

Ganz ähnlich äußerte sich wenig später, am 3. Mai 1946, Außenminister Ernest Bevin in einer Kabinettsvorlage, in der er bemerkte, die »russische Gefahr« sei »inzwischen mit Sicherheit genauso groß, möglicherweise noch größer, als die Gefahr eines wiedererstarkten Deutschland«.[22] Am schlimmsten aber, so Bevin, »wäre ein wiedererstarktes Deutschland, das gemeinsame Sache mit Russland macht«. Daher solle man so schnell wie möglich die Westzonen ohne Rücksicht auf sowjetische Störmanöver wiederaufbauen.[23] Winston Churchill, seit den Tagen der Potsdamer Konferenz im Sommer 1945 Oppositionsführer im Unterhaus und daher weniger zur politischen Rücksichtnahme gezwungen als die Regierung, machte aus der Einsicht, dass die Entwicklung nun wohl doch – entgegen den ursprünglichen Intentionen der Besatzungspolitik – auf die staatliche Teilung Deutschlands hinauslief, auch öffentlich kein Hehl. Am 5. März 1946 erklärte er dazu in Fulton im amerikanischen Bundesstaat Missouri: »Wenn die Sowjetregierung jetzt durch eigenmächtige Handlungen versucht, in (ihren) Gebieten ein kommunistisches Deutschland großzuziehen, dann wird dies in den britischen und amerikanischen Zonen ernste Schwierigkeiten zur Folge haben und die geschlagenen Deutschen in die Lage versetzen, sich den Russen oder den westlichen Demokratien anzubieten.«[24] Mit anderen Worten, es seien zwei Deutschlands im Entstehen: das eine mehr oder weniger organisiert nach dem russischen Modell bzw. im russischen Interesse, das andere nach dem der westlichen Demokratie.

Nach dem Scheitern der Pariser Außenministerkonferenz, auf der Byrnes im April 1946 noch einmal einen Vertragsentwurf vorlegte, der speziell für Frankreich und die Sowjetunion eine 25-jährige Sicherheitsgarantie gegen erneute deutsche Aggressionen vorsah, erkannte schließlich auch der amerikanische Außenminister, dass sein Drängen auf Kompromisse vergeblich war. Die Gegenforderungen, die der sowjetische Außenminister Molotow in Paris präsentierte – Reparationen in Höhe von 10 Milliarden Dollar, Beteiligung der Sowjetunion an einer internationalen Ruhrkontrolle und Umstrukturierung der deutschen Wirtschaft nach dem Vorbild der Sowjetzone[25] –, ließen keinen Zweifel an den sowjetischen Absichten zu. Wenn sie erfüllt wurden, würde Moskau nicht nur direkte Mitsprachemöglichkeiten in den westlichen Besatzungszonen erhalten, sondern auch dem Ziel einer kommunistischen Umgestaltung Westdeutschlands ein gutes Stück näher kommen. Der stellvertretende amerikanische Militärgouverneur in Deutschland, Lucius D. Clay, der nach Paris geholt worden war, um der US-Delegation die Sorgen der amerikanischen Militärregierung vorzutragen, legte daher bereits nach Abschluss der ersten Gesprächsrunde eine Denkschrift vor, in der er erklärte, nach einjähriger Besatzung seien die Zonen »zu luftdichten Territorien geworden, nahezu ohne jeden Austausch von Waren, Personen und Ideen«. Jeden Augenblick könne es »zu einer galoppierenden Inflation mit einer Lähmung des Wirtschaftslebens kommen«. Daher, so Clay, schlage er die wirtschaftliche Vereinigung seiner Zone mit der britischen Zone vor – trotz »völliger Klarheit über die politischen Implikationen«.[26]

Damit war der Weg für die Bildung zweier deutscher Staaten vorgezeichnet. Byrnes bot noch vor Abschluss der Pariser Außenministerkonferenz am 11. Juli 1946 die Zusammenarbeit mit jeder anderen Zone an, »um deutsche Verwaltungseinrichtungen für die Verwaltung unserer Zonen als wirtschaftliche Einheit zu schaffen«.[27] Sein Zusatz, dass dabei die Viermächteregierung unberührt bleibe und jeder Zone der Beitritt freistünde, war formal korrekt, aber politisch bedeutungslos, weil es Byrnes bei seinem Vorschlag nach dem offenkundigen Scheitern der Vier-Mächte-Verwaltung nur um die Verschmelzung der amerikanischen und britischen Zone, vielleicht unter späterer Einbeziehung der französischen Zone, ging. In einer programmatischen Rede des amerikanischen Außenministers am 6. September 1946 in Stuttgart wurde dieser Zusammenhang deutlich. Byrnes verkündete darin nicht nur die Errichtung der »Bizone« zum 1. Januar 1947, sondern trat auch »für die baldige Bildung einer vorläufigen deutschen Regierung« ein, da es bisher nicht geglückt sei, eine »ausgeglichene Wirtschaft in ganz Deutschland herbeizuführen« und die »notwendigen deutschen Zentralverwaltungskörper« zu schaffen. Die Schranken zwischen den Besatzungsgebieten und die damit verbundene wirtschaftliche Not dürften nicht unnötig weiter bestehen; seine Regierung könne die Verantwortung dafür nicht übernehmen. Byrnes schloss seine Ansprache mit den richtungweisenden Worten: »Das amerikanische Volk wünscht, dem deutschen Volk die Regierung Deutschlands zurückzugeben. Das amerikanische Volk will dem deutschen Volk helfen, seinen Weg zurückzufinden zu einem ehrenvollen Platz unter den freien und friedliebenden Nationen der Welt.«[28]

Für Thomas Mann war diese Politik der USA allerdings kein positives Zeichen einer beginnenden Normalisierung und eines deutschen Wiederaufschwungs mit amerikanischer Unterstützung, sondern Grund zu neuer Besorgnis – zumal der Zusammenschluss der amerikanischen und britischen Zone zu einem »Vereinigten Wirtschaftsgebiet«, wie die Bizone offiziell hieß, schon bald die Notwendigkeit nach sich zog, ergänzende politische Maßnahmen zu ergreifen, um zum Beispiel die unterschiedliche Entnazifizierungspraxis und die strukturellen Gegensätze zwischen dem föderalistischen Prinzip in Süddeutschland und dem zentralistischen Verwaltungsaufbau der britischen Zone zu beseitigen.[29] Und als das Treffen der Außenminister der Vier Mächte im März und April 1947 in Moskau wiederum keinen Fortschritt in der Deutschlandfrage brachte, wurden die politischen Schritte sogar noch ausgeweitet, um der Bizone eine politische Struktur zu verleihen, die letztlich auf die Gründung eines eigenen westdeutschen Staates hinauslief: die spätere Bundesrepublik Deutschland. Zu diesem Zweck wurden der Frankfurter Wirtschaftsrat und ein Exekutivrat gebildet, die Vorformen eines Parlaments und eines Kabinetts darstellten.

Auch hierin konnte Thomas Mann keinerlei Vorteile erkennen. Als der neue amerikanische Außenminister George C. Marshall, der im Januar 1947 die Nachfolge von James Byrnes angetreten hatte, nach der Moskauer Konferenz mit dem *European Recovery Program*, dem später nach ihm benannten so genannten »Marshall-Plan«, hervortrat, plagten Thomas Mann sogar noch zusätzliche düstere Ängste angesichts der sich abzeichnenden Aussöhnung Westdeutschlands mit den Westmächten:

> »Meiner Meinung nach ist es unangebracht, alle Furcht vor Deutschland in Mitleid zu verwandeln, wie es tendenziöser Weise überall geschieht. Die Tendenz ist der Haß gegen Russland, das tölpelhafter Weise ebenso viel davon auf seinem Haupte sammelt, wie einst Deutschland, und das ich für sehr gefährlich halte. Man kann Russland im eigenen Lande nicht besiegen, aber man kann es, samt den Polen, viribus unitis, aus Deutschland wieder hinauswerfen. Und wenn man sich erinnert, daß schon Hitler, wäre er nur *etwas* manierlicher gewesen, alles hätte haben können, was er wollte (vide ›München‹), so ist nicht undenkbar, daß wir in relativ kurzer Frist trotz allem ein Deutsch-Europa haben werden, was leider nicht auch ein europäisches Deutschland bedeutet. Auf Macht und Suprematie wird es wieder hinauslaufen, und mir graut vor deutscher Macht.«[30]

Doch Thomas Manns Sorgen beschränkten sich nicht auf Deutschland allein. Auch den USA misstraute er nun zunehmend: »Es gab eine Zeit, in der mein Glaube an die menschheitliche Sendung Amerikas sehr stark war. Er ist in den letzten Jahren leichten Schwankungen ausgesetzt gewesen. Statt die Welt zu führen, scheint Amerika sich entschlossen zu haben, sie zu kaufen, – was ja in seiner Art auch recht großartig, aber doch weniger begeisternd ist. [...] Erste Anzeichen von Terror, Gesinnungsspionage, politischer Inquisition, beginnender Rechtsunsicherheit sind spürbar und werden entschuldigt mit einem angeblichen Zustande von emergency. Als Deutscher kann ich nur sagen: So fing es an auch bei uns.«[31]

Hintergrund dieser wachsenden Skepsis gegenüber den USA war nicht nur die außenpolitische Atmosphäre des Kalten Krieges, die Thomas Mann missfiel, sondern vor allem die Jagd nach vermeintlichen kommunistischen Agenten und Sympathisanten, die das innenpolitische Klima in den USA vergiftete und schon bald mit dem Namen McCarthy verbunden sein sollte. Thomas Mann sah darin die Gefahr, dass sich in Amerika eine Stimmung politischer Repression entwickeln könne, wie er sie aus der Zeit nach 1933 aus Deutschland nur zu gut kannte. Die Kombination von Marshall-Plan und politischer Verfolgung war ihm unerträglich – bei aller Sympathie für das Land, das ihm während des »Dritten Reiches« Zuflucht und Schutz geboten hatte. So verwunderte es nicht, dass er sich schon bald erneut mit »Emigrationsgedanken« trug, diesmal in umgekehrter Richtung: weg aus den USA, zurück nach Europa

Rückkehr nach Europa

Mit teil kritischen, teils versöhnlichen Worten hatte Thomas Mann 1945 auf die Bitte Walter von Molos geantwortet, nach Deutschland zurückzukehren.[1] Wie man weiß, war er der Aufforderung am Ende doch nicht gefolgt und hatte damit die große Kontroverse um die »innere Emigration« ausgelöst, die an anderer Stelle bereits beschrieben wurde. Die Sehnsucht nach der alten Heimat blieb dennoch erhalten. Die »Erinnerungen, tausendjährige«, spiegelten Thomas Manns tiefe Verwurzelung mit Europa wider, die sich vor allem aus dem geistigen Erbe des Alten Kontinents ableitete. Aber auch sein fortgeschrittenes Alter trug dazu bei, dass er immer häufiger überlegte, ob er seine letzten Jahre nicht in vertrauter Umgebung verbringen und zur »alten Erde« zurückkehren solle. Hinzu kamen politische Erwägungen, besonders die Kritik an Amerika im Kalten Krieg mit der Sowjetunion und, mehr noch, die Auswirkungen des Ost-West-Konflikts in den USA selbst, wo der Antikommunismus zu einem Klima wachsender Illiberalität führte, von dem auch Thomas Mann am Beginn der fünfziger Jahre betroffen war und das ihn schließlich bewog, dem Land seines zweiten Exils den Rücken zu kehren und ein drittes Mal zu emigrieren – zurück nach Europa, aber nicht nach Deutschland, sondern in die Schweiz.

Die Entfremdung von Amerika war ein Prozess, der sich über mehrere Jahre hinzog. Ein wichtiger Einschnitt war der plötzliche Tod Präsident Franklin D. Roosevelts am 12. April

1945, in dem Thomas Mann das Ende einer Epoche erblickte. Roosevelt, erklärte er, habe die USA über deren eigentliches Nivau gehoben, nun werde es auf das gewohnte zurücksinken: »Eine Epoche endet, und das Amerika, in das wir kamen, ist es nicht mehr.«[2] In seinem Nachruf für Roosevelt fügte er hinzu, er habe in ihm »immer den geborenen und den *bewussten* Gegenspieler des abgründig bösen, aber wohl eben damit auch abgründig dummen und weltblinden Diabolismus gesehen, dem das arme Deutschland verfallen und durch den es der Welt so gefährlich geworden war«. Dass die Demokratie sich fähig erwiesen habe, »*auch* den Mann und Täter hervorzubringen, den Starken, Zähen und Schlauen, den Menschenbehandler, den großen *Politiker des Guten*«, das sei »ihre Rettung, die Rettung des Menschen und seiner Freiheit« gewesen.[3]

Nun aber war Roosevelt tot, und die Konferenz von San Francisco, die er noch initiiert hatte, um die Organisation der Vereinten Nationen ins Leben zu rufen, musste ohne ihn stattfinden. Die »Auspizien der Konferenz«, meinte Thomas Mann, wären wohl glücklicher gewesen, »wenn er selbst, wie es seine Absicht war, sie eröffnet hätte«.[4] Wer fühle dies nicht? Amerika wurde danach von ihm mit anderen Augen betrachtet, und die erste Europa-Reise nach dem Untergang des Nationalsozialismus, die er 1947 unternahm, sah nun, wie Donald A. Prater bemerkt hat, »wie eine Rückkehr in die Welt« aus, »in die er gehörte, auch wenn sie noch zu unsicher war, um sich dort niederzulassen«.[5] Die Wiederbegegnung mit Deutschland sollte allerdings noch weitere zwei Jahre auf sich warten lassen. Erst 1949, anlässlich des großen Goethe-Jubiläums in Frankfurt am Main und Weimar, entschied sich Thomas Mann nach langem Zögern, eine Einladung nach Deutschland anzunehmen. Da er den Deutschen ihr Verhalten gegenüber dem Nationalsozialismus, vor und nach 1945, nicht verziehen hatte, andererseits aber die Kultur, den Geist und die Sprache Deutschlands gar nicht hätte aufgeben können – selbst wenn er es gewollt hätte –, war es für ihn eine schwierige Entscheidung. An Agnes E. Meyer schrieb er dazu: »Der jetzige Zustand ist eine Halbheit. Da ich nicht mit Deutschland gebrochen habe und meine Bücher dort erscheinen lasse, hat es keinen rechten Sinn, daß ich das Land ostentativ meide [...] Natürlich sind die Deutschen keineswegs in der seelischen Verfassung, die man ihnen wünschte, sondern so arrogant wie je, und mit der Denazifikation ist es rein nichts, – woran wohl nicht nur die Deutschen Schuld sind. Und doch glaube ich, daß nicht wenige Menschen dort sich über mein Kommen freuen würden.«[6]

Allerdings: Thomas Mann wollte nicht nur Frankfurt am Main, sondern auch Weimar besuchen. Goethe war für ihn ebenso wenig teilbar wie die deutsche Kultur insgesamt.[7] Frankfurt am Main und Weimar – wer hätte entscheiden mögen, welcher Ort, an dem man den 200. Geburtstag Goethes beging, den Vorrang genoss. Doch Weimar lag in der Sowjetischen Besatzungszone, hinter dem »Eisernen Vorhang«. Ein Besuch dort konnte leicht als Anerkennung des kommunistischen Regimes verstanden werden. Wie sehr sich Thomas Mann selbst bewusst war, welche Risiken er mit der Reise einging, zeigt ein Vermerk im Tagebuch vom 18. Juni 1949, der sein Zögern beweist, ob er überhaupt fahren sollte: »Sehr zweifelhaft, ob ich dort hingehen soll. Abneigung, es mit Amerika zu verderben.«[8]

Die Bedenken waren nicht unbegründet. Bereits 1937 hatte das Federal Bureau of Investigation (FBI) begonnen, eine geheime Akte über ihn anzulegen und seine Aktivitäten zu überwachen, wie es mit allen prominenten und politisch aktiven Ausländern geschah. Die Tatsache, dass Thomas Mann inzwischen amerikanischer Staatsbürger geworden war, hatte an dem Generalverdacht, unter dem Personen wie er standen, nichts geändert. Zwar hatten sich aus der Akte keinerlei Folgen für ihn ergeben; ihre Inhalte, wie immer diese aussehen mochten, hatten sich auf das Verhalten der amerikanischen Behörden ihm gegenüber nie erkennbar ausgewirkt, und er selbst war sich gar nicht darüber im Klaren, dass die Akte überhaupt existierte. Doch inzwischen hatte sich das Klima in Amerika geändert. Vor dem Hintergrund des Kalten Krieges zwischen Ost und West, der seit 1946/47 die Atmosphäre zunehmend vergiftete und zu Kriegsfurcht und verbreitetem Misstrauen gegenüber der Sowjetunion und ihren Verbündeten führte, wuchs die Neigung, auch in den USA nach so genannten »Trittbrettfahrern« (*fellow-travellers*) des Kommunismus Ausschau zu halten. Der »McCarthyismus«, der sich aus Furcht vor einer Unterwanderung aller Bereiche von Staat und Gesellschaft in den USA das Ziel gesetzt hatte, das öffentliche Leben des Landes von kommunistischen Infiltranten zu säubern, war auf dem Vormarsch. Schon in den dreißiger Jahren hatte man im Repräsentantenhaus des amerikanischen Kongresses einen »Ausschuss für unamerikanische Umtriebe« (House Committee on Un-American Activities) zur Untersuchung und Verfolgung staatsfeindlicher Aktivitäten eingerichtet. Aber erst nach 1945 hatte dieser Ausschuss größere Bedeutung gewonnen, als er seine Arbeit auf mutmaßliche und tatsächliche Kommunisten konzentriert hatte. Vorsitzender des Ausschusses war nun der Abgeordnete Joseph R. McCarthy, der mit oft überzogenen und haltlosen Verdächtigungen und Anschuldigungen die antikommunistische Stimmung in der Bevölkerung anheizte, ein Klima gegenseitigen Misstrauens schuf und einem allgemeinen Denunziantentum Vorschub leistete. Die Verfolgungswelle betraf bald auch Künstler, darunter viele Schriftsteller, die sich auf »schwarzen Listen« wiederfanden.[9]

Ein Beispiel für die damalige Stimmung war ein Artikel der Illustrierten *Life* vom 4. April 1949 – dem Tag der Unterzeichnung des Nordatlantikvertrages, also der Gründung der NATO – mit Porträts von fünfzig prominenten Amerikanern, die als Kommunistenfreunde zu gelten hätten. Unter ihnen befand sich auch Thomas Mann. Und als der National Council of

Arts and Sciences, dem er angehörte, in New York eine Weltfriedenskonferenz einberief, wurde die Veranstaltung in der Zeitschrift *New Leader* sogleich als Propagandabühne der Kommunisten denunziert. In einem späteren Bericht der Illustrierten *Life* über die Veranstaltung war sogar ein Steckbrief der »Freunde der Kommunisten« enthalten, der neben Albert Einstein und Charlie Chaplin erneut Thomas Mann zeigte, obwohl er an der Veranstaltung gar nicht teilgenommen hatte.[10] Thomas Mann, den man in Amerika nun offenbar zunehmend für prokommunistisch hielt, protestierte sofort und wandte sich deswegen sogar an den stellvertretenden Außenminister Francis Biddle, der mit Agnes E. Meyer gut befreundet war und den Thomas Mann deswegen in Washington öfters getroffen hatte. Er erklärte, dass seiner Meinung nach zwar jede Anstrengung unternommen werden müsse, um einen Krieg zwischen Amerika und Russland zu vermeiden, dass er aber weder ein Mitläufer noch ein Bewunderer der recht heimtückischen gegenwärtigen Phase der russischen Revolution sei. Wörtlich hieß es in dem Brief: »I am neither a dupe nor a fellow-traveller and by no means an admirer of the quite malicious present phase of the Russian revolution.«[11]

Die Angelegenheit wäre vielleicht Episode geblieben, wenn sie nicht mit dem Weimar-Besuch Thomas Manns zusammengetroffen wäre, der nach Meinung vieler Amerikaner vor dem Hintergrund der gerade erst beendeten einjährigen Blockade Berlins durch die Sowjetunion und der bevorstehenden Gründung der beiden deutschen Staaten eine politische Instinktlosigkeit ohnegleichen darstellte. Thomas Mann rechtfertigte sich mit dem Hinweis, sein Besuch in Deutschland gehöre »dem alten Vaterlande als Ganzem«. Es wäre »unschön«, sich »von der Bevölkerung der Ost-Zone fern zu halten, sie gewissermaßen links liegen zu lassen«.[12] Doch das war ein schwaches Argument, das in den USA nur wenige überzeugte.

In Deutschland selbst stieß er, als er hier im Juli 1949 zum ersten Mal seit 1933 wieder eintraf, zunächst vor allem auf die Trümmer, »welche die nationale Katastrophe sinnfällig zurückgelassen«. Er kam in ein Land, das »zerrissen und aufgeteilt in Zonen der Siegermächte« war, und er äußerte Verständnis für »den patriotischen Gram, die bittere Ungeduld, aus der, laut oder leise, das Wort ›Fremdherrschaft‹ bricht«. Allerdings scheute er sich auch nicht, als er am 25. Juli 1949 seine Goethe-Rede in der Frankfurter Paulskirche hielt, auszusprechen, was er über den Rundfunk in den Jahren des Krieges immer wieder verkündet hatte: »daß die Herrschaft des Ungeistes, die zwölf Jahre lang über Deutschland lag, und aus der dies alles hervorging, schlimmere Fremdherrschaft war«. Dennoch, so setzte er hinzu, werde dieser Zustand eines Tages enden. Für ihn persönlich sei das aber ohne Bedeutung: »Mir [...], wie ich hier stehe, gilt es schon heute nicht. Ich kenne keine Zonen. Mein Besuch gilt Deutschland selbst, Deutschland als Ganzem, und keinem Besatzungsgebiet.«[13]

In Weimar sprach er vor 2000 Zuhörern im vollbesetzten Schauspielhaus. Die ostdeutschen Offiziellen hatten seinen Besuch wie einen Staatsakt arrangiert. Selbstverständlich saßen Vertreter der Regierung, der Stadt und der sowjetischen Besatzungsmacht im Publikum. Thomas Mann trug, wie stets bei offiziellen Gelegenheiten, die kleine Kokarde der American Academy of Arts and Sciences im Knopfloch. Im Vergleich zur Rede in der Paulskirche fügte er seiner Ansprache hier eine wichtige Passage hinzu, die er kurzfristig eingebaut hatte: »Aber über all diesen Unterschieden, lassen Sie mich das aussprechen, muß die Erkenntnis stehen, daß gewisse schwer erkämpfte und unveräußerliche Errungenschaften der Menschheit, daß Freiheit, Recht und die Würde des Individuums dabei nicht untergehen dürfen, sondern daß sie, sei es auch in gebundener Form, bedingt durch verstärkte soziale Verpflichtung, aufgenommen, heilig bewahrt und in die Zukunft überführt werden müssen.«[14] An dieser Stelle, berichtete Thomas Mann später in seinem Reisebericht, seien die Zuhörer in Beifall ausgebrochen. Der russische Stadtkommandant, »ein Bär in weißer Bluse«, ein ehemaliger Metallarbeiter, habe daraufhin sein Ohr zu dem deutschkundigen Adlatus zu seiner Rechten geneigt, um sich das Gesagte übersetzen zu lassen.[15] Der Beifall hatte ihm wohl nicht gefallen.

Die offiziellen Reden waren allerdings nur ein Teil der Erfahrungen, die Thomas Mann bei seinem Besuch in Deutschland sammelte. Seine wirklichen Eindrücke formulierte er ganz unverstellt in einem Brief an Hans Reisinger, dem er am 8. September 1949 schrieb: »Die Entwicklung geht rapide in Richtung der Renazifikation, unter angloamerikanischem Schutz und Schirm. In zwei Jahren, denke ich, werden wir ein völlig faschistisches Westdeutschland haben, und meinen Besuch, scheint es, habe ich in the very last minute gemacht. Es war ja auch schon eine Menge Kriminalpolizei dazu nötig.«[16] Wenig später, am 22. November 1949, notierte er in seinem Tagebuch: »Adenauer, der Kanzler, erklärt einem Franzosen, Deutschland wolle keine Armee. Dabei ist schon die ganze westdeutsche Presse, kaum daß die Frage der dismantlings zu D's Gunsten gelöst, zur Forderung der Aufrüstung gegen Russland übergegangen.«[17] Es waren höchst erstaunliche Kommentare zu einer Entwicklung, die sich aus westlicher Sicht und aus Sicht derjenigen, die damals in Deutschland lebten, zumeist ganz anders darstellte.

Anderer Meinung war auch der Journalist Eugene Tillinger, der im Herbst 1949 in der Zeitschrift *Plain Talk* mit einem Artikel unter dem Titel »The Moral Eclipse of Thomas Mann« eine Kampagne eröffnete, die in direktem Zusammenhang mit dessen Besuch in Ostdeutschland stand. Eugene Tillinger, der eigentlich Eugen Tillinger hieß, aus Wien stammte und bis 1933 in Berlin tätig gewesen war, ehe er über Wien, Prag und Paris in die USA gelangt war, hatte es offenbar darauf abgesehen, Thomas Mann des Pro-Kommunismus zu überführen.[18] Sein Vorwurf, dieser sei durch seine Kontakte zum kommunistischen Ostdeutschland jetzt »America's fellow-traveller No. 1«, war zwar haltlos und in jeder Hinsicht skandalös. Da auch die ostdeutsche Presse den Besuch zu Propagandazwecken missbrauchte, konnte man Thomas Mann den Vorwurf aber nicht ersparen, er habe sich politisch zumindest naiv verhalten.[19]

Der Angegriffene reagierte verständlicherweise verärgert.[20] Der Schaden, den er mit seiner Reise angerichtet hatte, wurde ihm jedoch spätestens in dem Augenblick deutlich, als er von Agnes Meyer und Luther Evans gedrängt wurde, seinen für das Frühjahr 1950 geplanten jährlichen Vortrag in der Library of Congress abzusagen. Evans habe sofort verstanden, schrieb Agnes Meyer ihm, »daß Sie das nächste Opfer dieser politischen Situation werden könnten«. Evans finde es deshalb ratsam, »mehr um Sie als die Library zu beschützen«, den Vortrag »dieses Jahr zu überschlagen«.[21] Thomas Manns Enttäuschung war groß. Dennoch zeigte er sich in seinem Antwortschreiben an Agnes Meyer einsichtig, indem er erklärte: »Seien Sie versichert, daß ich alles vollkommen verstehe und Dr. Evans Entschluß durchaus billige. [...] Wie die Dinge nun einmal liegen, gibt es garnichts Vernünftigeres, als den Gedanken an die lecture lautlos fallen zu lassen, bevor Proteste laut werden. Mein Vortrag bringt zwar, am Schluß, außer einem Wort für den Frieden, eine entschiedene und fundierte Absage an den Kommunismus, aber ich sehe ein, daß ich mir die Möglichkeit, dieses Bekenntnis in der Library abzulegen, verscherzt habe.«[22]

In Wirklichkeit erkannte Thomas Mann in der Stimmung, die es ihm nicht erlaubte, in der Library of Congress aufzutreten, nicht nur einen Verfall der Demokratie in den USA, sondern er sah darin auch einen Grund für den Selbstmordversuch seines Sohnes Klaus am 11. Juni 1950. Außerdem fürchtete er, dass ihm selbst seine amerikanische Staatsbürgerschaft bald keinen Schutz vor Übergriffen mehr bieten würde. Diese Furcht wurde nicht geringer, als er in Hollywood als Zeuge vor einen Untersuchungsausschuss des Komitees für unamerikanische Umtriebe geladen wurde, um zum kommunistischen Einfluss in der Filmindustrie auszusagen. Zwar verwies er dabei mutig auf die geistige Intoleranz, die politische Inquisition und die Verminderung der Rechtssicherheit, die sich mit der Tätigkeit des Komitees verbinde und mit dem Beginn des Faschismus in Deutschland vergleichbar sei. Doch schürte er damit zugleich das gegen ihn bestehende Vorurteil, mit dem Kommunismus zumindest geistig zu sympathisieren.

Dieses Vorurteil wurde im Februar 1951 sogar von der *New York Times* geschürt, als dort eine Meldung erschien, in der es hieß, eine neue Organisation unter dem Namen »American Peace Crusade«, die unter anderem von dem Schriftsteller Thomas Mann und dem Sänger Paul Robeson unterstützt werde, bereite für den 1. März eine »Friedenspilgerfahrt« nach Washington vor. Ziele der Gruppe seien der Abzug der amerikanischen Truppen aus Korea und das Recht der Volksrepublik China auf Mitgliedschaft in den Vereinten Nationen.[23] Die Meldung erhielt ihre Brisanz nicht nur durch die Verbindung Thomas Manns mit dem schwarzen Sänger Paul Robeson, der sich offen als Kommunist bekannte, sondern auch durch weitere genannte Förderer, die mit wenigen Ausnahmen im Bereich der Gewerkschaften und der amerikanischen Linken angesiedelt waren. Verschwiegen wurde dagegen die Tatsache, dass der eigentliche Initiator der Veranstaltung, der sich an Thomas Mann gewandt hatte, nicht Paul Robeson, sondern Professor Philip Morrison, ein Nuklearphysiker von der renommierten Cornell University, war, der kaum in dem Verdacht stand, den Kommunismus zu unterstützen. Als Thomas Mann die offenkundige Falschmeldung berichtigen wollte, musste er feststellen, dass die Veröffentlichung des Artikels auf Betreiben seines amerikanischen Verlegers Alfred Knopf unterblieb, der meinte, es sei besser, die Affäre nicht zu beachten.[24] Thomas Mann sah darin jedoch nicht nur ein weiteres Indiz für die zunehmende Einengung des Meinungsklimas in den USA, sondern fühlte sich auch in seiner Absicht bestärkt, Amerika möglichst bald zu verlassen. Tatsächlich erschien sein Name Anfang April 1951 auf einer Liste des Committee on Un-American Activities.

Auch Erika drängte inzwischen immer energischer auf einen Weggang aus den USA. Ihre bis dahin so erfolgreiche Laufbahn als Rednerin und Organisatorin von Hilfskomitees für Emigranten war ohnehin so gut wie beendet. Sie hatte zunehmend Schwierigkeiten, in den USA eine sinnvolle Beschäftigung zu finden, und hoffte auf neue Möglichkeiten in Europa. Untersuchungen des FBI hatten ihren Antrag auf amerikanische Einbürgerung verzögert und erschwerten dadurch ihre Auslandsreisen. Überdies verurteilte sie die Haltung der USA im Kalten Krieg, insbesondere den Marshall-Plan, und war deshalb entschlossen, mit Amerika zu brechen.[25]

Ausgerechnet in diesem Moment startete Tillinger einen neuen Angriff auf Thomas Mann, dem er in der Zeitschrift *The Freeman* angebliche »communist front activities« im Rahmen der American Peace Crusade vorwarf.[26] Dieser zweite Angriff war erheblich schwerwiegender als der erste nach dem Weimar-Besuch, weil die »Enthüllungen« diesmal von der Presseagentur United Press aufgegriffen und in der gesamten Welt verbreitet wurden. Eine ausführliche Erwiderung Thomas Manns wurde vom Leiter des UP-Büros in Washington, Lyle C. Wilson, mit der Begründung abgelehnt, der *Freeman* habe auf Rückfrage erklärt, »Mann lied on at least two occasions in denying specific communist activity«.[27] So blieb es bei einem kurzen, nichtssagenden Dementi, das UP aufnahm, um der Pflicht zur Gegendarstellung zu genügen.

Thomas Mann erwog deshalb, eine Verleumdungsklage gegen Tillinger und das Magazin einzureichen, wurde davon jedoch durch seinen Rechtsanwalt Robert Walker Kenny abgehalten, der Erika in einem langen Gespräch überzeugte, dass der Prozess zwar zu gewinnen wäre, aber Thomas Manns »Leben verkürzen würde«.[28] Tatsächlich erschien eine Klage angesichts des hohen Stellenwertes, den der Grundsatz der Meinungsfreiheit in der amerikanischen Verfassung genießt, wenig aussichtsreich. Außerdem hätte ein Prozess den Angriffen Tillingers nur zusätzliche Aufmerksamkeit beschert. Thomas Mann verzichtete deshalb auf die Klage und verfasste stattdessen mit Erikas Hilfe für die New Yorker Emigrantenzeitschrift *Aufbau* einen Artikel, in dem er seiner Verbitterung der letzten Monate Ausdruck verlieh: »Ich mußte 75 Jahre alt werden und in einer Fremde leben, die mir zur Heimat geworden ist, um mich öffentlich der Lüge bezichtigt zu sehen, von Hexenverbrennern, die – und das ist das Bestürzende – niemandem glauben oder auch nur zuhören als ihren ›Hexen‹.«[29]

Im Grunde wollte Thomas Mann mit der ganzen Angelegenheit aber schon nichts mehr zu tun haben. Nur noch ein Brief an den *Freeman*, notierte er am 3. April in sein Tagebuch: »Dann Schluß, kein Wort mehr, keine Unterschrift, vollständige Abwendung von den Händeln und Handlungen dieses Landes, unverbrüchliche Teilnahmslosigkeit.«[30] Die Frage war nur, ob er so leicht davonkommen würde. Denn tatsächlich musste er es als Drohung verstehen, als der Abgeordnete Donald L. Jackson am 18. Juni 1951 vor dem Untersuchungsausschuss für unamerikanische Umtriebe zu seiner Person erklärte:

> »Herr Mann, unter den Gesetzen unserer freien Gesellschaft hier in den Vereinigten Staaten, hat das Vorrecht, unter dem Sternenbanner zu leben. Ihm ist ein geheiligter und beneideter Platz in den Reihen der freien Männer und Frauen gegönnt, die der persönlichen Freiheit ergeben sind. [...] Tausende von Leben sind schon verloren in dem tödlichen Kampf gegen den internationalen Kommunismus und gegen die Führer eines gottlosen Kreuzzuges. [...]

Unser hervorragender Gast wird gut tun, innerhalb der Pforten eines Landes, das wir Amerikaner als ein Land der Freiheit und Gerechtigkeit ansehen, seine offenkundigen Sympathien für den Kommunismus [...] mit etwas gesundem Menschenverstand und herkömmlicher Dankbarkeit zu würzen. Herr Mann sollte sich daran erinnern, dass Gäste, die sich am Tisch ihres Gastgebers über die Kost beklagen, nur selten ein zweites Mal eingeladen werden.«[31]

Die Rede war eine offene Drohung an Thomas Mann, der nun immer mehr zu der Auffassung gelangte, das Land, in dem er einen Großteil seines Exils verbracht hatte und dessen Staatsbürger er inzwischen geworden war, schon bald verlassen zu müssen. Eine Zukunft in Amerika wurde für ihn zunehmend unvorstellbar. Bereits 1949 hatte er mit Katia und Erika erstmals eine Rücksiedlung in die Schweiz erwogen. Nach dem Tod Heinrichs und dessen Beisetzung auf dem Friedhof von Santa Monica war bei Thomas Mann zudem der Wunsch gewachsen, seine letzte Ruhe in europäischer Erde zu finden. Noch vor der zweiten Kampagne Tillingers war deshalb eine erneute Reise nach Europa geplant worden, die diesmal nicht nur Erholung bringen, sondern auch den Umzug vorbereiten helfen sollte. Im Tagebuch hielt Thomas Mann dazu am 7. März 1951 fest: »Vermutung, daß ich, wenn wir in der Schweiz einmal niedergelassen sind, gar keine Lust zur Rückkehr in ein Land haben werde, in dem es, mit oder ohne Krieg, immer drückender und gefährlicher werden muss.«[32]

Tatsächlich sah sich die Familie im Sommer 1951 in der Schweiz nach einem Haus in der Nähe von Zürich um. Doch nach einem ausgedehnten Aufenthalt in Europa kehrte sie trotz vermehrter Warnungen aus dem Freundeskreis im Herbst noch einmal nach Kalifornien zurück.[33] Die Umzugsüberlegungen wurden dadurch aber nur zeitweilig unterbrochen. Immer wieder kam Thomas Mann darauf zurück, wie dem Tagebuch zu entnehmen ist. Am 23. Januar 1952 wurde schließlich der Vorvertrag zum Verkauf des Hauses am San Remo Drive in Pacific Palisades unterschrieben. Die Entschlossenheit zur Rücksiedlung nach Europa war damit besiegelt.

Ende Juni traten Thomas, Katia und Erika Mann die Reise nach Europa an. Über die Tatsache, dass sie eine Rückwanderung bedeutete, wurden Freunde und Bekannte allerdings zumeist im Unklaren gelassen. Nur Agnes Meyer zog Thomas Mann im November 1952 ins Vertrauen, als er von der Übersiedlung als einem Aufenthalt sprach, der sich für mindestens ein Jahr hinziehe.[34] An der Endgültigkeit der Rückkehr nach Europa aus persönlichen und politischen Motiven konnte es nun keinen Zweifel mehr geben. Doch Thomas Mann wollte offenbar nicht das Risiko eingehen, es sich zuletzt doch noch mit Amerika zu verderben, wie er selbst bemerkte: »Nichts wünsche ich weniger, als daß drüben der Eindruck entstünde, daß ich Amerika den Rücken kehre. [...] Ich bleibe ja American citizen.«[35]

Tatsächlich sollte die Übersiedlung nach Europa kein Spektakel werden und keinen dramatischen Bruch mit Amerika markieren. Vor allem jedoch sollten die Medien den Schritt nicht für ihre Zwecke missbrauchen können, um neue Gräben aufzureißen. Thomas und Katia Mann hofften vielmehr, »um der möglichst produktiven Gestaltung des Lebensabends willen«, auf einen freundlichen Übergang, »den niemand mißbilligen konnte«.[36] Genaue Pläne für eine Niederlassung gab es ohnehin noch nicht. Thomas Mann spielte sogar mit dem Gedanken, Einladungen nach Indien und Japan anzunehmen und eine längere Weltreise daraus zu machen, um schließlich zu einem politisch günstigeren Zeitpunkt nach Amerika zurückkehren zu können. Doch er entschied sich gegen diese Idee, da er dafür zu alt sei. So blieb nur Europa.[37] »Am Ende«, so Inge und Walter Jens, »gab es nur eine Wahl: Zürich, der deutsche Sprachraum. Das Wiedersehen mit den alten Bekannten! Das Anknüpfen an die Zeiten der Rettung vor Hitler! Europäische Kultur im Zentrum der vertrauten Alten Welt! – Weiß Gott, Katia hatte genug

Koffer gepackt in ihrem Leben, die ›armen Greislein‹ mussten, trotz aller Bedenken, endlich zur Ruhe kommen, das Zigeunerdasein, über das Thomas Mann zeitlebens geklagt hatte, wenn er sich nirgendwo ›eingebettet‹ fühlte, musste ein Ende finden.«[38]

Nachdem in Erlenbach, in der Nähe von Zürich, ein geeignetes Haus gefunden worden war, konnte Weihnachten 1952, nach sechs Monaten im Hotel, endlich der Einzug in das neue Domizil erfolgen. In seinem Tagebuch notierte Thomas Mann dazu am 25. Dezember, es sei »gut, wieder einen rechten Schreibtisch in besonderem Arbeitszimmer zu haben«.[39] Doch die Vorzüge des Hauses – die ruhige Lage mit einem einzigartigen Ausblick auf den Zürichsee und das Glärnischmassiv – konnten die Nachteile nicht aufwiegen. Die Räume waren zu klein und zu niedrig; die alten, hohen Bücherschränke und das ins Arbeitszimmer gehörende Sofa fanden keinen Platz, die Möbel aus Kalifornien waren viel zu groß. Außerdem gab es Schwierigkeiten mit dem Vermieter. So wurde die Wohnung mit dem Auslaufen des Mietvertrages zum 1. April 1954 wieder gekündigt. Als geeignete Alternative war bereits zu Beginn des Jahres 1954 ein Haus in Kilchberg, nur zehn Minuten mit dem Auto von Zürich entfernt, besichtigt worden, in das die Familie am 15. April 1954 einzog.

Später erinnerte sich Thomas Mann, von welchen Gefühlen und Eindrücken er sich bei der Rückkehr nach Europa hatte leiten lassen: »Ja, der alte Kontinent. Ich will es Ihnen sagen: ich wurde selber alt. Amerika und seiner splendiden Geräumigkeit verdanke ich viel, ich möchte die Erweiterung meines Horizontes, die es mir gewährte, nicht missen. Aber je länger ich dort lebte, je älter ich wurde, desto stärker spürte ich meine europäischen Wurzeln, desto entschiedener fühlte ich mich als Europäer, und eine Unruhe überkam mich, den rechten Augenblick nicht zu versäumen, für die Rückkehr zur alten Erde, die mich hervorgebracht und in der ich einmal zu ruhen wünsche.«[40]

Schlussbemerkungen

Wie nun ist die politische Bedeutung Thomas Manns, nach allem, was dazu in den vorangegangenen Kapiteln gesagt worden ist, zu bewerten? Eines scheint gewiß: Diese Bedeutung, soweit man davon überhaupt sprechen sollte, ergibt sich allein aus seinem literarischen Ruf und aus der öffentlichen Rolle, die er während der Weimarer Republik und in der Zeit des Nationalsozialismus spielte. Thomas Mann dachte und handelte nicht politisch-rational, sondern künstlerisch-emotional und war auch in seinen politischen Äußerungen stets ein in seinen Befindlichkeiten gefangener Dichter – sprachlich ebenso wie im Duktus seiner Argumentation.

Manche Irrtümer und Unstimmigkeiten sind auf diese Weise zu erklären. Thomas Mann hat unendlich viel Kluges über die Deutschen, ihre Geschichte und politischen Führer sowie über die Disposition ihrer politischen Kultur gesagt und geschrieben – und ebenso viel Unsinniges. Schon die *Betrachtungen eines Unpolitischen*, ein Produkt des Zeitgeistes im Ersten Weltkrieg und genau in dem Moment erschienen, als die Welt, auf die darin hauptsächlich Bezug genommen wurde, im Untergang begriffen war, sind ein Beispiel für die Abhängigkeit des »politischen Denkers« Thomas Mann von der Quersumme ins Politische gewendeter literarisch-künstlerischer Einflüsse, die in der Sphäre der Politik oft mehr Schaden als Nutzen stifteten. Wagner, Nietzsche oder Schopenhauer zu Helden des deutschen Geistes zu stilisieren und daraus eine kulturelle Einzigartigkeit der Deutschen herzuleiten, die sich in den Schützengräben des Krieges gegen die »Zivilisation« Frankreichs und der angelsächsischen Mächte zu behaupten hatte, entsprach vielleicht den Vorstellungen eines konservativen, monarchisch gestimmten Bürgertums. Besonders weise oder vorausschauend waren die langatmigen, oft schwülstigen Bekenntnisse eines deutschen Dichters über die deutsche Innerlichkeit nicht; Thomas Mann hätte es besser wissen müssen.

Umso bemerkenswerter erscheint seine Wandlung zum »Vernunftrepublikaner« während der Weimarer Republik. Seine Unterstützung eines politischen Systems, von dem er zuvor nur mit Verachtung gesprochen hatte, beweist eine Einsichtsfähigkeit, die man dem Verfasser der *Betrachtungen* vier Jahre zuvor kaum zugetraut hätte. Allerdings ist auch hier eine Einschränkung nötig: So sehr sich Thomas Mann mit dem Staat von Weimar identifizierte, so wenig tat er es als überzeugter Demokrat. Seine Sorge galt einzig den Gefahren des politischen Extremismus von rechts und links und war damit ein Ergebnis seines hohen Verantwortungsbewusstseins, das nicht zu bestreiten ist. Er wollte das Chaos und die Gewalt vermeiden helfen, um der *Humanität* die Luft zu erhalten, die sie zum Atmen brauchte, weil nur so auch die Kunst eine Chance des Überlebens besaß. Mit der Demokratie hingegen wusste der patrizische Bürgersohn auch weiterhin nichts anzufangen. Sein elitäres künstlerisches Bewusstsein und mehr noch sein Geniegedanke, dessen wichtigster Maßstab Goethe war und der daneben eigentlich nur Wagner und Nietzsche gelten ließ, machten eine innere Hinwendung zur Demokratie unmöglich. Das allgemeine Wahlrecht, parlamentarische Spielregeln, Freiheit und Gleichheit blieben ihm ein Leben lang fremd. An Amerika bewunderte er später ebenfalls nicht die Demokratie, sondern Präsident Franklin D. Roosevelt – und an diesem wiederum seine Autorität, Macht und Durchsetzungsfähigkeit, die ihn zum einzigen ernsthaften Gegner Hitlers qualifizierten.

In diesem Sinne war auch Thomas Manns Kampf gegen den Nationalsozialismus kein Kampf um Freiheit und Demokratie, sondern ein Widerstand aus elitärer Verachtung gegenüber einer braunen Revolution, die nicht nur dem Ungeist, sondern auch der Unkultur zur Macht verholfen hatte. Die Nazis waren Abschaum, Pöbel – vor allem aber Verbrecher an der Kultur, bevor sie auch Verbrecher an der Menschheit wurden. Bemerkenswert ist, dass Thomas Mann sich bereits zu einem Zeitpunkt gegen die braune Bewegung wandte, als diese sich noch nicht an der Macht befand. Danach machten die Angst vor Verfolgung, Verhaftung oder Schlimmerem eine Rückkehr nach Deutschland unmöglich. Die Emigration war erzwungen, nicht freiwillig, bis zum Ende des nationalsozialistischen Regimes und darüber hinaus.

Persönlichen Mut kann man Thomas Mann dabei kaum attestieren; mutig war er stets nur mit der Feder. Die Sorge um die Sicherheit seiner selbst und seiner Familie bestimmte immer wieder sein Verhalten und oft auch seine politischen Reaktionen, schon in der Schweiz, aber sogar noch im entfernten Amerika. Die Befürchtung, die Nationalsozialisten könnten ihn auch hier einholen, erscheint ebenso übertrieben wie befremdlich. Die immer neuen Aufrufe zum Widerstand im Reich stehen in einem merkwürdigen, aber symptomatischen Kontrast zur eigenen politischen Zurückhaltung, wenn es »konkret« wurde, wie die deutschen Emigranten ihm im amerikanischen Exil sicher nicht zu Unrecht vorhielten.

Thomas Mann war ein Schreibtischtäter – mit Ausflügen ins Radio, äußerstenfalls. Aber das ist nicht abwertend gemeint. Zum »Kriegsmann« tauge er nicht, hatte er, es wurde bereits gesagt, am Beginn des Ersten Weltkriegs freimütig gestanden. Aber mit der Feder war er einer der mächtigsten Gegner des nationalsozialistischen Regimes. Sein Wort wurde in Deutschland vernommen, seine Stimme fand Gehör. Auch wenn die Vertreter der »inneren Emigration« sich später gegen ihn abzugrenzen suchten und ihm die Legitimität bestritten, für die Daheimgebliebenen zu sprechen, war seine Wirkung nicht gering. Die öffentliche Aufmerksamkeit, die ihm ein Leben lang zuteil wurde, zeigt, dass seine politische Rolle nicht zu unterschätzen ist, auch wenn er zur Politik kein Talent besaß.

Eine gewisse politische Naivität zeichnete ihn auch in der letzten Phase seines Lebens aus, als er sich im Kalten Krieg bemühte, das gemeinsame Deutschland zu bewahren. Thomas Mann blieb bis zum Ende, was er sein Leben lang gewesen war: ein unpolitischer Dichter, der sich immer wieder zu politischen Stellungnahmen gedrängt fühlte; ein politischer Kommentator, der die Ansichten, die er zu Protokoll gab, weniger einem Fundus historisch-politischer Kenntnisse als seinen philosophisch-künstlerischen Überzeugungen verdankte; und eine verantwortungsbewusste Persönlichkeit, die den schwierigen Anforderungen, die von der Zeit an sie gestellt wurden, gerecht zu werden versuchte oder sich zumindest darum bemühte – auch wenn ihr dies nicht in jedem Fall gelang. Aber wer kann das schon von sich behaupten?

Anmerkungen

Einleitung

1 Thomas Mann, Betrachtungen eines Unpolitischen [1918], in: *Gesammelte Werke in dreizehn Bänden*, 2., durchges. Aufl., Frankfurt am Main 1974 (künftig zit. als GW), Bd. XII, S. 9–589.

2 *Frankfurter Allgemeine Zeitung*, 21. September 1974. Siehe auch Joachim Fest, *Die unwissenden Magier. Über Thomas und Heinrich Mann*, Berlin 1985.

3 Marcel Reich-Ranicki, *Thomas Mann und die Seinen*, Stuttgart 1987, S. 178.

4 Joachim C. Fest, Betrachtungen über einen Unpolitischen. Thomas Mann und die Politik, in: Ders., *Aufgehobene Vergangenheit. Portraits und Betrachtungen*, Stuttgart 1981, S. 65. Vgl. auch Joachim Fest, *Die unwissenden Magier*, a.a.O., S. 53.

5 Interview Gore Vidal, Christian Korff und Detlev Reinert, in: *Süddeutsche Zeitung Magazin*, 1996, H. 40, S. 15.

6 Vgl. u. a. Martin Flinker, *Thomas Manns politische Betrachtungen im Lichte der heutigen Zeit*, Gravenhage 1959; Bernt Richter, *Thomas Manns Stellung zu Deutschlands Weg in die Katastrophe. Ein Beitrag zum politischen Denken des Dichters*, Berlin 1960; Ernst Bisdorf, *Thomas Mann und die Politik*, Luxemburg 1966; Wolfgang Michael, *Thomas Mann auf dem Weg in die Politik*, Bern u. a. 1985; Frank Fechner, *Thomas Mann und die Demokratie. Wandel und Kontinuität der demokratierelevanten Äußerungen des Schriftstellers* (= Tübinger Schriften zum Staats- und Verwaltungsrecht, Bd. 9), Berlin 1990; Kurt Sontheimer, *Thomas Mann und die Deutschen*, München 2002; Berndt Herrmann, *Der heitere Verräter. Thomas Mann – Aspekte seines politischen Denkens*, Stuttgart 2003.

7 Joachim Fest, *Fremdheit und Nähe. Von der Gegenwart des Gewesenen*, Stuttgart 1996, S. 327.

Das patrizische Erbe

1 Hans Wysling und Yvonne Schmidlin (Hrsg.), *Thomas Mann. Ein Leben in Bildern*, Zürich 1994, S. 17.

2 Thomas Mann an Heinrich Mann, 27. Februar 1904, in: Thomas Mann/Heinrich Mann, *Briefwechsel 1900–1949*, hrsg. von Hans Wysling, Frankfurt am Main 1968, S. 25.

3 Stefan Zweig, *Die Welt von Gestern. Erinnerungen eines Europäers*, 34. Aufl., Frankfurt am Main 2003, S. 15 u. 17.

4 Vgl. John Merriman, *A History of Modern Europe. From the Renaissance to the Present*, New York und London 1996, S. 846.

5 Oswald Spengler, *Der Untergang des Abendlandes. Umrisse einer Morphologie der Weltgeschichte*, München 1963, S. 3.

6 Ebd., S 4. Vgl. hierzu auch Detlef Felken, *Oswald Spengler. Konservativer Denker zwischen Kaiserreich und Diktatur*, München 1988, S. 40 ff.

7 Vgl. hierzu vor allem August Nitschke u. a. (Hrsg.), *Jahrhundertwende. Der Aufbruch in die Moderne 1880–1930*, 2 Bde., Reinbek 1990. Siehe ferner Wolfgang J. Mommsen, *Bürgerliche Kultur und künstlerische Avantgarde 1870–1918. Kultur und Politik im deutschen Kaiserreich*, Frankfurt am Main 1994, sowie Jens Malte Fischer, *Fin de siècle. Kommentar zu einer Epoche*, München 1978.

8 Friedrich Nietzsche, Nachgelassene Fragmente [1884], in: Ders., *Werke*. Kritische Gesamtausgabe, hrsg. von Giorgio Colli und Mazzino Montinari, Siebente Abteilung, Bd. 2: Nachgelassene Fragmente, Frühjahr bis Herbst 1884, Berlin und New York 1974, S. 8.

9 Siehe dazu ausführlich John Carey, *Hass auf die Massen. Intellektuelle 1880–1939*, Göttingen 1996, S. 91 ff.

10 Thomas Mann an Ida Boy-Ed, 27. Februar 1906, in: Thomas Mann, *Briefe an Otto Grautoff 1894–1901 und Ida Boy-Ed 1903–1928*, hrsg. von Peter de Mendelssohn, Frankfurt am Main 1975, S. 159.

11 Klaus Harpprecht, *Thomas Mann. Eine Biographie*, Reinbek 1995, S. 50.

12 Thomas Mann, Vom Beruf des deutschen Schriftstellers in unserer Zeit. Ansprache an den Bruder [1931], in: Thomas Mann, *Rede und*

Antwort (= Gesammelte Werke in Einzelbänden), hrsg. von Peter de Mendelssohn, Frankfurt am Main 1984, S. 340.

13 Thomas Mann an Kurt Martens, München, 27. April 1914/30. Dezember 1914, in: Thomas Mann, *Briefe 1889–1936*, hrsg. von Erika Mann, Frankfurt am Main 1961, S. 108 u. 115.

14 Thomas Mann an Kurt Martens, Bad Tölz, 30. Dezember 1914, in: Ebd., S. 115.

15 Berndt Herrmann, *Der heitere Verräter. Thomas Mann – Aspekte seines politischen Denkens*, Stuttgart 2003, S. 49.

16 Thomas Mann, Der alte Fontane [1910], in: *Gesammelte Werke in dreizehn Bänden*, 2., durchges. Aufl., Frankfurt am Main 1974 (künftig zit. als GW), Bd. IX, S. 29.

17 Thomas Mann, Lebensabriß [1930], in: GW, Bd. XI, S. 109 f.

18 Thomas Mann, Die Kunst des Romans [1939], in: GW, Bd. X, S. 359.

19 Zit. nach: Peter de Mendelssohn, *Der Zauberer. Das Leben des deutschen Schriftstellers Thomas Mann. Erster Teil: 1875–1918*, Frankfurt am Main 1975, S. 201.

20 Ebd., S. 369.

21 Thomas Mann, Buddenbrooks [1901], in: GW, Bd. I, S. 654.

22 Thomas Mann, *Über mich selbst. Autobiographische Schriften* (= Gesammelte Werke in Einzelbänden), hrsg. von Peter de Mendelssohn, Frankfurt am Main 1983, S. 112 f.

23 Spengler, *Der Untergang des Abendlandes*, a.a.O., S. 39.

24 Arthur Schopenhauer, Parerga und Paralipomena: Kleine Philosophische Schriften, in: *Werke in zwei Bänden*, hrsg. von Werner Brede, München 1977, Bd. 2, S. 380.

25 Hans Wysling und Yvonne Schmidlin (Hrsg.), *Thomas Mann. Ein Leben in Bildern*, a.a.O., S. 17.

26 Thomas Mann an Heinrich Mann, 8. November 1913, in: Thomas Mann/Heinrich Mann, *Briefwechsel 1900–1949*, a.a.O., S. 104. Vgl. auch Joachim C. Fest, Betrachtung über einen Unpolitischen. Thomas Mann und die Politik, in: Ders., *Aufgehobene Vergangenheit. Portraits und Betrachtungen*, Stuttgart 1981, S. 51.

27 Thomas Mann, Gabriele Reuter [1904], in: GW, Bd. XIII, S. 392.

Gedanken im Kriege

1 Thomas Mann an Philipp Witkop, München, 11. November 1914, in: Thomas Mann, *Briefe 1889–1936*, hrsg. von Erika Mann, Frankfurt am Main 1961, S. 112 f.

2 Thomas Mann, Lebensabriß [1930], in: *Gesammelte Werke in dreizehn Bänden*, 2., durchges. Aufl., Frankfurt am Main 1974 (künftig zit. als GW), Bd. XI, S. 126.

3 Viktor Mann, *Wir waren fünf. Bildnis der Familie Mann*, Frankfurt am Main 1994, S. 313.

4 Thomas Mann an Heinrich Mann, 7. August 1914, in: Thomas Mann/ Heinrich Mann, *Briefwechsel 1900–1949*, hrsg. von Hans Wysling, Frankfurt am Main 1969, S. 108.

5 Ebd.

6 Thomas Mann, Betrachtungen eines Unpolitischen [1918], in: GW, Bd. XII, S. 9.

7 Thomas Mann, Gedanken im Kriege [1914], in: GW, Bd. XIII, S. 531. Erstdruck in: *Die Neue Rundschau*, 25. Jg. (1914), S. 1471–1481.

8 Thomas Mann, Gedanken im Kriege, in: GW, Bd. XIII, S. 529.

9 Ebd., S. 537.

10 Ebd., S. 536 f.

11 Ebd., S. 542 f.

12 Ebd., S. 544.

13 Ebd., S. 533 f. Zur Problematik des »Kulturkrieges« bei Thomas Mann siehe Barbara Beßlich, *Wege in den »Kulturkrieg«. Zivilisationskritik in Deutschland 1890–1914*, Darmstadt 2000, S. 176 ff.

14 Thomas Mann an Paul Amann, 10. September 1915, in: Thomas Mann, *Briefe an Paul Amann 1915–1952*, hrsg. von Herbert Wegener, Lübeck 1959, S. 32.

15 Thomas Mann, Gedanken im Kriege, in: GW, Bd. XIII, S. 531 f.

16 Ebd., S. 533.

17 Arthur Schnitzler, *Briefe 1913–1931*, hrsg. von Peter Michael Braunwarth u. a., Frankfurt am Main 1984, S. 66 f.; Peter de Mendelssohn, *Der Zauberer. Das Leben des deutschen Schriftstellers Thomas Mann. Erster Teil: 1875–1918*, Frankfurt am Main 1975, S. 1006; Klaus Schröter (Hrsg.), *Thomas Mann im Urteil seiner Zeit. Dokumente 1891–1955*, Hamburg 1969, S. 67–69.

18 Zit. nach: Hans Wysling und Yvonne Schmidlin (Hrsg.), *Thomas Mann. Ein Leben in Bildern*, Zürich 1994, S. 179.

19 Klaus Harpprecht, *Thomas Mann. Eine Biographie*, Reinbek 1995, S. 387.

20 Thomas Mann, Friedrich und die große Koalition. Ein Abriß für den Tag und die Stunde [1915], in: GW, Bd. X, S. 90.

21 Ebd., S. 112.

22 Ebd., S. 117.

23 *Der Neue Merkur*, 1. Jg., H. 10/11, Januar/Februar 1915.

24 Thomas Mann, An die Redaktion des »Svenska Dagbladet«, Stockholm [1915], in: GW, Bd. XIII, S. 551. Darin hieß es, Deutschland würde diesen Krieg »nie gewollt haben [...], wenn man es nicht genötigt hätte, ihn zu wollen«. Sein Kriegsziel sei »nicht Calais oder ›die Knechtung der Völker‹ oder der Kongo«, sondern das »Dritte Reich« – die »Synthese von Macht und Geist«.

25 Thomas Mann an Paul Amann, 16. Dezember 1916, in: Thomas Mann, *Briefe an Paul Amann 1915–1952*, a.a.O., S. 50.

26 Hans Wysling und Yvonne Schmidlin (Hrsg.), *Thomas Mann. Ein Leben in Bildern*, a.a.O., S. 18.

27 Heinrich Mann, Zola, in: *Die weißen Blätter.* Eine Monatsschrift, 2. Jg. (1915), H. 11, S. 1312.

28 Thomas Mann an Ludwig Ewers, 6. April 1921, in: *Die Briefe Thomas Manns. Regesten und Register*, bearb. u. hrsg. unter Mitwirkung des Thomas-Mann-Archivs der Eidgenössisch-Technischen Hochschule Zürich von Hans Bürgin und Hans-Otto Mayer, 5 Bde., Frankfurt am Main 1976–1987, Bd. 1: 1889–1933, S. 309.

29 Thomas Mann, Betrachtungen eines Unpolitischen, in: GW, Bd. XII, S. 190.

30 Heinrich Mann, Zola, a.a.O., S. 1358 f.

31 Thomas Mann, *Notizbücher*, hrsg. von Hans Wysling und Yvonne Schmidlin, Bd. 2: Notizbücher 7–14, Frankfurt am Main 1992, S. 279.

32 Ebd., S. 239.

33 Thomas Mann an Paul Amann, 3. August 1915, in: Thomas Mann, *Briefe an Paul Amann 1915–1952*, a.a.O., S. 30.

34 Ebd., S. 30 f.

35 Thomas Mann, Betrachtungen eines Unpolitischen, in: GW, Bd. XII, S. 14.

36 Klaus Mann, *Kind dieser Zeit*, Reinbek 1967, S. 54.
37 Ebd., S. 57 ff.
38 Thomas Mann an Paul Amann, 25. Februar 1916, in: Thomas Mann, *Briefe an Paul Amann 1915–1952*, a.a.O., S. 40.
39 Hermann Kurzke, *Thomas Mann. Das Leben als Kunstwerk*, München 1999, S. 250.
40 Klaus Mann, *Der Wendepunkt. Ein Lebensbericht*, Reinbek 1984, S. 59.
41 Golo Mann, *Erinnerungen und Gedanken. Eine Jugend in Deutschland*, Frankfurt am Main 1986, S. 41.
42 Thomas Mann, Betrachtungen eines Unpolitischen, in: GW, Bd. XII, S. 30.
43 Ebd., S. 31 f.
44 Klaus Harpprecht, *Thomas Mann. Eine Biographie*, a.a.O., S. 406.
45 Thomas Mann, Betrachtungen eines Unpolitischen, in: GW, Bd. XII, S. 56.
46 Ebd., S. 57 f.
47 Ebd., S. 338.
48 Ebd.
49 Ebd., S. 475.
50 Ebd., S. 458.
51 Ebd., S. 32.
52 Ebd., S. 40.
53 Tagebucheintragung, 5. Oktober 1918, in: Thomas Mann, *Tagebücher 1918–1921*, hrsg. von Peter de Mendelssohn, Frankfurt am Main 1979, S. 23.
54 Tagebucheintragung, 6. Oktober 1918, in: Ebd., S. 25 f.
55 Tagebucheintragung, 7. Oktober 1918, in: Ebd., S. 26 f.
56 Thomas Mann an Ernst Bertram, 10. Oktober 1918, in: *Thomas Mann an Ernst Bertram. Briefe aus den Jahren 1910–1955*, hrsg., kommentiert und mit einem Nachwort versehen von Inge Jens, Pfullingen 1960, S. 81.

Vernunftrepublikaner

1 Tagebucheintragung, 1. Oktober 1918, in: Albrecht von Thaer, *Generalstabsdienst an der Front und in der OHL. Aus Briefen und Tagebuchaufzeichnungen 1915–1919*, hrsg. von Siegfried A. Kaehler, Göttingen 1958, S. 234.

2 Ernst Troeltsch, *Spektator-Briefe. Aufsätze über die deutsche Revolution und die Weltpolitik 1918/22*, hrsg. von Hans Baron, Tübingen 1924, S. 301 f. und 304.

3 Donald A. Prater, *Thomas Mann. Deutscher und Weltbürger. Eine Biographie*, München und Wien 1995, S. 169.

4 Thomas Mann, Betrachtungen eines Unpolitischen [1918], in: *Gesammelte Werke in dreizehn Bänden*, 2., durchges. Aufl., Frankfurt am Main 1974 (künftig zit. als GW), Bd. XII, S. 262.

5 Tagebucheintragung, 29. Dezember 1918, in: Thomas Mann, *Tagebücher 1918–1921*, Frankfurt am Main 1979, S. 119.

6 Zit. in: Peter de Mendelssohn, *Der Zauberer. Das Leben des deutschen Schriftstellers Thomas Mann. Jahre der Schwebe: 1919 und 1933. Nachgelassene Kapitel*, Frankfurt am Main 1992, S. 34.

7 Siehe Stefan Ringel, *Heinrich Mann. Ein Leben wird besichtigt. Eine Biografie*, Berlin 2002, S. 288.

8 Tagebucheintragung, 22. März 1919, in: Thomas Mann, *Tagebücher 1918–1921*, a.a.O., S. 176.

9 Thomas Mann, Betrachtungen eines Unpolitischen, a.a.O., S. 431 u. 437.

10 Klaus Harpprecht, *Thomas Mann. Eine Biographie*, Reinbek 1995, S. 485.

11 Paul Egon Hübinger, *Thomas Mann, die Universität Bonn und die Zeitgeschichte*, München und Wien 1974, S. 370.

12 Ebd., S. 41 f.

13 Thomas Mann an Joseph Chapiro, 26. September 1920, in: *Die Briefe Thomas Manns. Regesten und Register*, bearb. u. hrsg. unter Mitwirkung des Thomas-Mann-Archivs der Eidgenössisch-Technischen Hochschule Zürich von Hans Bürgin und Hans-Otto Mayer, Frankfurt am Main 1976–1987, Bd. 1, S. 298.

14 Tagebucheintragung, 17. Oktober 1920, in: Thomas Mann, *Tagebücher 1918–1921*, a.a.O., S. 470.

15 Hagen Schulze, *Weimar. Deutschland 1917–1933* (= Die Deutschen und ihre Nation), Berlin 1982, S. 130.

16 Thomas Mann, Von Deutscher Republik [1922], in: *Die Neue Rundschau*, 33. Jg. (1922), H. 11. Zit. nach: GW, Bd. XI, S. 819.

17 Ebd., S. 816.

18 Thomas Mann, Betrachtungen eines Unpolitischen, a.a.O., S. 261.

19 Thomas Mann, Von Deutscher Republik, a.a.O., S. 821.

20 Ebd., S. 820 f.

21 Ebd., S. 814.

22 Ebd., S. 832 f., sowie Hans Wysling und Yvonne Schmidlin (Hrsg.), *Thomas Mann. Ein Leben in Bildern*, Zürich 1994. Vgl. hierzu auch Robert K. Martin, Walt Whitman and Thomas Mann, in: *Quarterly Review of Literature*, 4. Jg. (1986), H. 1, S. 1–6. Siehe ebenfalls Walter Grünzweig, *Walt Whitman. Die deutschsprachige Rezeption als interkulturelles Phänomen*, München 1991.

23 Thomas Mann an Ernst Bertram, 23. August 1922, in: *Thomas Mann an Ernst Bertram. Briefe aus den Jahren 1910–1955*, hrsg., kommentiert und mit einem Nachwort versehen von Inge Jens, Pfullingen 1960, S. 113.

24 Thomas Mann, Von Deutscher Republik, a.a.O., S. 809 f.

25 Vgl. Martin Sabrow, *Der Rathenaumord. Rekonstruktion einer Verschwörung gegen die Republik von Weimar*, München 1994. Siehe auch Detlev J. K. Peukert, *Die Weimarer Republik. Krisenjahre der Klassischen Moderne*, Frankfurt am Main 1987.

26 Thomas Mann an Ernst Bertram, München, 8. Juli 1922, in: *Thomas Mann an Ernst Bertram. Briefe aus den Jahren 1910–1955*, a.a.O., S. 112. Ähnlich auch Klaus Harpprecht, *Thomas Mann. Eine Biographie*, a.a.O., S. 503.

27 Vgl. Thomas Mann, Betrachtungen eines Unpolitischen, a.a.O., S. 54 ff.

28 Thomas Mann an Ernst Bertram, München, 8. Juli 1922. In: *Thomas Mann an Ernst Bertram. Briefe aus den Jahren 1910–1955*, a.a.O., S. 112.

29 Thomas Mann, Von Deutscher Republik, a.a.O., S. 818 f.

30 Thomas Mann an Arthur Moeller van den Bruck, undatiert (1919), zit. in: Barbara Beßlich, *Wege in den »Kulturkrieg«. Zivilisationskritik in Deutschland 1890–1914*, Darmstadt 2000, S. 120.

31 Thomas Mann, Von Deutscher Republik, a.a.O., S. 852.

32 Vgl. Arthur Moeller van den Bruck, *Das Dritte Reich*, hrsg. von Hans Schwarz, 3. Aufl., Hamburg 1931, S. 229 ff.

33 Thomas Mann, An die Redaktion des »Svenska Dagbladet«, Stockholm [1915], in: GW, Bd. XIII, S. 551.

34 Thomas Mann, Von Deutscher Republik, a.a.O., S. 828.

35 *Münchner Zeitung*, 16. Oktober 1922.

36 Werner Otto, Mann über Bord, in: *Das Gewissen*, 23. Oktober 1922.

37 *München-Augsburger Abendzeitung*, 28. November 1922. Siehe hierzu ausführlich Kurt Sontheimer, *Thomas Mann und die Deutschen*, München 2002, S. 66 ff.

38 Thomas Mann an Heinrich Mann, 20. Oktober 1922, in: Thomas Mann/Heinrich Mann, *Briefwechsel 1900–1949*, hrsg. von Hans Wysling, Frankfurt am Main 1969, S. 119.

39 Siehe hierzu Frank Fechner, *Thomas Mann und die Demokratie. Wandel und Kontinuität der demokratierelevanten Äußerungen des Schriftstellers* (= Tübinger Schriften zum Staats- und Verwaltungsrecht, Bd. 9), Berlin 1990, S. 291 ff.

40 Thomas Mann, Meine Zeit [1950], in: GW, Bd. XI, S. 314.

41 Thomas Mann, Von Deutscher Republik, a.a.O., S. 821 ff.

42 Vgl. Frank Fechner, *Thomas Mann und die Demokratie*, a.a.O., S. 297 ff.

43 Thomas Mann, Geist und Wesen der Deutschen Republik. Dem Gedächtnis Walther Rathenaus [1923], in: GW, Bd. XI, S. 856.

44 Thomas Mann, Geist und Wesen der Deutschen Republik, a.a.O., S. 854 ff.

45 Vgl. Hans Wysling und Yvonne Schmidlin (Hrsg.), *Thomas Mann. Ein Leben in Bildern*, a.a.O., S. 19.

46 Tagebucheintragung, 17. April 1919, in: Thomas Mann, *Tagebücher 1918–1921*, a.a.O., S. 200.

47 Die Arbeit am *Joseph* sollte mit Unterbrechungen insgesamt 16 Jahre dauern. 1933 erschienen *Die Geschichten Jaakobs*, 1934 *Der junge Joseph*, 1936 *Joseph in Ägypten* und 1943 *Joseph, der Ernährer*.

48 Vgl. zum Beispiel Heinrich Mann, *7 Jahre. Chronik der Gedanken und Vorgänge*, Berlin u. a. 1929.

49 Thomas Mann, Deutschland und die Demokratie. Die Notwendigkeit der Verständigung mit dem Westen [1925], in: GW, Bd. XIII, S. 571–581.

50 Thomas Mann, Kultur und Sozialismus [1928], in: GW, Bd. XII, S. 639–649.

51 Edgar Jung, Nachwort zu: *Deutsche über Deutschland*, München 1932, S. 380.

52 Kurt Sontheimer, *Thomas Mann und die Deutschen*, a.a.O., S. 90.

53 Thomas Mann, Deutsche Ansprache. Ein Appell an die Vernunft [1930], in: GW, Bd. XI, S. 871.

54 Ebd., S. 877.

55 Ebd., S. 878.
56 Ebd., S. 888 ff.
57 Arnold Bronnen gibt zu Protokoll, Hamburg 1954, zit. nach: Hans Wysling und Yvonne Schmidlin (Hrsg.), *Thomas Mann. Ein Leben in Bildern*, a.a.O., S. 300.
58 Die Wandlungen des Thomas Mann, in: *Völkischer Beobachter*, 20. Oktober 1930.
59 Curt Hotzel, Thomas Mann »politisch«, in: *Deutsche Tageszeitung*, 18. Oktober 1930.
60 Thomas Mann, Rede vor Arbeitern in Wien [1932], in: GW, Bd. XI, S. 890–910.
61 Ebd., S. 909 f.
62 Thomas Mann, Bekenntnis zum Sozialismus [1933], in: GW, Bd. XII, S. 678–684.

Die erzwungene Emigration

1 Thomas Mann an Adolf Grimme, 12. Januar 1933, in: *Die Briefe Thomas Manns. Regesten und Register*, bearb. u. hrsg. unter Mitwirkung des Thomas-Mann-Archivs der Eidgenössisch-Technischen Hochschule Zürich von Hans Bürgin und Hans-Otto Mayer, Frankfurt am Main 1976–1987, Bd. 1, S. 683.
2 Thomas Mann an Erich Ziebarth und Freunde, 1. Februar 1933, in: Ebd., S. 686. Siehe auch Klaus Harpprecht, *Thomas Mann. Eine Biographie*, Reinbek 1995, S. 707.
3 Thomas Mann an Kurt Schlesinger, 4. Februar 1933, in: *Die Briefe Thomas Manns. Regesten und Register*, a.a.O., Bd. 1, S. 687.
4 Thomas Mann an Samuel Fischer, 7. Februar 1933, in: Samuel Fischer/Hedwig Fischer, *Briefwechsel mit Autoren*, hrsg. von Dierk Rodewald und Corinna Fiedler, Frankfurt am Main 1989, S. 448.
5 Klaus Mann, Tagebucheintragung, 10. Februar 1933, in: Klaus Mann, *Tagebücher 1931–1949*, 6 Bde., hrsg. von Joachim Heimannsberg, Peter Laemmle und Wilfried F. Schoeller, München 1989–1991, Bd. 1, S. 116.
6 Siehe hierzu ausführlich Klaus Harpprecht, *Thomas Mann. Eine Biographie*, a.a.O., S. 710 ff.
7 *Völkischer Beobachter*, 17. Februar 1933. Vgl. auch Donald A. Prater, *Thomas Mann. Deutscher und Weltbürger*, München 1998, S. 281 f.

8 Vgl. Klaus Harpprecht, *Thomas Mann. Eine Biographie*, a.a.O., S. 720.

9 Inge Jens, *Dichter zwischen rechts und links. Die Geschichte der Sektion für Dichtkunst der Preußischen Akademie der Künste dargestellt nach den Dokumenten*, München 1971, S. 198 ff.

10 Ebd., S. 192.

11 Zit. nach: Hans Wysling und Yvonne Schmidlin (Hrsg.), *Thomas Mann. Ein Leben in Bildern*, Zürich 1994, S. 311.

12 Ricarda Huch an Max von Schillings, 16. März 1933, zit. nach: Inge Jens, *Dichter zwischen rechts und links*, a.a.O., S. 200.

13 Ricarda Huch an Max von Schillings, 24. März 1933, zit. nach: Ebd., S. 200 f.

14 Tagebucheintragung 15. März 1933, in: Thomas Mann, *Tagebücher 1933–1934*, Frankfurt am Main 1977, S. 5. Mit dem »Idioten von H.« war Reichspräsident Paul von Hindenburg gemeint.

15 Tagebucheintragung, 17. März 1933, in: Ebd., S. 7 f.

16 Peter de Mendelssohn, *Der Zauberer. Das Leben des deutschen Schriftstellers Thomas Mann. Jahre der Schwebe: 1919 und 1933*, hrsg. von Albert von Schirnding, Frankfurt am Main 1992, S. 125.

17 Gottfried Bermann Fischer an Thomas Mann, 9. März 1933, in: Thomas Mann, *Briefwechsel mit seinem Verleger Gottfried Bermann Fischer 1932–1955*, hrsg. von Peter de Mendelssohn, Frankfurt am Main 1973, S. 13.

18 Ebd., S. 124.

19 Klaus Mann, Tagebucheintragung, 21. November 1931, in: Klaus Mann, *Tagebücher*, a.a.O., Bd. 1, S. 15.

20 Klaus Mann, Tagebucheintragung, 25. April 1932, in: Ebd., S. 50.

21 Tagebucheintragung, 15. März 1933, in: Thomas Mann, *Tagebücher 1933–1934*, a.a.O., S. 3.

22 Thomas Mann an Ida Herz, 10. März 1933, in: *Die Briefe Thomas Manns. Regesten und Register*, a.a.O., Bd. 1, S. 691.

23 Thomas Mann an Max von Schillings, 17. März 1933, zit. in: Inge Jens, *Dichter zwischen rechts und links*, a.a.O., S. 197. Neben Heinrich Mann (dem Präsidenten der Sektion) und Thomas Mann sowie Ricarda Huch schieden folgende weitere Mitglieder aus der Akademie aus: Alfred Döblin, Leonhard Frank, Ludwig Fulda, Georg Kaiser, Bernhard Kellermann, Alfred Mombert, Alfons Paquet, Rudolf Pannwitz, René Schickele, Fritz von Unruh, Jakob Wassermann und Franz Werfel.

24 Tagebucheintragung, 18. März 1933, in: Thomas Mann, *Tagebücher 1933–1934*, a.a.O., S. 8 f.

25 Tagebucheintragung, 21. März 1933, in: Ebd., S. 14.

26 Tagebucheintragung, 27. März 1933, in: Ebd., S. 20.

27 Thomas Mann an Ernst Bertram, 29. März 1933, in: *Thomas Mann an Ernst Bertram. Briefe aus den Jahren 1910–1955*, hrsg. von Inge Jens, Pfullingen 1960, S. 176.

28 Viktor Mann, *Wir waren fünf. Bildnis der Familie Mann*, Frankfurt am Main 1994, S. 457 f.

29 Tagebucheintragung, 27. März 1933, in: Thomas Mann, *Tagebücher 1933–1934*, a.a.O., S. 22.

30 *Münchner Neueste Nachrichten*, 86. Jg., Nr. 105, 16./17. April 1933. Abgedruckt in: Thomas Mann, *Essays*, Bd. 3: Ein Appell an die Vernunft 1926–1933, hrsg. von Hermann Kurzke und Stephan Stachorski, Frankfurt am Main 1994, S. 342 ff.

31 Tagebucheintragung, 19. April 1933, in: Thomas Mann, *Tagebücher 1933–1934*, a.a.O., S. 52.

32 Golo Mann, *Erinnerungen und Gedanken. Eine Jugend in Deutschland*, Frankfurt am Main 1986, S. 522.

33 Tagebucheintragung, 30. April 1933, in: Thomas Mann, *Tagebücher 1933–1934*, a.a.O., S. 66.

34 Vgl. Hermann Kurzke, *Thomas Mann. Das Leben als Kunstwerk*, München 1999, S. 396 f.

35 Ebd., S. 402.

36 Reinhard Heydrich an den Reichsstatthalter in Bayern, 12. Juli 1933, zit. nach: Hans Wysling und Yvonne Schmidlin (Hrsg.), *Thomas Mann. Ein Leben in Bildern*, a.a.O., S. 317. Vgl. auch Meike Schlutt, *Der repräsentative Außenseiter. Thomas Mann und sein Werk im Spiegel der deutschen Presse 1889 bis 1933* (= Frankfurter Forschungen zur Kultur- und Sprachwissenschaft, Bd. 5), Frankfurt am Main u. a. 2002, S. 258.

37 Thomas Mann, An das Reichsministerium des Innern, Berlin [1934], in: *Gesammelte Werke in dreizehn Bänden*, 2., durchges. Aufl., Frankfurt am Main 1974 (künftig zit. als GW), Bd. XIII, S. 98.

38 Tagebucheintragung, 23. Juni 1933, in: Thomas Mann, *Tagebücher 1933–1934*, a.a.O., S. 121.

39 Gottfried Bermann Fischer an Thomas Mann, 17. Juli 1933, in: Tho-

mas Mann, *Briefwechsel mit seinem Verleger Gottfried Bermann Fischer 1932–1955*, a.a.O., S. 27.

40 Ebd., S. 27 f.

41 Gottfried Bermann Fischer an Thomas Mann, 8. Juni 1933, in: Thomas Mann, *Briefwechsel mit seinem Verleger Gottfried Bermann Fischer 1932–1955*, a.a.O., S. 19.

42 Vgl. Klaus Harpprecht, *Thomas Mann. Eine Biographie*, a.a.O., S. 737, sowie Donald A. Prater, *Thomas Mann. Deutscher und Weltbürger*, a.a.O., S. 293.

43 Thomas Mann an Hans Reisiger, 13. Juli 1933, in: Thomas Mann, *Briefe 1948–1955 und Nachlese*, hrsg. von Erika Mann, Frankfurt am Main 1965, S. 469.

44 Tagebucheintragung, 20. Juli 1933, in: Thomas Mann, *Tagebücher 1933–1934*, a.a.O., S. 130.

45 Klaus Harpprecht, *Thomas Mann. Eine Biographie*, a.a.O., S. 738.

46 Thomas Mann an Samuel Fischer, 29. Juli 1933, in: Samuel Fischer/Hedwig Fischer, *Briefwechsel mit Autoren*, a.a.O., S. 449. Siehe auch Thomas Mann an Gottfried Bermann Fischer, 18. u. 31. Juli 1933, in: Thomas Mann, *Briefwechsel mit seinem Verleger Gottfried Bermann Fischer 1932–1955*, a.a.O., S. 29 f. u. 30 f.

47 Gottfried Bermann Fischer an Thomas Mann, 19. September 1933, in: Ebd., S. 43, sowie Klaus Schröter (Hrsg.), *Thomas Mann im Urteil seiner Zeit. Dokumente 1891–1955*, Hamburg 1969, S. 208.

48 Peter de Mendelssohn, *Der Zauberer. Jahre der Schwebe*, a.a.O., S. 223.

49 »Erklärung der Reichsstelle zur Förderung des Deutschen Schrifttums. Erklärung zum Artikel ›Literarische Emigrantenzeitschriften‹ in Nr. 236 des Börsenblattes vom 10. Oktober 1933«, in: *Börsenblatt für den Deutschen Buchhandel*, 14. Oktober 1933. Abgedr. in: Peter de Mendelssohn, *Der Zauberer. Jahre der Schwebe*, a.a.O., S. 225 f. Siehe dazu auch Klaus Schröter (Hrsg), *Thomas Mann im Urteil seiner Zeit*, a.a.O., S. 208.

50 Fritz H. Landshoff, *Amsterdam, Keizersgracht 333: Querido Verlag. Erinnerungen eines Verlegers*, Berlin und Weimar 1991, S. 65.

51 Joseph Roth, *Briefe 1911–1939*, hrsg. von Hermann Kesten, Köln und Berlin 1970, S. 276 f.

52 Ebd., S. 285.

53 Donald A. Prater, *Thomas Mann. Deutscher und Weltbürger*, a.a.O., S. 299.

54 Tagebucheintragung, 11. Oktober 1933, in: Thomas Mann, *Tagebücher 1933–1934*, a.a.O., S. 219. Siehe ebenfalls Klaus Harpprecht, *Thomas Mann. Eine Biographie*, a.a.O., S. 789.

55 Ebd., S. 790.

56 Siehe hierzu Thomas Sprecher, *Thomas Mann in Zürich*, Zürich 1992.

57 Thomas Mann, Gruß an die Schweiz [1934], in: GW, Bd. XI, S. 439. Einen Überblick bietet der Band *Deutschsprachige Schriftsteller im Schweizer Exil 1933–1950. Eine Ausstellung des Deutschen Exilarchivs 1933–1945 der Deutschen Bibliothek*, Wiesbaden 2002. Vgl. auch Rolf Kieser, *Erzwungene Symbiose. Thomas Mann, Robert Musil, Georg Kaiser und Bertolt Brecht im Schweizer Exil*, Bern u. a. 1984, sowie Nicole Rosenberger und Norbert Staub (Hrsg.), *Prekäre Freiheit. Deutschsprachige Autoren im Schweizer Exil*, Zürich 2002.

58 Thomas Mann an Ernst Bertram, 18. Januar 1933, in: *Thomas Mann an Ernst Bertram. Briefe aus den Jahren 1910–1955*, a.a.O., S. 186.

59 Peter de Mendelssohn, *Der Zauberer. Jahre der Schwebe*, a.a.O., S. 257.

60 Thomas Mann an René Schickele, 24. November 1933, in: Hans Wysling und Cornelia Bernini (Hrsg.), *Jahre des Unmuts. Thomas Manns Briefwechsel mit René Schickele 1930–1940* (= Thomas-Mann-Studien, Bd. 10), Frankfurt am Main 1992, S. 48.

61 Tagebucheintragung, 31. Juli 1934, in: Thomas Mann, *Tagebücher 1933–1934*, a.a.O., S. 488 f.

62 Tagebucheintragung, 11. August 1934, in: Ebd., S. 504. Siehe auch Donald A. Prater, *Thomas Mann. Deutscher und Weltbürger*, a.a.O., S. 315 f.

63 Klaus Mann, Tagebucheintragung, 29. Dezember 1934, in: Klaus Mann, *Tagebücher*, a.a.O., Bd. 2, S. 84.

64 Siehe hierzu vor allem Thomas Sprecher, Deutscher, Tschechoslowake, Amerikaner. Zu Thomas Manns staatsbürgerlichen Verhältnissen, in: *Thomas Mann Jahrbuch*, Bd. 9, hrsg. von Eckhard Heftrich und Thomas Sprecher, Frankfurt am Main 1996, S. 303–338, sowie Thomas Sprecher, Thomas Mann im Zürcher Exil, in: Nicole Rosenberger und Norbert Staub (Hrsg.), *Prekäre Freiheit*, a.a.O., S. 103 f.

65 Zit. nach: Peter Stahlberger, *Der Zürcher Verleger Emil Oprecht und die deutsche politische Emigration 1933–1945*, Zürich 1970, S. 235 f.

66 Paul Egon Hübinger, *Thomas Mann, die Universität Bonn und die Zeitgeschichte. Drei Kapitel deutscher Vergangenheit aus dem Leben des Dichters 1905–1955*, München und Wien 1974, Dok. Nr. 86, S. 466 f.

67 Ebd., Dok. Nr. 96, S. 470 ff., u. Dok. Nr. 147, S. 504 ff. Vgl. auch Hermann Kurzke, *Thomas Mann. Das Leben als Kunstwerk*, a.a.O., S. 401 f.

68 Donald A. Prater, *Thomas Mann. Deutscher und Weltbürger*, a.a.O., S. 338 f.

69 Erika Mann an Thomas Mann, 19. Januar 1936, in: Erika Mann, *Briefe und Antworten*, Bd. I: 1922–1950, hrsg. von Anna Z. Prestel, München 1985, S. 72 ff. Zur Haltung von Katia Mann vgl. Inge und Walter Jens, *Frau Thomas Mann. Das Leben der Katharina Pringsheim*, Reinbek 2003, S. 185 f.

70 Ebd., S. 83 ff.

71 Zit. nach Klaus Schröter (Hrsg.), *Thomas Mann im Urteil seiner Zeit*, a.a.O., S. 266 f.

72 *Neue Zürcher Zeitung*, 3. Februar 1936. Abgedr. in: Hans Wysling und Yvonne Schmidlin (Hrsg.), *Thomas Mann. Ein Leben in Bildern*, a.a.O., S. 333.

73 Ebd., S. 334.

74 Ebd.

75 Tagebucheintragung, 31. Januar 1936, in: Thomas Mann, *Tagebücher 1935–1936*, Frankfurt am Main 1978, S. 250.

76 Thomas Mann an Hermann Hesse, 9. Februar 1936, in: Hermann Hesse/Thomas Mann, *Briefwechsel*, hrsg. von Anni Carlsson und Volker Michels, Frankfurt am Main 2003, S. 144 f.

77 Zit. nach: Hans Wysling und Yvonne Schmidlin (Hrsg.), *Thomas Mann. Ein Leben in Bildern*, a.a.O., S. 335.

78 Thomas Mann, *Ein Briefwechsel*, Zürich 1937, zit. nach: Ebd., S. 337.

79 Klaus Mann an Thomas Mann, 5. Februar 1936, in: Klaus Mann, *Briefe und Antworten 1922–1949*, hrsg. von Martin Gregor-Dellin, München 1987, S. 248.

80 Erika Mann an Katia Mann, 11. Februar 1936, in: Erika Mann, *Briefe und Antworten*, a.a.O., Bd. I, S. 91.

81 Tagebucheintragung, 22. Januar 1936, in: Thomas Mann, *Tagebücher 1935–1936*, a.a.O., S. 245.

82 Tagebucheintragung, 4. April 1936, in: Ebd., S. 286.

83 Thomas Mann an Hendrik Willem van Loon, 19. März 1936, in: *Die Briefe Thomas Manns. Regesten und Register*, a.a.O., Bd. 2, S. 105.

84 Thomas Mann, »Maß und Wert«. Vorwort zum ersten Jahrgang [1937], in: GW, Bd. XII, S. 799.

85 Klaus Mann, Tagebucheintragung, 25. Februar 1937, in: Klaus Mann, *Tagebücher*, a.a.O., Bd. 3, S. 110.

86 Klaus Harpprecht, *Thomas Mann. Eine Biographie*, a.a.O., S. 933.

87 Thomas Mann, An den sowjetischen Schriftsteller-Verband, 5. April 1937, in: Thomas Mann, *Briefe 1937–1947*, hrsg. von Erika Mann, Frankfurt am Main 1963, S. 20.

88 Ebd.

89 Ebd. Siehe hierzu auch die Ausführungen von Klaus Harpprecht, *Thomas Mann. Eine Biographie*, a.a.O., S. 938.

Amerika als Gegenbild

1 Thomas Mann, I Am an American [1940], in: Thomas Mann, *Essays.* Nach den Erstdrucken, textkritisch durchgesehen, kommentiert u. hrsg. v. Hermann Kurzke und Stephan Stachorski, 6 Bde., Frankfurt am Main 1993–1997, hier: Bd. V, S. 132.

2 Tagebucheintragung, 20. Juni 1934, in: Thomas Mann, *Tagebücher 1933–1934*, Frankfurt am Main 1977, S. 446.

3 Thomas Mann an Heinrich Mann, 5. Juli 1934, in: Thomas Mann – Heinrich Mann. Briefwechsel. Neu aufgefundene Briefe 1933–1949, hrsg. von Hans Wysling unter Mitwirkung von Thomas Sprecher, in: *Thomas Mann Jahrbuch 1* (1988), S. 167–230, hier: S. 174.

4 Thomas Mann, *Tagebücher 1937–1939*, Frankfurt am Main 1980, S. 523. Zur »American Guild for German Cultural Freedom« siehe *Deutsche Intellektuelle im Exil. Ihre Akademie und die »American Guild for German Cultural Freedom«. Eine Ausstellung des Deutschen Exilarchivs 1933–1945 der Deutschen Bibliothek Frankfurt am Main*, bearb. von Werner Berthold, Brita Eckert und Frank Wende, München 1993.

5 Zur politischen und wissenschaftlichen Bedeutung der »New School« vgl. Peter M. Rutkoff und William B. Scott, *New School. A History of the New School for Social Research*, New York und London 1986. Siehe auch Claus-Dieter Krohn, *Wissenschaft im Exil. Deutsche Sozial- und Wirtschaftswissenschaftler in den USA und die New School for Social Research*, Frankfurt am Main und New York 1987.

6 Siehe hierzu Thomas Mann an Joseph W. Angell, 4. März 1937, 11. Mai 1937 u. 26. Juni 1937, in: *Die Briefe Thomas Manns. Regesten und Register*, bearb. u. hrsg. unter Mitwirkung des Thomas-Mann-

Archivs der Eidgenössisch-Technischen Hochschule Zürich von Hans Bürgin und Hans-Otto Mayer, Frankfurt am Main 1976–1987, Bd. 2, S. 153, 161 u. 167.

7 *New York Herald Tribune*, 14. April 1937, zit. nach: Donald A. Prater, *Thomas Mann. Deutscher und Weltbürger. Eine Biographie*, München und Wien 1995, S. 368.

8 Thomas Mann, Bekenntnis zum Kampf für die Freiheit [1937], in: *Gesammelte Werke in dreizehn Bänden*, Frankfurt am Main 1974 (künftig zit. als GW), Bd. XIII, S. 642.

9 Vgl. Klaus Harpprecht, *Thomas Mann. Eine Biographie*, Reinbek 1995, S. 956f.

10 Siehe hierzu die biographische Skizze von Hans Rudolf Vaget in: Thomas Mann/Agnes E. Meyer, *Briefwechsel 1937–1955*, hrsg. von Hans Rudolf Vaget, Frankfurt am Main 1992, S. 10–71. Vgl. auch Agnes E. Meyer, *Out of These Roots. The Autobiography of an American Woman*, New York 1980.

11 Agnes E. Meyer an Thomas Mann, 23. April 1937, in: Thomas Mann/Agnes E. Meyer, *Briefwechsel 1937–1955*, a.a.O., S. 75f.

12 Katia Mann an Agnes E. Meyer, 1. November 1937, in: Ebd., S. 101.

13 Agnes E. Meyer an Katia Mann, 8. Dezember 1937, in: Ebd., S. 106.

14 *New York Post*, 21. Februar 1938, abgedr. in: *Frage und Antwort. Interviews mit Thomas Mann 1909–1955*, hrsg. von Volkmar Hansen und Gert Heine, Hamburg 1983, S. 233.

15 *The New York Times*, 22. Februar 1938. Wörtlich erklärte Thomas Mann dem Bericht zufolge: »He was asked whether he found his exile a difficult burden. ›It is hard to bear‹, he admitted, ›but what makes it easier is the realization of the poisoned atmosphere in Germany. That makes it easier because it's actually no loss. Where I am, there is Germany. I carry my German culture in me. I have contact with the world and I do not consider myself fallen.‹« Der Satz stand ebenfalls im Vorentwurf des Essays »Bruder Hitler« von 1938. Zur Endfassung siehe Thomas Mann, Bruder Hitler [1939], in: GW, Bd. XII, S. 845–852. Auch bei der Beschreibung seines ersten Besuchs in Beverly Hills 1938 verwendete Thomas Mann den Satz, dort aber unter dem Aspekt Heimatlosigkeit: »Was ist Heimatlosigkeit? In den Arbeiten, die ich mit mir führe, ist meine Heimat. Vertieft in sie, erfahre ich alle Traulichkeit des Zuhauseseins. Sie sind Sprache, deutsche Sprache und Gedan-

kenform, persönlich entwickeltes Überlieferungsgut meines Landes und Volkes. Wo ich bin, ist Deutschland.« Tagebuchblätter [1938], in: Thomas Mann, *Essays*. Nach den Erstdrucken, textkritisch durchgesehen, kommentiert und hrsg. von Hermann Kurzke und Stephan Stachorski, 6 Bde., Frankfurt am Main 1993–1997, Bd. IV, S. 439 f.

16 *New York Post*, 21. Februar 1938, abgedr. in: *Frage und Antwort. Interviews mit Thomas Mann 1909–1955*, a.a.O., S. 234.

17 Thomas Mann an Alfred Neumann, 28. Dezember 1937, in: Thomas Mann/Alfred Neumann, *Briefwechsel*, hrsg. von Peter de Mendelssohn, Heidelberg 1977, S. 40.

18 Thomas Mann, Vom kommenden Sieg der Demokratie [1938], in: GW, Bd. XI, S. 938 f.

19 Ebd., S. 936.

20 *Tulsa Tribune*, 18. März 1938, in: *Frage und Antwort. Interviews mit Thomas Mann 1909–1955*, a.a.O., S. 237 f.

21 Tagebucheintragung, 27. März 1938, in: Thomas Mann, *Tagebücher 1937–1939*, Frankfurt am Main 1980, S. 198.

22 Thomas Sprecher, *Thomas Mann in Zürich*, Zürich 1992, S. 198.

23 Thomas Mann/Agnes E. Meyer, *Briefwechsel 1937–1955*, a.a.O., S. 39.

24 Thomas Mann an Agnes E. Meyer, 21. März 1938, in: Ebd., S. 116.

25 Tagebucheintragung, 2. Mai 1938, in: Thomas Mann, *Tagebücher 1937–1939*, a.a.O., S. 218.

26 Tagebucheintragung, 7. September 1938, in: Ebd., S. 282.

27 Tagebucheintragung, 15. September 1938, in: Ebd., S. 285.

28 Thomas Mann, Ansprache auf der Massenkundgebung für die Tschechoslowakei in New York, 25. September 1938, in: Ebd., S. 886 f.

29 Tagebucheintragung, 26. September 1938, in: Ebd., S. 298.

30 Vgl. Hans Rudolf Vaget, Schlechtes Wetter, gutes Klima. Thomas Mann in Amerika, in: Helmut Koopmann (Hrsg.), *Thomas-Mann-Handbuch*, Stuttgart 1990, S. 68–77. Siehe auch Herbert Lehnert, Thomas Mann in Princeton, in: *The Germanic Review* (New York), Vol. XXXIX (1964), No. 1, S. 15–32, sowie Elke Kinkel, *Thomas Mann in Amerika. Interkultureller Dialog im Wandel?*, Frankfurt am Main 2001.

31 Tagebucheintragung, 12. November 1938, in: Thomas Mann, *Tagebücher 1937–1939*, a.a.O., S. 319.

32 Tagebucheintragung, 17. Januar 1939, in: Ebd., S. 348 f.

33 Elke Kinkel, *Thomas Mann in Amerika*, a.a.O., S. 24 f.

34 Tagebucheintragung, 19. September 1939, in: Thomas Mann, *Tagebücher 1937–1939*, a.a.O., S. 472.

35 Angelika Abel, *Thomas Mann im Exil. Zum zeitgeschichtlichen Hintergrund der Emigration*, München 2003, S. 143.

36 Thomas Mann an Agnes E. Meyer, 6. Oktober 1939, in: Thomas Mann/Agnes E. Meyer, *Briefwechsel 1937–1955*, a.a.O., S. 133.

37 Thomas Mann an Alexander M. Frey, 10. August 1940, in: Thomas Mann, *Briefe 1937–1947*, hrsg. von Erika Mann, Frankfurt am Main 1963, S. 154.

38 Vgl. Klaus Harpprecht, *Thomas Mann. Eine Biographie*, a.a.O., S. 1034 f.

39 Thomas Mann an Anna Jacobson, 30. Dezember 1938, in: Thomas Mann, *Briefe 1937–1947*, a.a.O., S. 65.

40 Thomas Mann an Alexander Frey, 2. Februar 1939, in: *Die Briefe Thomas Manns. Regesten und Register*, a.a.O., Bd. 2, S. 76.

41 Thomas Mann an Heinrich Mann, 14. Mai 1939, in: Thomas Mann/Heinrich Mann, *Briefwechsel 1900–1949*, hrsg. von Hans Wysling, Frankfurt am Main 1984, S. 267.

42 Vgl. Thomas Mann an Harry Slochower, 30. Dezember 1938, in: Thomas Mann, *Briefe 1937–1947*, a.a.O., S. 74 f.

43 Thomas Mann, Das Problem der Freiheit [1939], in: GW, Bd. XI, S. 952–972.

44 Klaus Schröter (Hrsg.), *Thomas Mann im Urteil seiner Zeit. Dokumente 1891–1955*, Hamburg 1969, S. 307.

45 Tagebucheintragung, 7. März 1939, in: Thomas Mann, *Tagebücher 1937–1939*, a.a.O., S. 370.

46 Tagebucheintragung, 14. März 1939, in: Ebd., S. 373.

47 *St. Louis Post-Dispatch*, 18. März 1939, in: *Frage und Antwort. Interviews mit Thomas Mann 1909–1955*, a.a.O., S. 243 f.

48 Tagebucheintragung, 22. August 1939, in: Thomas Mann, *Tagebücher 1937–1939*, a.a.O., S. 454.

49 Tagebucheintragung, 25. August 1939, in: Ebd., S. 457.

50 Thomas Mann an Harold Nicolson, 27. August 1939, in: *Die Briefe Thomas Manns. Regesten und Register*, a.a.O., Bd. 2, S. 331.

51 Tagebucheintragung, 2. September 1939, in: Thomas Mann, *Tagebücher 1937–1939*, a.a.O., S. 463 f.

52 Tagebucheintragung, 3. September 1939, in: Ebd., S. 464.

53 Tagebucheintragung, 19. September 1939, in: Ebd., S. 474.

54 Thomas Mann, Zu Wagners Verteidigung. Brief an den Herausgeber des »Common Sense« [1940], in: GW, Bd. XIII, S. 358.

55 Klaus Harpprecht, *Thomas Mann. Eine Biographie*, a.a.O., S. 1121.

56 Thomas Mann, Zu Wagners Verteidigung, a.a.O., in: GW, Bd. XIII, S. 359.

57 Thomas Mann an James Gutheim Heller, 14. November 1938, zit. in: Herbert Lehnert, Thomas Mann in Princeton, a.a.O., S. 27.

58 Helmut Koopmann, *Der schwierige Deutsche. Studien zum Werk Thomas Manns*, Tübingen 1988, S. 86.

59 Hermann Kurzke, Politische Essayistik, in: Helmut Koopmann (Hrsg.), *Thomas-Mann-Handbuch*, a.a.O., S. 703.

60 Helmut Koopmann, *Der schwierige Deutsche*, a.a.O., S. 88.

61 Matthias Wegner, *Exil und Literatur. Deutsche Schriftsteller im Ausland 1933–1945*, Frankfurt am Main 1968, S. 128.

62 Thomas Mann, *An die gesittete Welt* (= Gesammelte Werke in Einzelbänden), hrsg. von Peter de Mendelssohn, Frankfurt am Main 1986, S. 284 f.

63 Matthias Wegner, *Exil und Literatur*, a.a.O., S. 129.

64 Herbert Lehnert, Thomas Mann in Princeton, a.a.O., S. 25.

65 Thomas Mann, Dieser Friede [1938], in: GW, Bd. XII, S. 838 ff.

66 Thomas Mann, Das Problem der Freiheit [1939], in: GW, Bd. XI, S. 952–972.

67 Tagebucheintragung, 13. Juni 1940, in: Thomas Mann, *Tagebücher 1940–1943*, Frankfurt am Main 1982, S. 96.

68 Tagebucheintragung, 16. Juni 1940, in: Ebd., S. 98.

69 Thomas Mann an Erich von Kahler, 8. Juli 1940, in: Thomas Mann, *Briefe 1937–1947*, a.a.O., S. 149.

70 Tagebucheintragung, 6. November 1940, in: Thomas Mann, *Tagebücher 1940–1943*, a.a.O., S. 175.

Botschaften nach Deutschland

1 Thomas Mann, Dieser Krieg [1940], in: *Gesammelte Werke in dreizehn Bänden*, 2., durchges. Aufl., Frankfurt am Main 1974 (künftig zit. als GW), Bd. XII, S. 863–899.

2 Ebd., S. 864.

3 Ebd., S. 871.

4 Ebd., S. 894.

5 Vgl. Herbert Lehnert, Thomas Mann in Princeton, in: *The Germanic Review* (New York), Vol. XXXIX (1964), No. 1, S. 25.

6 Hans Sahl, *Das Exil im Exil. Memoiren eines Moralisten II*, Frankfurt am Main 1991, S. 101. Vgl. hierzu auch Klaus Harpprecht, *Thomas Mann. Eine Biographie*, Reinbek 1995, S. 1155.

7 Thomas Mann an Agnes E. Meyer, 12. August 1940, in: Thomas Mann/Agnes E. Meyer, *Briefwechsel 1937–1955*, hrsg. von Hans Rudolf Vaget, Frankfurt am Main 1992, S. 225.

8 Klaus Harpprecht, *Thomas Mann. Eine Biographie*, a.a.O., S. 1168.

9 Erika Mann an Thomas Mann, 19. August 1940, in: Erika Mann, *Mein Vater, der Zauberer*, hrsg. von Irmela von der Lühe und Uwe Naumann, Reinbek 1998, S. 144 f.

10 Vgl. Harold Nicolson, *Diaries and Letters 1939–1945*, hrsg. von Nigel Nicolson, London 1967, S. 111.

11 Thomas Mann, *Deutsche Hörer! Radiosendungen nach Deutschland aus den Jahren 1940–1945*, 9., durchges. u. erw. Neuausg., Frankfurt am Main 1987, S. 7.

12 Vgl. hierzu die wiederholten Eintragungen von Harold Nicolson in seinem Tagebuch, z. B. 11. Juli 1940: »They expect an invasion this week-end.« – 20. Juli 1940: »I think that Hitler will probably invade us within the next few days.« – 13. August 1940: »I had a long talk with Duff yesterday. He thinks that invasion will come since he does not see how Hitler can get out of it.« – 13. September 1940: »There is a great concentration of shipping and barges in France, and it is evident that the Cabinet expect invasion at any moment.« Harold Nicolson, *Diaries and Letters 1939–1945*, a.a.O., S. 101–112.

13 Thomas Mann, Literatur und Hitler [1934], in: GW, Bd. XIII, S. 325.

14 Thomas Mann, Ansprache Oktober 1940, in: *Deutsche Hörer!*, a.a.O., S. 11.

15 Ebd.

16 Thomas Mann, Vorwort [zur ersten Ausgabe], in: *Deutsche Hörer!*, a.a.O., S. 8.

17 Zum Hintergrund der Bezeichnung vgl. Thomas Mann, Bruder Hitler [1939], in: GW, Bd. XII. S. 845 ff.

18 Thomas Mann, Ansprache November 1940, in: *Deutsche Hörer!*, a.a.O., S. 13 f.

19 Klaus Harpprecht, *Thomas Mann. Eine Biographie*, a.a.O., S. 1179.

20 Tagebucheintragung, 1. November 1940, in: Thomas Mann, *Tagebücher 1940–1943*, Frankfurt am Main 1982, S. 173.

21 Thomas Mann an Bruno Frank, 4. Februar 1941, in: *Die Briefe Thomas Manns. Regesten und Register*, bearb. u. hrsg. unter Mitwirkung des Thomas-Mann-Archivs der Eidgenössisch-Technischen Hochschule Zürich von Hans Bürgin und Hans-Otto Mayer, Frankfurt am Main 1976–1987, Bd. 2, S. 497.

22 Thomas Mann, Artikel »Roosevelt« [23. September 1944], in: Thomas Mann, *Tagebücher 1944–1. 4. 1946*, Frankfurt am Main 1986, S. 814.

23 Thomas Mann an Ernst Benedikt, 19. Januar 1941, in: *Die Briefe Thomas Manns. Regesten und Register*, a.a.O., Bd. 2, S. 491.

24 Tagebucheintragung, 14. Januar 1941, in: Thomas Mann, Tagebücher 1940–1943, a.a.O., S. 210 f.

25 Thomas Mann, Ansprache 19. April 1945, in: *Deutsche Hörer!*, a.a.O., S. 149.

26 Thomas Mann, Ansprache 28. Februar 1944, in: *Deutsche Hörer!*, a.a.O., S. 122.

27 Thomas Mann, Ansprache Juli 1941, in: *Deutsche Hörer!*, a.a.O., S. 32.

28 Thomas Mann, Ansprache 15. Januar 1943, in: *Deutsche Hörer!*, a.a.O., S. 88 f.

29 Thomas Mann, Ansprache Juli 1941, in: *Deutsche Hörer!*, a.a.O., S. 33.

30 Thomas Mann, Ansprache August 1942, in: *Deutsche Hörer!*, a.a.O., S. 71 f.

31 Tagebucheintragung, 22. August 1941, in: Thomas Mann, *Tagebücher 1940–1943*, a.a.O., S. 312.

32 Thomas Mann, Ansprache Dezember 1940, in: *Deutsche Hörer!*, a.a.O., S. 18 f.

33 Tagebucheintragung, 25. Oktober 1940, in: Thomas Mann, *Tagebücher 1940–1943*, a.a.O., S. 170.

34 Thomas Mann, Ansprache Oktober 1940, in: *Deutsche Hörer!*, a.a.O., S. 12.

35 Thomas Mann, Ansprache November 1940, in: *Deutsche Hörer!*, a.a.O., S. 15.

36 Thomas Mann, Ansprache Mai 1941, in: *Deutsche Hörer!*, a.a.O., S. 28.

37 Ebd., S. 29.

38 Thomas Mann, Ansprache August 1941, in: *Deutsche Hörer!*, a.a.O., S. 37 f.

39 Thomas Mann, Ansprache August 1943, in: *Deutsche Hörer!*, a.a.O., S. 107.

40 Thomas Mann, Ansprache Juli 1942, in: *Deutsche Hörer!*, a.a.O., S. 69.

41 Thomas Mann, Ansprache Juli 1943, in: *Deutsche Hörer!*, a.a.O., S. 105.

42 Thomas Mann, Ansprache September 1943, in: *Deutsche Hörer!*, a.a.O., S. 109.

43 Thomas Mann, Ansprache Dezember 1943, in: *Deutsche Hörer!*, a.a.O., S. 114.

44 Thomas Mann, Ansprache 31. Januar 1945, in: *Deutsche Hörer!*, a.a.O., S. 138.

45 Vgl. Thomas Mann, Ansprache 10. Mai 1945, in: *Deutsche Hörer!*, a.a.O., S. 152.

46 Thomas Mann, Ansprache 4. März 1945, in: *Deutsche Hörer!*, a.a.O., S. 143.

47 Tagebucheintragung, 5. Mai 1945, in: Thomas Mann, *Tagebücher 1944–1. 4. 1946*, a.a.O., S. 199.

48 Vgl. Tagebucheintragung, 21. Oktober 1944, in: Ebd., S. 115.

49 Thomas Mann an Heinrich Mann, 30. Dezember 1941, in: Thomas Mann/Heinrich Mann, *Briefwechsel 1900–1949*, Frankfurt am Main 1969, S. 213.

50 Tagebucheintragung, 27. November 1937, in: Thomas Mann, *Tagebücher 1937–1939*, Frankfurt am Main 1980, S. 135.

51 Thomas Mann an René Schickele, 27. November 1937, in: *Die Briefe Thomas Manns. Regesten und Register*, a.a.O., Bd. 2, S. 185.

52 Hermann Kurzke, *Thomas Mann. Das Leben als Kunstwerk*, München 1999, S. 449.

53 Thomas Mann an Agnes E. Meyer, 22. Januar 1938, in: Thomas Mann/Agnes E. Meyer, *Briefwechsel 1937–1955*, a.a.O., S. 112.

54 Thomas Mann an Karl Kerényi, 20. Februar 1934, in: Thomas Mann, *Briefe 1889–1936*, hrsg. von Erika Mann, Frankfurt am Main 1961, S. 354.

Exil im Exil

1 Thomas Mann, Ansprache Dezember 1940, in: Thomas Mann, *Deutsche Hörer! Radiosendungen nach Deutschland aus den Jahren 1940–1945*, 9., durchges. u. erw. Neuausg., Frankfurt am Main 1987, S. 17.
2 Thomas Mann an Agnes E. Meyer, 29. Dezember 1940, in: Thomas Mann/Agnes E. Meyer, *Briefwechsel 1937–1955*, hrsg. von Hans Rudolf Vaget, Frankfurt am Main 1992, S. 250.
3 Thomas Mann an Agnes E. Meyer, New York, 24. Januar 1941, in: Thomas Mann, *Briefe 1937–1947*, hrsg. von Erika Mann, Frankfurt am Main 1963, S. 175.
4 Zunächst wurde ein Haus am Amalfi Drive 740 gemietet. Das eigene, neu erbaute Haus am San Remo Drive 1550 war erst im Februar 1942 bezugsfertig.
5 Thomas Mann an Erich von Kahler, 8. Juli 1940, in: Thomas Mann/Erich von Kahler, *Briefwechsel 1931–1955*, hrsg. u. komment. v. Michael Assmann, Hamburg 1993, S. 27.
6 Tagebucheintragung, 12. April 1939, in: Thomas Mann, *Tagebücher 1937–1939*, Frankfurt am Main 1980, S. 391.
7 Alma Mahler-Werfel an Carl Zuckmayer, 24. August 1942, in: Alice und Carl Zuckmayer – Alma und Franz Werfel, *Briefwechsel*, hrsg. von Hans Wagener, Göttingen 2003, S. 134. Vgl. auch Oliver Hilmes, *Witwe im Wahn. Das Leben der Alma Mahler-Werfel*, München 2004, S. 330 ff.
8 Hans Wysling und Yvonne Schmidlin (Hrsg.), *Thomas Mann. Ein Leben in Bildern*, Zürich 1994, S. 384.
9 Thomas Mann an Hermann Hesse, 8. April 1945, in: Hermann Hesse/Thomas Mann, *Briefwechsel*, hrsg. von Anni Carlsson und Volker Michels, Frankfurt am Main 2003, S. 203.
10 Thomas Mann an Siegfried Marck, 19. September 1941, in: Thomas Mann, *Briefe 1937–1947*, a.a.O., S. 208.
11 Thomas Mann, How to win the Peace [1941], in: Thomas Mann, *Tagebücher 1940–1943*, hrsg. von Peter de Mendelssohn, Frankfurt am Main 1982, S. 1058.
12 Ebd., S. 1059.
13 Ebd., S. 1062.
14 Klaus Harpprecht, *Thomas Mann. Eine Biographie*, Reinbek 1995, S. 1255 f.

15 Thomas Mann, How to win the Peace, a.a.O., S. 1070.

16 Thomas Mann an Agnes E. Meyer, 9. August 1941, in: Thomas Mann/Agnes E. Meyer, *Briefwechsel 1937–1955*, a.a.O., S. 308.

17 Siehe Janet Flanner, Goethe in Hollywood. Profile of Thomas Mann, in: *The New Yorker*, 13. und 20. Dezember 1941.

18 Tagebucheintragung, 15. Dezember 1941, in: Thomas Mann, *Tagebücher 1940–1943*, a.a.O., S. 362.

19 Janet Flanner, *Janet Flanner's World. Uncollected Writings 1932–1975*, New York und London 1979, S. 167, zit. nach: Klaus Harpprecht, *Thomas Mann. Eine Biographie*, a.a.O., S. 1264.

20 Ebd., S. 1263.

21 Thomas Mann an Agnes E. Meyer, 16. Dezember 1941, in: Thomas Mann/Agnes E. Meyer, *Briefwechsel 1937–1955*, a.a.O., S. 341 f.

22 Tagebucheintragung, 22. Dezember 1941, in: Thomas Mann, *Tagebücher 1940–1943*, a.a.O., S. 365.

23 Klaus Harpprecht, *Thomas Mann. Eine Biographie*, a.a.O., S. 1264.

24 Tagebucheintragung, 24. Dezember 1941, in: *Thomas Mann, Tagebücher 1940–1943*, a.a.O., S. 366.

25 Thomas Mann, Ansprache April 1942, in: Thomas Mann, *Deutsche Hörer!*, a.a.O., S. 58 f.

26 Tagebucheintragung, 31. Mai 1942, in: Thomas Mann, *Tagebücher 1940–1943*, a.a.O., S. 436.

27 Tagebucheintragung, 5. Juli 1942, in: Ebd., S. 448.

28 Thomas Mann, Joseph und seine Brüder. Ein Vortrag [1942], in: Thomas Mann, *Rede und Antwort* (= Gesammelte Werke in Einzelbänden), hrsg. von Peter de Mendelssohn, Frankfurt am Main 1984, S. 115.

29 Thomas Mann, *Deutsche Hörer. 25 Radiosendungen nach Deutschland*, Stockholm 1942. Die englische Ausgabe trug den Titel: »Listen, Germany!«

30 Thomas Mann an Agnes E. Meyer, 19. Dezember 1942, in: Thomas Mann, *Briefe 1937–1947*, a.a.O., S. 286.

31 Thomas Mann an Agnes E. Meyer, 17. Februar 1943, in: Ebd., S. 299.

32 Thomas Mann an Reinhold Niebuhr, 19. Februar 1943, in: Ebd., S. 301 f.

33 Tagebucheintragung, 4. Januar 1943, in: Thomas Mann, *Tagebücher 1940–1943*, a.a.O., S. 520.

34 Thomas Mann an Agnes E. Meyer, 28. Januar 1943, in: Thomas Mann, *Briefe 1937–1947*, a.a.O., S. 294.

35 Tagebucheintragung, 14. März 1943, in: Thomas Mann, *Tagebücher 1940–1943*, a.a.O., S. 549.

36 Thomas Mann, Der Preis des Friedens [1942], in: Thomas Mann, *An die gesittete Welt* (= Gesammelte Werke in Einzelbänden), Frankfurt am Main 1986, S. 472.

37 Zit. nach: Klaus Harpprecht, *Thomas Mann. Eine Biographie*, S. 1348.

38 Thomas Mann an Jonas Lesser, 1. Januar 1943, in: *Die Briefe Thomas Manns. Regesten und Register*, a.a.O., Bd. 2, S. 698.

39 Thomas Mann an Hermann Kesten, verm. 12. Oktober 1942, in: Ebd., Bd. 2, S. 673.

40 Willy Brandt und Richard Löwenthal, *Ernst Reuter. Ein Leben für die Freiheit. Eine politische Biographie*, München 1957, S. 315 f.

41 Ebd., S. 317. Siehe auch Thomas Mann an Ernst Reuter, 26. Juni 1943, in: *Die Briefe Thomas Manns. Regesten und Register*, Bd. 2, S. 732.

42 Willy Brandt und Richard Löwenthal, *Ernst Reuter. Ein Leben für die Freiheit*, a.a.O., S. 315.

43 Thomas Mann an Ernst Reuter, 29. April 1944, in: Thomas Mann, *Briefe 1937–1947*, a.a.O., S. 365 f.

44 Tagebucheintragung, 2. August 1943, in: Thomas Mann, *Tagebücher 1940–1943*, a.a.O., S. 608.

45 Thomas Mann an Agnes E. Meyer, 9. August 1943, in: Thomas Mann/Agnes E. Meyer, *Briefwechsel 1937–1955*, a.a.O., S. 503.

Deutschland und die Deutschen

1 Thomas Mann an Bruno Walter, 6. Mai 1943, in: Thomas Mann, *Briefe 1937–1947*, hrsg. von Erika Mann, Frankfurt am Main 1963, S. 311.

2 Thomas Mann an Agnes Meyer, 9. August 1943, in: Thomas Mann/Agnes E. Meyer, *Briefwechsel 1937–1955*, hrsg. von Hans Rudolf Vaget, Frankfurt am Main 1992, S. 504.

3 Thomas Mann, Schicksal und Aufgabe [1943], in: *Gesammelte Werke in dreizehn Bänden*, 2., durchges. Aufl., Frankfurt am Main 1974 (künftig zit. als GW), Bd. XII, S. 921.

4 Ebd., S. 922.

5 Ebd., S. 929.

6 Ebd., S. 934 f.

7 Ebd., S. 933. Zur Illustration hatte Thomas Mann hinzugefügt, er finde es »nicht demokratisch«, wenn Mr. Smith oder Little Mr. Johnson Beethoven auf die Schulter schlügen und riefen: »How are you, old man!« Das sei nicht Demokratie, sondern Taktlosigkeit und Mangel an Sinn für Distanz. Wenn aber Beethoven singe: »Seid umschlungen, Millionen, diesen Kuß der ganzen Welt!«, *das* sei Demokratie.

8 Agnes E. Meyer an Thomas Mann, 10. u. 15. September 1943, in: Thomas Mann/Agnes E. Meyer, *Briefwechsel 1937–1955*, a.a.O., S. 512 ff.

9 Tagebucheintragung, 12. September 1943, in: Thomas Mann, *Tagebücher 1940–1943*, Frankfurt am Main 1982, S. 624.

10 Thomas Mann an Agnes E. Meyer, 13. September 1943, in: Thomas Mann, *Briefe 1937–1947*, a.a.O., S. 333.

11 Agnes E. Meyer an Golo Mann, 4. Oktober 1943, in: Thomas Mann/Agnes E. Meyer, *Briefwechsel 1937–1955*, a.a.O., S. 987.

12 Klaus Harpprecht, *Thomas Mann. Eine Biographie*, Reinbek 1995, S. 1369 f.

13 Thomas Mann an Agnes E. Meyer, 30. September 1943, in: Thomas Mann, *Briefe 1937–1947*, a.a.O., S. 333.

14 Klaus Harpprecht, *Thomas Mann. Eine Biographie*, a.a.O., S. 1373.

15 Tagebucheintragung, 25. November 1943, in: Thomas Mann, *Tagebücher 1940–1943*, a.a.O., S. 650.

16 Thomas Mann an Agnes E. Meyer, 5. Dezember 1943, in: Thomas Mann/Agnes E. Meyer, *Briefwechsel 1937–1955*, a.a.O., S. 524.

17 Otto Zoff, *Tagebücher aus der Emigration (1939–1944)*, Heidelberg 1968, S. 260.

18 Tagebucheintragung, 26. November 1943, in: Thomas Mann, *Tagebücher 1940–1943*, a.a.O., S. 651.

19 Thomas Mann an Agnes E. Meyer, 5. Dezember 1943, in: Thomas Mann/Agnes E. Meyer, *Briefwechsel 1937–1955*, a.a.O., S. 524.

20 Bertolt Brecht an Thomas Mann, 1. Dezember 1943, in: Bertolt Brecht, *Briefe*, hrsg. u. komment. von Günter Glaeser, 2 Bde., Frankfurt am Main 1981, Bd. 1, S. 485 f.

21 Thomas Mann an Bertolt Brecht, 10. Dezember 1943, in: Thomas Mann, *Briefe 1937–1947*, a.a.O., S. 341.

22 Tagebucheintragung, 23. Juni 1944, in: Thomas Mann, *Tagebücher 1944–1. 4. 1946*, Frankfurt am Main 1986, S. 69.

23 Thomas Mann, *Deutsche Hörer! Radiosendungen nach Deutschland aus den Jahren 1940–1945*, 9., durchges. u. erw. Neuausg., Frankfurt am Main 1987, S. 130.

24 Siehe Klaus Harpprecht, *Thomas Mann. Eine Biographie*, a.a.O., S. 1404.

25 Thomas Mann an Erich von Kahler, 20. Oktober 1944, in: Thomas Mann/Erich von Kahler, *Briefwechsel 1931–1955*, hrsg. u. komment. von Michael Assmann, Hamburg 1993, S. 71 f.

26 Erika Mann, Eine Ablehnung, in: *Aufbau*, 10. Jg. (1944), H. 16, abgedr. in: Erika Mann, *Briefe and Antworten*, 2 Bde., hrsg. von Anna Zanco Prestel, Bd. I: 1922–1950, München 1984, S. 189 f.

27 Thomas Mann an Agnes E. Meyer, 21. Januar 1945, in: Thomas Mann/Agnes E. Meyer, *Briefwechsel 1937–1955*, a.a.O., S. 615.

28 Thomas Mann, Das Ende [1945], in: GW, Bd. XII, S. 945 f.

29 Ebd., S. 946.

30 Ebd.

31 Ebd., S. 947.

32 Ebd., S. 949.

33 Ebd., S. 950.

34 Hans von Hentig, »Deutsche Zukunft. Schuld und Sühne«, in: *Neue Volkszeitung* (New York), 24. März 1945, S. 1. Siehe auch Klaus Harpprecht, *Thomas Mann. Eine Biographie*, a.a.O., S. 1454. Vgl. ebenfalls Thomas Mann, *Tagebücher 1944–1. 4. 1946*, a.a.O., S. 597.

35 Thomas Mann an Agnes E. Meyer, 29. März 1945, in: Thomas Mann/Agnes E. Meyer, *Briefwechsel 1937–1955*, a.a.O., S. 620 f.

36 Vgl. Klaus Harpprecht, *Thomas Mann. Eine Biographie*, a.a.O., S. 1450.

37 Thomas Mann, Deutschland und die Deutschen [1945], in: GW, Bd. XI, S. 1140.

38 Ebd., S. 1146.

39 Siehe Joachim Fest, *Die unwissenden Magier. Über Thomas und Heinrich Mann*, Berlin 1985, S. 68. Vgl. auch Frank Fechner, *Thomas Mann und die Demokratie. Wandel und Kontinuität der demokratierelevanten Äußerungen des Schriftstellers* (= Tübinger Schriften zum Staats- und Verwaltungsrecht, Bd. 9), Berlin 1990, S. 237.

40 Thomas Mann, Deutschland und die Deutschen, a.a.O., S. 1148.

Verhältnis zur »inneren Emigration«

1 Tagebucheintragungen, 1. bis 3. April 1945, in: Thomas Mann, *Tagebücher 1944–1. 4. 1946*, Frankfurt am Main 1986, S. 182 f.

2 Tagebucheintragungen, 4. bis 9. April 1945, in: Ebd., S. 184 ff.

3 Tagebucheintragungen, 12. und 13. April 1945, in: Ebd., S. 188.

4 Thomas Mann, Franklin Roosevelt [1945], in: *Gesammelte Werke in dreizehn Bänden*, 2., durchges. Aufl., Frankfurt am Main 1974 (künftig zit. als GW), Bd. XII, S. 941 f. Erstmals erschienen unter dem Titel »Macht und Güte«, in: *Aufbau* (New York), 11. Jg. (1945), Nr. 16.

5 Radioansprache, 19. April 1945, in: Thomas Mann, *Deutsche Hörer! Radiosendungen nach Deutschland aus den Jahren 1940–1945*, 9., durchges. u. erw. Neuausg., Frankfurt am Main 1987, S. 148 f.

6 Tagebucheintragung, 19. April 1945, in: Thomas Mann, *Tagebücher 1944–1. 4. 1946*, a.a.O., S. 191.

7 Golo Mann an Katia Mann, 4. April 1945, in: Thomas Mann, *Tagebücher 1944–1. 4. 1946*, a.a.O., s. S. 613. Wörtlich heißt es in dem Brief von »Somewhere in Luxembourg«, wie Golo schrieb: »The impression is completely monotonous and very soon one has enough jusqu' à la fin de ses jours, also of the talk of the people ›ja, ja, now the innocent must suffer for the guilty‹, but where are the guilty? O, they are gone, there were never many of them, you see, I am a catholic.«

8 Radioansprache, 10. Mai 1945, in: Thomas Mann, *Deutsche Hörer! Radiosendungen nach Deutschland aus den Jahren 1940–1945*, a.a.O., S. 150.

9 Klaus Mann an Thomas Mann, 16. Mai 1945, in: Klaus Mann, *Briefe und Antworten*, Bd. 2: 1937–1949, hrsg. von Martin Gregor-Dellin, München 1975, S. 230.

10 Siehe Tagebucheintragungen, 27. Juli, 28. Juli und 3. August 1945, in: Thomas Mann, *Tagebücher 1944–1. 4. 1946*, a.a.O., S. 233 u. 236.

11 Friedrich Rasche, »Thomas Mann«, in: *Neuer Hannoverscher Kurier*, 1. Jg. (1945), Nr. 8, 13. Juli 1945, S. 3. Siehe auch Thomas Mann, *Tagebücher 1944–1. 4. 1946*, a.a.O., S. 675.

12 Tagebucheintragung, 31. Juli 1945, in: Ebd., S. 234.

13 *Berliner Zeitung*, 1. September 1945.

14 Thomas Mann, *Tagebücher 1944–1. 4. 1946*, a.a.O., S. 693.

15 Walter von Molo, Offener Brief an Thomas Mann, in: *Hessische Post*,

4. August 1945. Abgedr. in: Klaus Schröter (Hrsg.), *Thomas Mann im Urteil seiner Zeit. Dokumente 1891–1955*, Hamburg 1969, S. 334.

16 Thomas Mann, Die Lager [1945], in: GW, Bd. XII, S. 951–953. Siehe auch Rundfunkansprache, 10. Mai 1945, in: Thomas Mann, *Deutsche Hörer! Radiosendungen nach Deutschland aus den Jahren 1940–1945*, a.a.O., S. 150–152.

17 »Thomas Mann über die deutsche Schuld«, in: *Bayerische Landeszeitung*. Nachrichtenblatt der Alliierten 6. Heeresgruppe für die deutsche Zivilbevölkerung (München), 18. Mai 1945.

18 Thomas Mann, Die Lager, a.a.O., S. 951.

19 Ebd., S. 953.

20 Ebd.

21 Walter von Molo, Offener Brief an Thomas Mann, in: Klaus Schröter (Hrsg.), *Thomas Mann im Urteil seiner Zeit*, a.a.O., S. 335.

22 Thomas Mann an Walter von Molo, 7. September 1945, in: Thomas Mann, *Briefe 1937–1947*, hrsg. von Erika Mann, Frankfurt am Main 1963, S. 440. Siehe auch Thomas Mann, Warum ich nicht nach Deutschland zurückgehe. Offener Brief an Walter von Molo [September 1945], in: GW, Bd. XII, S. 953.

23 Thomas Mann an Walter von Molo, 7. September 1945, in: Thomas Mann, *Briefe 1937–1947*, a.a.O., S. 442.

24 Ebd., S. 441.

25 Tagebucheintragungen, 3., 4., 8. u. 9. September 1945, in: Thomas Mann, *Tagebücher 1944–1. 4. 1946*, a.a.O., S. 249 ff.

26 Thomas Mann, Warum ich nicht nach Deutschland zurückgehe. Offener Brief an Walter von Molo, in: *Aufbau* (New York), 11. Jg. (1945), Nr. 39.

27 Thomas Mann, Doktor Faustus [1947], in: GW, Bd. VI, S. 637.

28 Ansprache Dezember 1940, in: Thomas Mann, *Deutsche Hörer! Radiosendungen nach Deutschland aus den Jahren 1940–1945*, a.a.O., S. 17.

29 Zit. in: Peter Mertz, *Und das wurde nicht ihr Staat. Erfahrungen emigrierter Schriftsteller mit Westdeutschland*, München 1985, S. 98.

30 Thomas Mann, Deutschland und die Deutschen, a.a.O., Bd. XI, S. 1128.

31 Vgl. Peter Mertz, *Und das wurde nicht ihr Staat*, a.a.O., S. 106 ff.

32 Siehe hierzu vor allem Jost Hermand und Wigand Lange, *»Wollt ihr Thomas Mann wiederhaben?« Deutschland und die Emigranten*, Hamburg 1999.

33 Frank Thieß, »Die innere Emigration«, in: *Münchner Zeitung*, 18. August 1945, S. 2. Siehe auch Klaus Schröter (Hrsg.), *Thomas Mann im Urteil seiner Zeit. Dokumente 1891–1955*, a.a.O., S. 338. Vgl. ferner Thomas Mann, *Tagebücher 1944–1. 4. 1946*, a.a.O., S. 703 f.

34 Klaus Schröter (Hrsg.), *Thomas Mann im Urteil seiner Zeit*, S. 338.

35 Ebd., S. 337.

36 »Hitlers Werk – eine erlösende Tat« [1933], wieder abgedr. in: *Neuer Hannoverscher Kurier*, 21. Juni 1946. Vgl. auch Thomas Mann, *Tagebücher 1944–1. 4. 1946*, a.a.O., S. 704.

37 Klaus Harpprecht, *Thomas Mann. Eine Biographie*, a.a.O., S. 1498.

38 Klaus Schröter (Hrsg.), *Thomas Mann im Urteil seiner Zeit*, a.a.O., S. 338.

39 Tagebucheintragung, 19. September 1945, in: Thomas Mann, *Tagebücher 1944–1. 4. 1946*, a.a.O., S. 254.

40 Thomas Mann an Walter von Molo, 7. September 1945, in: Thomas Mann, *Briefe 1937–1947*, a.a.O., S. 447.

41 Thomas Mann an Paul Amann, 11. Dezember 1945, Stadtbibliothek Lübeck, unveröffentlicht, zit. in: Hermann Kurzke, *Thomas Mann. Das Leben als Kunstwerk*, a.a.O., S. 531.

42 Erich Kästner, Betrachtungen eines Unpolitischen, 14. Januar 1946, in: Erich Kästner, *Gesammelte Schriften für Erwachsene*, Zürich 1969, Bd. 8, S. 50–54.

43 Thomas Mann an Anna Jacobson, 9. Juni 1946, in: Thomas Mann, *Briefe 1937–1947*, a.a.O., S. 491. Zur Reaktion vgl. auch Tagebucheintragung, 8. Juni 1946, in: Thomas Mann, *Tagebücher 28. 5. 1946–31. 12. 1948*, Frankfurt am Main 1989, S. 8.

44 Manfred Hausmann, Thomas Mann, in: *Weser-Kurier* (Bremen), 28. Mai 1947, abgedr. in: Klaus Schröter (Hrsg.), *Thomas Mann im Urteil seiner Zeit*, a.a.O., S. 519.

45 Vgl. Thomas Mann, *Tagebücher 28. 5. 1946–31. 12. 1948*, a.a.O., S. 579–581.

46 Thomas Mann an Emil Preetorius, 14. Januar bis 24. Februar 1946, zit. in: Hermann Kurzke, *Thomas Mann. Das Leben als Kunstwerk*, a.a.O., S. 534.

Schuld und Verantwortung

1 Tagebucheintragung, 26. März 1945, in: Thomas Mann, *Tagebücher 1944–1. 4. 1946*, Frankfurt am Main 1986, S. 180.

2 Rundfunkansprache, 30. Oktober 1943, in: Thomas Mann, *Deutsche Hörer! Radiosendungen nach Deutschland aus den Jahren 1940–1945*, 9., durchges. u. erw. Neuausg., Frankfurt am Main 1987, S. 112 f.

3 Rundfunkansprache, 8. November 1945, in: Ebd., S. 155.

4 Hierzu ausführlich Jost Hermand, *Kultur im Wiederaufbau. Die Bundesrepublik Deutschland 1945–1965*, München 1986, S. 44 f.

5 Vgl. z. B. Alexander Abusch, *Der Irrweg einer Nation*, Berlin 1946; Ernst Niekisch, *Deutsche Daseinsverfehlung*, Berlin 1946; sowie Fritz Helling, *Der Katastrophenweg der deutschen Geschichte*, Frankfurt am Main 1947.

6 Fritz Harzendorf, *So kam es. Der deutsche Irrweg von Bismarck bis Hitler*, Konstanz 1946.

7 Paul Wilhelm Wenger, Die Philosophie des deutschen Idealismus im Gericht der Geschichte, in: *Das goldene Tor.* Monatsschrift für Literatur und Kunst, 2. Jg. (1947), H. 1, S. 27–39, hier: S. 27 ff.

8 Alfred von Martin, *Geistige Wegbereiter des deutschen Zusammenbruchs. Hegel, Nietzsche, Spengler*, Recklinghausen 1948.

9 José Ortega y Gasset, *Der Aufstand der Massen*, Stuttgart 1977, S. 59 ff.

10 Wilhelm Röpke, *Die deutsche Frage*, 2., verb. Aufl., Erlenbach-Zürich 1945, S. 31 ff. u. 44 ff. Vgl. auch die ähnliche Argumentation einer »verführten Masse« ohne »Persönlichkeitsgefühl« durch einen geschickt taktierenden Cäsar bei Albert Erich Brinckmann, *Geist im Wandel. Rebellion und Ordnung*, Hamburg 1946.

11 Friedrich Meinecke, *Die deutsche Katastrophe. Betrachtungen und Erinnerungen*, 2. Aufl., Wiesbaden 1946, S. 10 ff. Vgl. auch Hermann Glaser, *Deutsche Kultur 1945–2000*, München 1998, S. 26.

12 Gerhard Ritter, *Europa und die deutsche Frage. Betrachtungen über die geschichtliche Eigenart des deutschen Staatsdenkens*, München 1948, S. 7 f. u. 193 ff.

13 Thomas Mann, An die Deutschlehrer Amerikas [1941], in: *Gesammelte Werke in dreizehn Bänden*, 2., durchges. Aufl., Frankfurt am Main 1974 (künftig zit. als GW), Bd. XIII, S. 700. Siehe auch Tagebuch-

eintragung, 21. Juni 1941, in: Thomas Mann, *Tagebücher 1940–1943*, Frankfurt am Main 1982, S. 283.

14 Tagebucheintragung, 19. Oktober 1937, in: Thomas Mann, *Tagebücher 1937–1939*, Frankfurt am Main 1980, S. 119.

15 Tagebucheintragungen, 15. u. 20. Mai 1940, in: Thomas Mann, *Tagebücher 1940–1943*, a.a.O., S. 76 u. 78.

16 Sebastian Haffner, *Germany, Jekyll and Hyde*, London 1940. Vgl. auch Sebastian Haffner, *Anmerkungen zu Hitler*, München 1978.

17 Thomas Mann an Agnes E. Meyer, 16. Januar 1940, in: Thomas Mann/Agnes E. Meyer, *Briefwechsel 1937–1955*, hrsg. von Hans Rudolf Vaget, Frankfurt am Main 1992, S. 195.

18 Siehe hierzu vor allem Jochen Strobel, *Entzauberung der Nation. Die Repräsentation Deutschlands im Werk Thomas Manns*, Dresden 2000, S. 287.

19 Thomas Mann, Deutschland und die Deutschen [1945], in: GW, Bd. XI, S. 1128 f.

20 Ebd., S. 1129 f.

21 Walter A. Berendsohn, *Thomas Mann. Künstler und Kämpfer in bewegter Zeit*, Lübeck 1965, S. 165 f. Siehe auch Hans Dieter Schäfer, *Das gespaltene Bewußtsein. Über deutsche Kultur und Lebenswirklichkeit. 1944–1945*, München 1981.

22 Thomas Mann, Deutschland und die Deutschen, a.a.O., S. 1131.

23 Ebd., S. 1134 ff.

24 Ebd., S. 1138.

25 Ebd., S. 1140.

26 Vgl. hierzu auch Martina Hoffschulte, *»Deutsche Hörer!« Thomas Manns Rundfunkreden (1940 bis 1945)*, Münster 2003, S. 92.

27 Thomas Mann, Botschaft an das deutsche Volk [Mai 1947], in: GW, Bd. XIII, S. 789.

28 Robert Vansittart, *Bones of Contention*, London 1945. Vgl. Warren F. Kimball (Hrsg.), *Swords or Ploughshares? The Morgenthau Plan for Defeated Nazi Germany 1943–46*, Philadelphia, PA 1976; Bernd Greiner, *Die Morgenthau-Legende. Zur Geschichte eines umstrittenen Plans*, Hamburg 1995.

29 Vgl. Robert Rhodes James, *Anthony Eden. A Biography*, New York u. a. 1987, S. 284 ff.

30 *Documents on Germany Under Occupation 1945–1954*, hrsg. von Beate Ruhm von Oppen, London 1955, S. 15 f.

31 Rundfunkansprache, 16. Januar 1945, in: Thomas Mann, *Deutsche Hörer! Radiosendungen nach Deutschland aus den Jahren 1940–1945*, a.a.O., S. 135.

Die deutsche Teilung

1 Zit. in: Thomas Mann, *Fragile Republik. Thomas Mann und Nachkriegsdeutschland*, hrsg. von Stephan Stachorski, Frankfurt am Main 1999, S. 49.

2 Tagebucheintragung, 3. August 1945, in: Thomas Mann, *Tagebücher 1944–1. 4. 1946*, Frankfurt am Main 1986, S. 235 f.

3 Thomas Mann, An Frank Kingdon [1947], in: Thomas Mann, *Gesammelte Werke in dreizehn Bänden*, 2., durchges. Aufl., Frankfurt am Main 1975 (künftig zit. als GW), Bd. XIII, S. 786 ff.

4 Vgl. Norman M. Naimark, *The Russians in Germany. A History of the Soviet Zone of Occupation 1945–1949*, Cambridge, MA, und London 1995.

5 Vgl. Charles E. Bohlen, *Witness to History 1929–1969*, New York 1973, S. 175.

6 George F. Kennan, *Memoirs 1925–1950*, Boston und Toronto 1967, S. 258.

7 Wörtlich erklärte Truman gegenüber Byrnes: »I'm tired of babying the Soviets.« Zit. nach: *Public Papers of the Presidents of the United States: Harry S. Truman. Containing the public messages, speeches, and statements of the President: January 1 to December 31, 1946*, Washington, DC 1962, S. 116.

8 Memorandum, Gespräch zwischen James F. Byrnes und Georges Bidault, 1. Mai 1946, in: *Foreign Relations of the United States. Diplomatic Papers, 1946*, Bd. II: Council of Foreign Ministers, Washington, DC 1970, S. 204. Zur Position des amerikanischen Außenministers siehe ferner James F. Byrnes, *Speaking Frankly*, New York 1947, S. 123 ff.

9 *Foreign Relations of the United States. Diplomatic Papers*, 1946, Bd. II, S. 204.

10 Thomas Mann, *Tagebücher 1946–1948*, a.a.O., S. 545 (Anmerkung 4 zum 15. März 1947).

11 Thomas Mann an Klaus Mann, 19. März 1945, in: Ebd., S. 545.

12 Thomas Mann an Otto Basler, 27. Januar 1946, zit. in: Thomas Mann, *Fragile Republik. Thomas Mann und Nachkriegsdeutschland*, hrsg. von Stephan Stachorski, Frankfurt am Main 1999, S. 55.

13 Thomas Mann an Agnes E. Meyer, 24. Januar 1946, in: Thomas Mann/ Agnes E. Meyer, *Briefwechsel 1937–1955*, hrsg. von Hans Rudolf Vaget, Frankfurt am Main 1992, S. 655.

14 Thomas Mann, Botschaft an das deutsche Volk [Mai 1947], in: GW, Bd. XIII, S. 789.

15 Thomas Mann, An Joseph Publitzer. Antwort auf eine Frage der St. Louis Post-Dispatch, 4. August 1945, in: Thomas Mann, *Tagebücher 1944–1. 4. 1946*, a.a.O., S. 825.

16 Thomas Mann, Zu den Nürnberger Prozessen, 23. November 1945, in: Ebd., S. 832 f.

17 Thomas Mann, *Fragile Republik. Thomas Mann und Nachkriegsdeutschland*, a.a.O., S. 60 f. Siehe auch Thomas Mann an Viktor Mann, 27. März 1947, in: Thomas Mann, *Briefe 1937–1947*, hrsg. von Erika Mann, Frankfurt am Main 1963, S. 532 f. (Passage von Erika Mann gestrichen.)

18 Tagebucheintragung, 25. Januar 1947, in: Thomas Mann, *Tagebücher 28. 5. 1946–31. 12. 1948*, Frankfurt am Main 1989, S. 91.

19 Thomas Mann, *Fragile Republik. Thomas Mann und Nachkriegsdeutschland*, a.a.O., S. 61. Siehe auch Thomas Mann an Viktor Mann, 27. März 1947, in: Thomas Mann, *Briefe 1937–1947*, a.a.O., S. 533 (Passage von Erika Mann gestrichen).

20 Thomas Mann, Interview, in: *Die Welt*, 20. Mai 1947.

21 COS (46) 105, 5. 4. 1946. CAB 80/101, Public Record Office (London).

22 CAB 129/9, Public Record Office (London).

23 Ebd. Siehe auch Rolf Steininger, Westdeutschland ein »Bollwerk gegen den Kommunismus«? Großbritannien und die deutsche Frage im Frühjahr 1946, in: *Militärgeschichtliche Mitteilungen*, 38. Jg. (1985), S. 163–207, hier S. 171.

24 Rede Winston Churchills in Fulton, 5. März 1946, in: Keesing's Archiv der Gegenwart, 16. Jg. (1946), S. 669 f.

25 *Foreign Relations of the United States. Diplomatic Papers*, 1946, Bd. II, a.a.O., S. 842 ff. u. 869 ff.

26 Lucius D. Clay an General Dwight D. Eisenhower, 26. Mai 1946, in: Jean Edward Smith (Hrsg.), *The Papers of General Lucius D. Clay. Germany 1945–1949*, Bd. 1, Bloomington, IN 1974, S. 213 u. 217.

27 *Foreign Relations of the United States, Diplomatic Papers*, 1946, Bd. II, a.a.O., S. 897.
28 Wortlaut in: *Die Neue Zeitung* (Berlin), Nr. 72, 9. September 1946.
29 Vgl. Tilman Pünder, *Das bizonale Interregnum. Die Geschichte des Vereinigten Wirtschaftsgebiets 1946–1949*, Spich bei Köln 1955.
30 Thomas Mann an Félix Bertaux, 4. September 1947, zit. in: Thomas Mann, *Fragile Republik. Thomas Mann und Nachkriegsdeutschland*, a.a.O., S. 113.
31 Thomas Mann an Mr. Gray [Konzept], 12. Oktober 1947, in: Thomas Mann, *Briefe 1937–1947*, a.a.O., S. 558.

Rückkehr nach Europa

1 Thomas Mann, Warum ich nicht nach Deutschland zurückgehe [1945], in: *Gesammelte Werke in dreizehn Bänden*, 2., durchges. Aufl., Frankfurt am Main 1974 (künftig zit. als GW), Bd. XII, S. 962.
2 Thomas Mann an Gottfried Bermann Fischer, 18. April 1945, in: *Thomas Mann. Briefwechsel mit seinem Verleger Gottfried Bermann Fischer 1932–1955*, Frankfurt am Main 1973, S. 397.
3 Thomas Mann, Franklin Roosevelt [1945], in: GW, Bd. XII, S. 943. Erstdruck unter dem Titel »Macht und Güte« in: *Aufbau* (New York), 11. Jg. (1945), Nr. 16.
4 Ebd., S. 943 f.
5 Donald A. Prater, *Thomas Mann. Deutscher und Weltbürger*, München 1998, S. 545.
6 Thomas Mann an Agnes E. Meyer, 3. März 1949, in: Thomas Mann/Agnes E. Meyer, *Briefwechsel 1937–1955*, hrsg. von Hans Rudolf Vaget, Frankfurt am Main 1992, S. 719.
7 Vgl. Interview mit Heinz-Winfried Sabais, in: *Neue Literarische Welt* (Darmstadt), 25. November 1952, zit. in: Volkmar Hansen und Gert Heine (Hrsg.), *Frage und Antwort. Interviews mit Thomas Mann 1909–1955*, Hamburg 1983, S. 338.
8 Tagebucheintragung, 18. Juni 1949, in Thomas Mann, *Tagebücher 1949–1950*, Frankfurt am Main 1991, S. 70.
9 Vgl. Jürgen Heideking, *Geschichte der USA*, 3. Aufl., Tübingen und Basel 2003, S. 365 f. Siehe auch Francis Stonor Saunders, *Wer die Zeche zahlt. Der CIA und die Kultur im Kalten Krieg*, Berlin 2001, S. 182.

10 Vgl. Donald A. Prater, *Thomas Mann. Deutscher und Weltbürger*, a.a.O., S. 559.

11 Thomas Mann an Francis Biddle, 14. April 1949, in: Thomas Mann, *Tagebücher 1949–1950*, a.a.O., S. 657.

12 Thomas Mann, Erklärung zu der Aufforderung der »Gesellschaft zur Bekämpfung der Unmenschlichkeit«, Buchenwald zu besuchen, 27. Juli 1949, in: GW, Bd. XIII, S. 225.

13 Thomas Mann, *Fragile Republik. Thomas Mann und Nachkriegsdeutschland*, hrsg. von Stephan Stachorski, Frankfurt am Main 1999, S. 80 f.

14 Thomas Mann, Ansprache in Weimar, 1. August 1949, in: GW, Bd. XIII, S. 791 ff.

15 Thomas Mann, Reisebericht [1949], in: GW, Bd. XI, S. 502.

16 Thomas Mann an Hans Reisinger, 8. September 1949, in: Thomas Mann, *Tagebücher 1949–1950*, a.a.O., S. 451.

17 Tagebucheintragung, 22. November 1949, in: Ebd., S. 130.

18 Siehe Thomas Mann, *Tagebücher 1951–1952*, Frankfurt am Main 1993, S. 408.

19 Eugene Tillinger, The Moral Eclipse of Thomas Mann, in: *Plain Talk* (New York), Vol. IV, No. 3, Dezember 1949, S. 53–58. Tillinger versuchte darin, mit Hilfe ausgewählter Zitate Thomas Manns aus den Jahren 1914 bis 1949 zu zeigen, dass »der durch den Weimar-Besuch offenkundig gewordene moralische Abstieg keineswegs ein nicht zu erwartendes oder gar einmaliges Vorkommnis in des Autors Leben« sei. Siehe Thomas Mann, *Tagebücher 1949–1950*, a.a.O., S. 499.

20 Tagebucheintragung, 16. Dezember 1949, in: Ebd., S. 139: »Wüste Angriffe auf mich in der antirussischen Zeitschrift ›Plain Talk‹, mänikalisch.«

21 Agnes E. Meyer an Thomas Mann, 23. März 1950, in: Thomas Mann/Agnes E. Meyer, *Briefwechsel 1937–1955*, a.a.O., S. 733.

22 Thomas Mann an Agnes E. Meyer, 27. März 1950, in: Ebd., S. 735. In dem von Thomas Mann erwähnten Vortrag »Meine Zeit«, den er in der Library of Congress hätte halten wollen, konnte in Wirklichkeit von einer klaren Absage an den Kommunismus keine Rede sein. Vgl. Thomas Mann, Meine Zeit [1950], in: GW, Bd. XI, S. 302–324.

23 Robeson, Mann Join New »Peace Crusade«, in: *The New York Times*, 1. Februar 1951. Siehe auch Thomas Mann, *Tagebücher 1951–1952*, a.a.O., Dok. 5, S. 762.

24 Vgl. Entwurf eines Briefes von Thomas Mann an den Editor der »New York Times«, Arthur Sulzberger, wegen des Artikels »Robeson, Mann Join New ›Peace Crusade‹« vom 1. Februar 1951, in: Ebd., Dok. 6, S. 763 ff.

25 Vgl. Inge und Walter Jens, *Frau Thomas Mann. Das Leben der Katharina Pringsheim*, Reinbek 2004, S. 254.

26 Eugene Tillinger, Thomas Mann's Left Hand, in: *The Freeman*, 26. März 1951.

27 Thomas Mann, Ich stelle fest... [1951], in: GW, Bd. XI, S. 796. Erstveröffentlichung unter dem Titel »Ich stelle fest... Ein Brief an die Leser des ›Aufbau‹«, 3. April 1951, in: *Aufbau* (New York), 17. Jg. (1951), Nr. 15.

28 Tagebucheintragung, 3. April 1951, in: Thomas Mann, *Tagebücher 1951–1952*, a.a.O., S. 43.

29 Thomas Mann, Ich stelle fest..., a.a.O., S. 796.

30 Tagebucheintragung, 3. April 1951, in: Thomas Mann, *Tagebücher 1951–1952*, a.a.O., S. 43.

31 Donald L. Jackson, Thomas Mann. Adresse vor dem Kongress der Vereinigten Staaten von Amerika, Repräsentantenhaus, 18. Juni 1951, in: Klaus Schröter (Hrsg.), *Thomas Mann im Urteil seiner Zeit. Dokumente 1891–1955*, Hamburg 1969, S. 413.

32 Tagebucheintragung, 7. März 1951, in: Thomas Mann, *Tagebücher 1951–1952*, a.a.O., S. 32.

33 Donald A. Prater, *Thomas Mann, Deutscher und Weltbürger*, a.a.O., S. 615.

34 Thomas Mann an Agnes E. Meyer, 7. November 1952, in: Thomas Mann/Agnes E. Meyer, *Briefwechsel 1937–1955*, a.a.O., S. 773 f.

35 Ebd.

36 Inge und Walter Jens, *Frau Thomas Mann*, a.a.O., S. 257.

37 Vgl. Donald A. Prater, *Thomas Mann. Deutscher und Weltbürger*, a.a.O., S. 619.

38 Inge und Walter Jens, *Frau Thomas Mann*, a.a.O., S. 259.

39 Tagebucheintragung, 25. Dezember 1952, in: Thomas Mann, *Tagebücher 1951–1952*, a.a.O., S. 319.

40 Thomas Mann, Rückkehr, in: Thomas Sprecher und Fritz Gutbrodt (Hrsg.), *Die Familie Mann in Kilchberg*, Zürich 2000, S. 9.

Ausgewählte Literatur

1. Quellen

a) Gesamtausgaben

THOMAS MANN, Gesammelte Werke in dreizehn Bänden, 2., durchges. Aufl., Frankfurt am Main 1974.

THOMAS MANN, Gesammelte Werke in Einzelbänden, 20 Bde., hrsg. von Peter de Mendelssohn, Frankfurt am Main 1980–1986.

b) Briefe

Die Briefe Thomas Manns. Regesten und Register, bearb. u. hrsg. unter Mitwirkung des Thomas-Mann-Archivs der Eidgenössisch-Technischen Hochschule Zürich von Hans Bürgin und Hans-Otto Mayer, fortgeführt von Gert Heine und Yvonne Schmidlin, 5 Bde., Frankfurt am Main 1976–1987.

Dichter oder Schriftsteller? Der Briefwechsel zwischen Thomas Mann und Josef Ponten 1919–1930, hrsg. von Hans Wysling unter Mitwirkung von Werner Pfister, Bern 1988.

SAMUEL FISCHER/HEDWIG FISCHER, Briefwechsel mit Autoren, hrsg. von Dierk Rodewald und Corinna Fiedler, Frankfurt am Main 1989.

HERMANN HESSE/THOMAS MANN, Briefwechsel, hrsg. von Anni Carlsson und Volker Michels, Frankfurt am Main 2003.

Jahre des Unmuts. Thomas Manns Briefwechsel mit René Schickele 1930–1940, hrsg. von Hans Wysling und Cornelia Bernini, Frankfurt am Main 1992.

ERIKA MANN, Briefe und Antworten, 2 Bde., hrsg. von Anna Zanco Prestel, München 1984–1985.

KLAUS MANN, Briefe und Antworten 1922–1949, hrsg. von Martin Gregor-Dellin, Reinbek 1991.

THOMAS MANN, Briefe 1889–1936, hrsg. von Erika Mann, Frankfurt am Main 1961.

THOMAS MANN, Briefe 1937–1947, hrsg. von Erika Mann, Frankfurt am Main 1963.

THOMAS MANN, Briefe 1948–1955 und Nachlese, hrsg. von Erika Mann, Frankfurt am Main 1965.

THOMAS MANN, Briefe an Paul Amann 1915–1952, hrsg. von Herbert Wegener, Lübeck 1959.

THOMAS MANN, Briefe an Otto Grautoff 1894–1901 und Ida Boy-Ed 1903–1928, hrsg. v. Peter de Mendelssohn, Frankfurt am Main 1975.

THOMAS MANN, Briefwechsel mit Autoren, hrsg. von Hans Wysling, Frankfurt am Main 1988.

THOMAS MANN, Briefwechsel mit seinem Verleger Gottfried Bermann Fischer 1932–1955, 2 Bde., hrsg. von Peter de Mendelssohn, Frankfurt am Main 1975.

THOMAS MANN AN ERNST BERTRAM. Briefe aus den Jahren 1910–1955, hrsg., kommentiert und mit einem Nachwort versehen von Inge Jens, Pfullingen 1960.

THOMAS MANN/ERICH VON KAHLER, Briefwechsel 1931–1955, hrsg. von Michael Assmann, Hamburg 1993.

THOMAS MANN/KARL KERÉNYI, Gespräch in Briefen, Zürich 1960.

THOMAS MANN/HEINRICH MANN, Briefwechsel 1900–1949, hrsg. von Hans Wysling, Frankfurt am Main 1969.

THOMAS MANN/AGNES E. MEYER, Briefwechsel 1937–1955, hrsg. von Hans Rudolf Vaget, Frankfurt am Main 1992.

THOMAS MANN/BRUNO WALTER, Briefwechsel, hrsg. von Hans Wysling, Frankfurt am Main 1961.

c) Tagebücher

KLAUS MANN, Tagebücher, 6 Bde., hrsg. von Joachim Heimannsberg, Peter Laemmle und Wilfried F. Schoeller, München 1989–1991.

THOMAS MANN, Tagebücher, 10 Bde. Bd. 1–5 hrsg. von Peter de Mendelssohn, Bd. 6–10 hrsg. von Inge Jens, Frankfurt am Main 1979–1995.
Tagebücher 1918–1921, Frankfurt am Main 1979.

Tagebücher 1933–1934, Frankfurt am Main 1977.
Tagebücher 1935–1936, Frankfurt am Main 1978.
Tagebücher 1937–1939, Frankfurt am Main 1980.
Tagebücher 1940–1943, Frankfurt am Main 1982.
Tagebücher 1944–1. 4. 1946, Frankfurt am Main 1986.
Tagebücher 28. 5. 1946–31. 12. 1948, Frankfurt am Main 1989.
Tagebücher 1949–1950, Frankfurt am Main 1991.
Tagebücher 1951–1952, Frankfurt am Main 1993.
Tagebücher 1953–1955, Frankfurt am Main 1995.

d) Sonstiges

ERIKA MANN, Mein Vater, der Zauberer, hrsg. von Irmela von der Lühe und Uwe Naumann, Reinbek 1996.

Frage und Antwort. Interviews mit Thomas Mann 1909–1955, hrsg. von Volkmar Hansen und Gert Heine, Hamburg 1983.

THOMAS MANN, Aufsätze, Reden, Essays, hrsg. von Harry Matter, 3 Bde., Berlin und Weimar 1983–1986.

THOMAS MANN, Essays. Nach den Erstdrucken, textkritisch durchgesehen, kommentiert und hrsg. von Hermann Kurzke und Stephan Stachorski, 6 Bde., Frankfurt am Main 1993–1997.

THOMAS MANN, Deutsche Hörer! Radiosendungen nach Deutschland aus den Jahren 1940–1945, Frankfurt am Main 1987.

THOMAS MANN, Notizbücher, hrsg. von Hans Wysling und Yvonne Schmidlin, 2 Bde., Frankfurt am Main 1991–1992.

THOMAS MANN, Fragile Republik. Thomas Mann und Nachkriegsdeutschland, hrsg. von Stephan Stachorski, Frankfurt am Main 1999.

2. Memoiren

LION FEUCHTWANGER, Der Teufel in Frankreich. Ein Erlebnisbericht, München 1983.

GOTTFRIED BERMANN FISCHER, Bedroht – bewahrt. Weg eines Verlegers, Frankfurt am Main 1967.

WALTER JANKA, Spuren eines Lebens, Berlin 1991.

FRITZ H. LANDSHOFF, Amsterdam, Keizersgracht 333: Querido Verlag. Erinnerungen eines Verlegers, Berlin und Weimar 1991.

ERIKA MANN, Das letzte Jahr. Bericht über meinen Vater, in: Thomas Mann, Autobiographisches, Frankfurt am Main 1968.

GOLO MANN, Erinnerungen und Gedanken. Eine Jugend in Deutschland, Frankfurt am Main 1968.

GOLO MANN, Erinnerungen an meinen Vater, in: Thomas Mann in Übersetzungen, Bibliographie, Bonn 1965.

HEINRICH MANN, Ein Zeitalter wird besichtigt, Reinbek 1976.

KATIA MANN, Meine ungeschriebenen Memoiren, hrsg. von Elisabeth Plessen und Michael Mann, Frankfurt am Main 1974.

KLAUS MANN, Kind dieser Zeit, Reinbek 1967.

KLAUS MANN, Der Wendepunkt. Ein Lebensbericht, Reinbek 1984.

MICHAEL MANN, Fragmente eines Lebens. Lebensbericht und Auswahl seiner Schriften, hrsg. von Frederic C. Tubach und Sally P. Tubach, München 1983.

MONIKA MANN, Vergangenes und Gegenwärtiges. Erinnerungen, München 1956.

VIKTOR MANN, Wir waren fünf. Bildnis der Familie Mann, Frankfurt am Main 1994.

AGNES E. MEYER, Out of these Roots. The Autobiography of an American Woman, New York 1980.

GEORGES MOTSCHAN, Thomas Mann – von nahem erlebt, Nettetal 1988.

BRUNO WALTER, Thema und Variationen. Erinnerungen und Gedanken, Stockholm 1947.

3. Darstellungen

ABEL, ANGELIKA: Thomas Mann im Exil. Zum zeitgeschichtlichen Hintergrund der Emigration, München 2003.

BESSLICH, BARBARA: Wege in den »Kulturkrieg«. Zivilisationskritik in Deutschland 1890–1914, Darmstadt 2000.

BETZ, ALBRECHT: Exil und Engagement. Deutsche Schriftsteller im Frankreich der dreißiger Jahre, München 1986.

BISDORFF, ERNST: Thomas Mann und die Politik, 2., erw. Aufl., Luxemburg 1966.

BITTERLI, URS: Thomas Manns politische Schriften zum Nationalsozialismus 1918–1938 (Abhandlung zur Erlangung der Doktorwürde der Philosophischen Fakultät I der Universität Zürich), Aarau 1964.

BOEHLICH, WALTER: Zu spät und zu wenig. Thomas Mann und die Politik, in: Heinz Ludwig Arnold (Hrsg.), Thomas Mann, München 1976, S. 45–60.

BRANDT, WILLY, u. RICHARD LÖWENTHAL: Ernst Reuter. Ein Leben für die Freiheit. Eine politische Biographie, München 1957.

BÜRGIN, HANS, u. HANS-OTTO MAYER: Thomas Mann. Eine Chronik seines Lebens, Frankfurt am Main 1965.

DURZAK, MANFRED (Hrsg.): Die deutsche Exilliteratur 1933–1945, Stuttgart 1973.

ELSAGHE, YAHYA A.: Die imaginäre Nation. Thomas Mann und das »Deutsche«, München 2000.

FECHNER, FRANK: Thomas Mann und die Demokratie. Wandel und Kontinuität der demokratierelevanten Äußerungen des Schriftstellers (= Tübinger Schriften zum Staats- und Verwaltungsrecht, Bd. 9), Berlin 1990.

FELKEN, DETLEF: Oswald Spengler. Konservativer Denker zwischen Kaiserreich und Diktatur, München 1988.

FEST, JOACHIM: Fremdheit und Nähe. Von der Gegenwart des Gewesenen, Stuttgart 1996.

FEST, JOACHIM: Die unwissenden Magier. Über Thomas und Heinrich Mann, Berlin 1985.

FEST, JOACHIM C.: Aufgehobene Vergangenheit. Portraits und Betrachtungen, Stuttgart 1981.

FLINKER, MARTIN: Thomas Manns politische Betrachtungen im Lichte der heutigen Zeit, Gravenhage 1959.

GLASER, HERMANN: Bildungsbürgertum und Nationalismus. Politik und Kultur im Wilhelminischen Deutschland, München 1993.

GOLL, THOMAS: Die Deutschen und Thomas Mann. Die Rezeption des Dichters in Abhängigkeit von der Politischen Kultur Deutschlands 1898–1955, Baden-Baden 2000.

GROSSER, JOHANNES F. G.: Die große Kontroverse. Ein Briefwechsel um Deutschland, Hamburg u. a. 1963.

HALDER, WINFRIED: Exilrufe nach Deutschland. Die Rundfunkreden von Thomas Mann, Paul Tillich und Johannes R. Becher 1940–1945. Analyse, Wirkung, Bedeutung, Münster 2002.

HAMBURGER, KÄTE: Thomas Mann und die Romantik. Eine problemgeschichtliche Studie, Berlin 1932.

HANSEN, VOLKMAR: Thomas Mann, Stuttgart 1984.

HARPPRECHT, KLAUS: Thomas Mann. Eine Biographie, 2 Bde., Reinbek 1995.

HARPPRECHT, KLAUS: Thomas Mann und die Deutschen, Kassel 1990.

HERMAND, JOST: Der Kalte Krieg in der Literatur. Über die Schwierigkeiten bei der Rückeingliederung deutscher Exilautoren und -autorinnen nach 1945, in: Ende des Dritten Reiches – Ende des Zweiten Weltkriegs, hrsg. von Hans-Erich Volkmann, München 1995, S. 581–606.

HERMAND, JOST, U. WIGAND LANGE: »Wollt ihr Thomas Mann wiederhaben?« Deutschland und die Emigranten, Hamburg 1999.

HERRMANN, BERNDT: Der heitere Verräter. Thomas Mann – Aspekte seines politischen Denkens, Stuttgart 2003.

HESSE, HERMANN: Politische Betrachtungen, Frankfurt am Main 1970.

HESSE, HERMANN: Politik des Gewissens. Die politischen Schriften 1914–1962, 2 Bde., hrsg. von Volker Michels, Frankfurt am Main 1981.

HILSCHER, EBERHARD: Thomas Mann. Leben und Werk, 11. Aufl., Berlin 1989.

HOFFMANN, FERNAND: Thomas Mann und seine Welt, Hildesheim 1992.

HOFFSCHULTE, MARTINA: »Deutsche Hörer!« Thomas Manns Rundfunkreden (1940 bis 1945) im Werkkontext. Mit einem Anhang, Quellen und Materialien, Münster 2003.

HOLLWECK, THOMAS: Thomas Mann, München 1975.

HOLZER, KERSTIN: Elisabeth Mann Borgese. Ein Lebensportrait, Frankfurt am Main 2003.

HÜBINGER, PAUL EGON: Thomas Mann, die Universität Bonn und die Zeitgeschichte. Drei Kapitel deutscher Vergangenheit aus dem Leben des Dichters 1905–1955, München und Wien 1974.

JASPER, WILLI: Der Bruder. Heinrich Mann. Eine Biographie, Freiburg 1992.

JENS, INGE: Dichter zwischen rechts und links. Die Geschichte der Sektion für Dichtkunst der Preußischen Akademie der Künste dargestellt nach den Dokumenten, München 1979.

JENS, INGE, U. WALTER JENS: Frau Thomas Mann. Das Leben der Katharina Pringsheim, Reinbek 2003.

KIESER, ROLF: Erzwungene Symbiose. Thomas Mann, Robert Musil, Georg Kaiser und Bertolt Brecht im Schweizer Exil, Bern u. a. 1984.

KINKEL, ELKE: Thomas Mann in Amerika. Interkultureller Dialog im

Wandel? Eine rezeptions- und übersetzungshistorische Analyse am Beispiel des »Doktor Faustus«, Frankfurt am Main 2001.

KOOPMANN, HELMUT: Der schwierige Deutsche. Studien zum Werk Thomas Manns, Tübingen 1988.

KRÜLL, MARIANNE: Im Netz der Zauberer. Eine andere Geschichte der Familie Mann, Zürich 1991.

KURZKE, HERMANN: Thomas Mann. Epoche – Werk – Wirkung, München 1985.

KURZKE, HERMANN: Thomas Mann. Das Leben als Kunstwerk, München 1999.

LION, FERDINAND: Thomas Mann. Leben und Werk, Zürich 1947.

LUDWIG, MARTIN H.: Thomas Mann. Gesellschaftliche Wirklichkeit und Weltsicht in den *Buddenbrooks*, 2., verb. Aufl., Hollfeld 1995.

LÜHE, IRMELA VON DER: Erika Mann. Eine Biographie, 2. Aufl., Frankfurt am Main und New York 1994.

MANN, ERIKA u. KLAUS MANN: Escape to Life. Deutsche Kultur im Exil, München 1991.

MAYER, HANS: Thomas Mann, Frankfurt am Main 1980.

MENDELSSOHN, PETER DE: Der Zauberer. Das Leben des deutschen Schriftstellers Thomas Mann. Erster Teil: 1875–1918, Frankfurt am Main 1975.

MENDELSSOHN, PETER DE: Der Zauberer. Das Leben des deutschen Schriftstellers Thomas Mann. Zweiter Teil: Jahre der Schwebe: 1919 und 1933, hrsg. von Albert von Schirnding, Frankfurt am Main 1992.

MICHAEL,WOLFGANG: Thomas Mann auf dem Weg zur Politik, Bern u. a. 1985.

MOHLER, ARMIN: Die konservative Revolution in Deutschland 1918–1932. Grundriß ihrer Weltanschauungen, Stuttgart 1950.

NAUMANN, UWE: Klaus Mann. Mit Selbstzeugnissen und Bilddokumenten, Reinbek 1984.

POTEMPA, GEORG: Thomas Mann. Beteiligung an politischen Aufrufen und anderen kollektiven Publikationen. Eine Bibliographie, Morsum/Sylt 1988.

PRATER, DONALD A.: Thomas Mann. Deutscher und Weltbürger, München 1998.

REICH-RANICKI, MARCEL: Thomas Mann und die Seinen, Stuttgart 1987.

RICHTER, BERNT: Thomas Manns Stellung zu Deutschlands Weg in die

Katastrophe. Ein Beitrag zum politischen Denken des Dichters, Berlin 1960.

RINGEL, STEFAN: Heinrich Mann. Ein Leben wird besichtigt. Eine Biographie, Berlin 2002.

ROSENBERGER, NICOLE, U. NORBERT STAUB (Hrsg.): Prekäre Freiheit. Deutschsprachige Autoren im Schweizer Exil, Zürich 2002.

SCHMOLLINGER, ANNETTE: »Intra muros et extra«. Deutsche Literatur im Exil und in der Inneren Emigration. Ein exemplarischer Vergleich, Heidelberg 1999.

SCHRÖTER, KLAUS: Thomas Mann in Selbstzeugnissen und Bilddokumenten, Reinbek 1964.

SCHRÖTER, KLAUS (Hrsg.): Thomas Mann im Urteil seiner Zeit. Dokumente 1891–1955, Hamburg 1969.

SONTHEIMER, KURT: Thomas Mann und die Deutschen, überarb. Neuaufl., München 2002.

SPENGLER, OSWALD: Der Untergang des Abendlandes. Umrisse einer Morphologie der Weltgeschichte, München 1963.

SPRECHER, THOMAS: Thomas Mann in Zürich, München 1992.

STAMMEN, THEO: Thomas Mann und die politische Welt, in: Thomas-Mann-Handbuch, hrsg. von Helmut Koopmann, Stuttgart 1990, S. 18–53.

STEPHAN, ALEXANDER: Die deutsche Exilliteratur 1933–1945. Eine Einführung, München 1979.

STROBEL, JOCHEN: Entzauberung der Nation. Die Repräsentation Deutschlands im Werk Thomas Manns, Dresden 2000.

ULLRICH, VOLKER: Die nervöse Großmacht. Aufstieg und Untergang des deutschen Kaiserreichs 1871–1918, Frankfurt am Main 1999.

VONDUNG, KLAUS, u. GERHARD DILCHER (Hrsg.): Das Wilhelminische Bildungsbürgertum. Zur Sozialgeschichte seiner Ideen, Göttingen 1976.

WEGNER, MATTHIAS: Exil und Literatur. Deutsche Schriftsteller im Ausland 1933–1945, Frankfurt am Main 1968.

WEIDENHAUPT, HEIKE: Gegenpropaganda aus dem Exil. Thomas Manns Radioansprachen für deutsche Hörer 1940 bis 1945, Konstanz 2001.

WYSLING, HANS, u. YVONNE SCHMIDLIN (Hrsg.): Thomas Mann. Ein Leben in Bildern, Zürich 1994.

Manfred Görtemaker

Geschichte der Bundesrepublik Deutschland

Von der Gründung bis zur Gegenwart

Band 16043

Mit Manfred Görtemakers Standardwerk liegt erstmals eine umfassende Gesamtdarstellung der Geschichte der Bundesrepublik von der Teilung Deutschlands bis zur Wiedervereinigung vor. Der Autor schildert die wichtigsten Stationen in Politik, Wirtschaft, Gesellschaft und Kultur und zugleich die Ereignisse und Persönlichkeiten, die die BRD dauerhaft geprägt haben. Einen Schwerpunkt bildet dabei die Frage nach den Grundlagen ihrer bisherigen Stabilität.

Fischer Taschenbuch Verlag

fi 16043 / 1

Thomas Mann

Große kommentierte Frankfurter Ausgabe

Werke – Briefe – Tagebücher

Herausgegeben von Heinrich Detering,
Eckhard Heftrich, Hermann Kurzke, Terence J. Reed,
Thomas Sprecher, Hans R. Vaget und Ruprecht Wimmer
in Zusammenarbeit mit dem
Thomas-Mann-Archiv der ETH Zürich

Die auf 38 Bände angelegte Edition wird zum ersten Mal das gesamte Werk, eine umfangreiche Auswahl der Briefe und die Tagebücher in einer wissenschaftlich fundierten und ausführlich kommentierten Leseausgabe zugänglich machen. Nähere Informationen erhalten Sie in Ihrer Buchhandlung oder unter www.thomasmann.de

»... denn es ist ein Irrtum, zu glauben,
der Autor selbst sei der beste Kenner und
Kommentator seines eigenen Werkes.«
Thomas Mann

S. Fischer

fi 555 018 / 3